영문법 다시 읽기, 동사

박영재
강원도 영월에서 태어나 고등학교까지 그곳에서 마침
경희대학교에서 영문학을 공부하고
동대학원에서 흑인 여성해방론 문학 비평으로 석사학위를 받음
경희대학교, 고려대학교, YBM어학원에서 강의했음
[시사영어연구]를 비롯해서 여러 매체에 TOEFL, TOEIC, TEPS 등을 해설함
저서 : 영문법 콤플렉스 벗어나기, 오답의 역설, 영문법 다시 읽기-준동사, 영문법 다시 읽기-명사, 영문법 다시 읽기-수식어

영문법 다시 읽기 - 동사

ⓒ 박영재 2017

출간일	초판 1쇄 2017년 2월 22일
	3쇄 2021년 1월 2일
지은이	박영재
펴낸곳	와이넛북스
펴낸이	박영재
출판 등록	제2018-000095호
주소	경기도 용인시 기흥구 마북로 139, 103-601
	femacu@hanmail.net
	https://blog.naver.com/femacu23
전화	031-282-5893
팩스	0505-653-5893
출력 및 인쇄	대덕문화사

ISBN 979-11-954524-4-6 03740
이 책의 판권은 지은이와 와이넛북스에 있습니다.
본 책 내용의 전부 또는 일부를 재사용하려면 반드시 저작권자의 서면 동의를 받아야 합니다.

이 도서의 국립중앙도서관 출판예정도서목록(CIP)은 서지정보유통지원시스템 홈페이지(http://seoji.nl.go.kr)와 국가자료공동목록시스템(http://www.nl.go.kr/kolisnet)에서 이용하실 수 있습니다.(CIP제어번호: CIP2016032538)

영문법 다시 읽기

동사

박영재 지음

와이넛북스

목차

시작하는 말 9

1. 수동태, 다르게 보다

수동태 – 같은 사건, 다른 입장
내 곁에 있는 수동태 12
수동태의 구조에 대한 몇 가지 질문 18

수동태를 써야 하는 몇 가지 이유
정보의 가치가 낮아서 수동태! 24
정보의 가치가 있지만 수동태! 28

수동태와 시제의 만남
진행형과 수동태 35
완료형과 수동태 37

명사절과 수동태
명사절 목적어의 수동태 41
가주어를 대하는 다양한 입장들 44

두 개의 목적어와 수동태
목적어가 두 개라면 수동태의 주어는? 51
간접 목적어와 전치사의 결합 55
두 가지 수동태가 항상 가능할까? 60

목적보어와 수동태의 관계
목적보어까지 있어서 복잡하다? 63
목적보어가 준동사면 수동태는? 66

수동태와 전치사
수동태에서는 왜 by를 쓸까? 69
by를 생략하는 이유 73
by가 아닌 전치사는 숙어다? 77

수동태를 좋아하는 표현들
exciting과 excited를 구별하기 86
감정과 전치사의 관계 90
과거 분사와 in, of, 그리고 be known 96

수동태가 어울리지 않는 표현들
수동태로 쓰지 않는 타동사 102
목적어가 대명사일 때 106
목적어가 준동사일 때 109

자동사와 구동사, 그리고 수동태
수동의 의미를 갖는 자동사 113
수동태가 가능한 자동사 116
구동사의 수동태 119

명령문과 의문문, 그리고 수동태
명령문과 수동태를 하나로 *125*
의문문과 수동태가 만날 때 *128*
의문 대명사 who, 의문 부사,
그리고 수동태 *132*

2. 시제, 동사를 만나다

결국 문제는 '시제 일치'다!
시제는 너무 복잡해요! *140*
우리말에도 시제가 있나요? *142*
시제의 일치가 중요한가요? *145*
불변의 진리니까 현재다? *148*

시제, 현재와 과거의 긴장
현재는 현재가 아니다! *151*
항상 현재로 쓰는 예외적인 경우? *155*
현재는 현재다! *162*
과거는 지나갔다 *167*
미래의 일정은 현재! *173*
시간 부사절의 미래는! *180*
미래 사실이 명사절을 만나다 *188*

진행, 끝나지 않은 이야기
시제와 상 *192*
진행형의 개념 *193*
진행형에 빈도부사를? *197*
상태 동사는 진행형을 쓸 수 없다! *200*

상태 동사도 진행형을 쓸 수 있다? *203*
현재 진행형으로 미래를 *207*
be going to와 will의 차이 *212*
과거 진행형과 과거의 경계 *218*
미래 진행형의 모습 *223*

완료, 두 점의 연결
한국어에는 완료가 없다? *225*
현재 완료의 진실과 오해 *230*
현재 완료와 과거의 차이 *235*
현재 완료의 친구들 *239*
since를 너무 믿지 맙시다! *246*
과거 완료, 사건의 순서 혹은 연관성 *249*
과거 완료를 쓰세요! *259*
미래 완료의 모습 *262*

완료 진행, 완료와 진행의 만남
현재 완료 진행형의 모습 *265*
현재 완료와 현재 완료 진행형의
비교 *270*
과거 완료 진행형의 다양한 모습 *275*
미래 완료 진행형을 어디에 쓸까? *279*

3. 조동사, 여백을 주다

조동사의 존재 이유
조동사의 종류와 특징 *286*
영어에는 존댓말이 없다? *289*

조동사, 불확정성과 단정의 사이
can, 능력과 가능성 *294*
may, 허락과 추측 *298*
must, 의무와 확신 *301*
will, 예측과 의지 *304*
shall, 의무와 의지 *308*

조동사의 과거는 과거가 아니다
조동사 + have‑ed, 과거를 보는
다른 시선 *314*
could, 가능성과 과거의 능력 *318*
might, 허락과 추측 *320*
would, 과거 혹은 공손함 *322*
should, 의무와 감정 *325*

비슷한 듯, 다른 조동사들
능력, can과 be able to *329*
추측, can과 may *332*
허락, can과 may *334*
의무, must와 have to *336*

기타 조동사
ought to, 의무의 또 다른 모습 *340*
had better, better에 속지 말자! *342*
need와 dare, 조동사와 일반 동사의
경계 *347*
used to, 규칙적 습관? *353*

4. 가정법, 상상을 더하다

가정법 오해 풀기
가정법이 무엇이길래? *362*
한국어에는 가정법이 없다? *363*
if가 있으면 가정법이다? *365*
가정법은 시제 일치가 적용되지
않는다? *367*

가정법, if와 함께
가정법의 기본 구조 *369*
가정법 과거 *372*
가정법 과거 완료 *375*
가정법 혼합 시제 *379*
가정법 미래 *382*

가정법, if가 없어도
가정법과 직설법이 함께! *387*
if가 아니어도 가정법 *391*

가정법 관용 표현
it's time that ~ *397*
would that ~ *398*
I wish that ~ *399*
as if ~ *402*

가정법 현재
화석이 되어버린 가정법 현재 *405*
that절의 should *408*

시작하는 말

이제는 그만 보내려 합니다.
가만 있으라고 합니다. 따지지 말라고 합니다. 질문하지 말라고 합니다.
하지만 더 이상은 가만 있을 수 없습니다. 의심은 공부의 시작이고,
질문은 우리의 권리입니다.
생각을 마취시키고, 복종을 요구하는 공부는 그만 보내려 합니다.

이제는 그만 보내려 합니다. 언어는 세상을 보는 창문입니다.
우리는 영어라는 창문을 통해 어떤 세상을 보고 있습니까?
행여 도구에 정신이 지배당하고 있는 것은 아닐까요?
영어 공부에 녹아 있는 우리의 교만과 편견을 이제 그만 보내려 합니다.

이제는 그만 보내려 합니다.
수많은 거절에 어느덧 익숙해진 나른한 만족감도, 미련하기만 한 내 아집도,
대중적 취향을 향한 애증도, 나의 부족함에 대한 두려움도
이제는 그만 보내려 합니다.

영혼 그 이상의 존재이신 부모님과 김숙경님, 진홍과 제홍, 앞서 고민하신
많은 선생님들, 블로그를 통해 소통해주신 많은 벗들과 독자들만 간직하려고 합니다.
모든 성과와 고마움은 그분들의 몫입니다.

2017년 1월

수동태, 다르게 보다!

수동태 - 같은 사건, 다른 입장 12
수동태를 써야 하는 몇 가지 이유 24
수동태와 시제의 만남 35
명사절과 수동태 41
두 개의 목적어와 수동태 51
목적 보어와 수동태의 관계 63
수동태와 전치사 69
수동태를 좋아하는 표현들 86
수동태가 어울리지 않는 표현들 102
자동사와 구동사, 그리고 수동태 113
의문문과 명령문, 그리고 수동태 125

수동태 - 같은 사건, 다른 입장

내 곁에 있는 수동태

영어 문법과 멀어지는 이유 가운데 하나는 이해하기 힘든 한자어로 된 용어가 많다는 점이 아닐까요? 우리가 현재 사용하고 있는 이상야릇한 문법 용어들은 일본에서 수입된 경우가 많습니다. 그러니 타인의 관점이 배어 있는 용어를 끌어안고, 이해하려고 애쓰는 고단한 상황이 발생하는 것은 어쩌면 이미 예정된 일이 아닐까요? 사실 이런 일은 비단 영문법만이 아니라, 인문학 전반에 걸친 현상이라는 점도 엄연한 현실입니다.

용어로 어떤 개념과 현상의 특성을 규정하는 행위는 결국 소통을 위한 것입니다. 그 대상의 정체성을 파악할 수 있는 적절한 이름을 붙이는 것이 생산자의 역할인데, 일방적인 느낌을 주는 문법 용어들을 마주하는 경우가 많습니다. 이렇게 배려가 부족한 용어들도 문법을 이해하기 어려운 대상으로 만드는 데 큰 역할을 하고 있는 것은 아닐까요? 그 소통의 한 축이 되는 독자들이 납득하지 못하는 용어들은 과연 누구를 위한 것인지 모르겠습니다. 소비자의 외면을 받고도, 지식의 유통망에서 퇴출되지 않고 오히려 소비자를 옥죄고 있는 저 뻔뻔함을 어떻게 하면 좋을까요?

용어가 어렵다는 말은 결국 그 대상이 되는 개념을 명확하게 이해하기 힘들다는 말이 되는 것이니까, 영어 문법이 어려워지는 것은 이미 정해진 결과인지도 모르겠습니다. 용어를 바꾸는 것이 최선이겠지만, 집단의 논의와 수용을 거치지 않으면 또 하나의 용어를 만드는 것에 불과하기 때문에 일단은 개념을 정확하게 파악하는 것에 초점을 맞추겠습니다.

문장이 성립하려면 반드시 동사라는 존재가 필요한데, 이 동사에 항상 드러나는 문법적인 관점이 바로 태^{Voice}와 시제^{Tense}, 두 가지입니다. 그중 동작이 발생하는 상황을 서술하는 관점을 '태'라고 지칭하는데, '태'를 나타내는 단어는 '목소리'라는 뜻으로 익숙한 voice입니다. 결국 어떤 상황을 누구의 관점으로 전달하는지, 그 '목소리'를 들려주는 것이 바로 '태'라는 점에서 매우 적절한 이름입니다.

어떤 사건을 관찰할 때, 누구의 입장에서 보느냐에 따라 진술과 평가가 달라지기도 합니다. 이런 시선의 차이, 입장의 차이를 문법적으로 규정하고 이름 붙이는 일은 사실 대부분의 언어에 담겨 있는 기본적인 관점이라 할 수 있습니다. 물론 우리말에도 이 능동과 수동의 개념은 엄연히 살아 숨쉬고 있습니다. 용어로 정의하지 않았을 뿐, 언어 생활을 통해 능동과 수동의 입장을 실질적으로 이해하고 있는 것입니다.

예를 들어 '잡다'와 '잡히다'의 차이는 무엇일까요? '잡다'라는 동사를 문장으로 활용하면, '~이 ~을 잡다'처럼 그 동작의 행위자가 주어가 되는 구조가 됩니다. 반대로 '잡히다'로는 '~이 ~에게 잡히다'라는 구조로 표현할 수 있습니다. 이 경우에는 그 동작의 대상이 주어가 된다는 차이가 발생합니다.

'태'는 서술자의 관점에 따라 능동과 수동이라는 두 가지 방식으로 구분됩니다. 즉 능동과 수동이란 어떤 상황을 두고 그 '동작을 하는 행위자^{agent}'의 입장에서 서술하느냐, 아니면 그 '동작을 당하는 대상^{patient}'의 입장에서 진술하느냐는 입장의 차이를 말하는 것이라고 이해할 수 있는 것입니다.

어떤 동작의 행위자를 문장의 첫머리에 두고, 그가 했던 동작에 대한 정보를 서술하는 형태를 바로 능동이라고 부릅니다. 즉 <u>능동태란 어떤 동작의 행위</u>

자를 문장의 주어로 활용해서, 즉 행위자의 관점에서 상황을 서술하는 방식인 것입니다. 그리고 이런 의도를 '행위자 + 동사 + 대상'이라는 구조를 통해 상대에게 그대로 전달합니다.

1-1 **The hunter killed** the tiger.
　사냥꾼이 호랑이를 죽였다.

1-2 **The tiger killed** the hunter.
　호랑이가 사냥꾼을 죽였다.

　1-1과 1-2는 the hunter와 the tiger가 각각 문장의 주어입니다. 즉 the hunter와 the tiger가 어떤 행동을 했는지를 서술하고 있습니다. 결국 능동이란 동작의 행위자를 주어로 제시함으로써 '누가^{who}'에 대한 이야기를 서술하는 관점으로 이해할 수 있습니다.

　반면에 행위자의 반대편에 있는 동작의 대상을 주어로 해서, 그에게 어떤 일이 발생하는지에 대한 정보를 진술하는 표현 방식을 수동태라고 합니다. 그러니까 능동태와는 반대로 어떤 동작을 당하는 대상의 입장에서 상황을 설명하는 것이 수동태의 기본 입장입니다. 그래서 '태'를 어떤 상황을 보는 관점, 곧 시선의 차이로 이해하는 것이 타당합니다.

1-3 **The hunter was killed** by the tiger.
　사냥꾼이 호랑이에게 물려 죽었다.

1-4 **The tiger was killed** by the hunter.
　호랑이가 사냥꾼에게 잡혀 죽었다.

1-3과 1-4의 수동태 문장에서는 the hunter와 the tiger가 각각 행위자가 아니라 동작의 대상입니다. 주어가 어떤 행동을 했는지를 알려주는 능동태와는 달리 대상에게 발생한 상황을 설명하고 있습니다. 이렇게 행위의 대상을 주어로 함으로써, 대상의 '목소리'를 들려주는 서술 형식을 바로 수동이라고 하는 것입니다.

결과 지향적인 우리 사회에서는 공부도 과정보다는 일정한 결과를 생산하는 것에 가치를 두는 경향이 강합니다. 영어 문법도 이 흐름에서 비껴나 있지 않아서, 시험을 목적으로 공부하는 경우가 많습니다. 그러다 보니 문제의 정답을 찾는 요령에만 골몰하는 사람들이 주어만 보고, 능동과 수동을 구별하라고 가르치는 경우도 있습니다. 하지만 절대로 그럴 수도 없고, 그러지도 말아야 합니다.

지금의 예문에서 보듯이 <u>주어에 따라 능동과 수동이 구별되는 것이 아닙니다</u>. 주어란 동사의 앞에서 서술의 방향을 밝혀주는 역할이지, 항상 동작의 행위자를 나타내는 것은 아니기 때문입니다. 그래서 사람이냐 사물이냐는 기준만으로는 주어가 동작의 행위자인지 대상인지 정확하게 구별할 수가 없습니다.

문법이란 문장에서 단어들이 서로 연결되는 관계에 대한 규칙이기 때문에 어느 하나의 단어로는 온전하게 설명할 수 없습니다. 문장에서 단어는 홀로 존재하는 것이 아니라, 다른 단어와 연결해서 의미를 생성하기 위해 기능하는 것입니다. 그런 맥락에서 단어는 점이 아니라, 선의 관점에서 이해해야 하는 것이고, 문법은 바로 그 선이 연결되는 방식을 규정하는 체계인 것입니다. <u>능동과 수동이라는 관점도 역시 주어라는 하나의 점이 결정하는 것이 아니기 때문에, 주어와 동사가 맺고 있는 관계를 통해 이해해야 마땅한 것입니다.</u>

수동태 15

수동태는 영어에만 있는 특별한 개념도 아니고, 우리가 전혀 모르는 생소한 존재도 아닙니다. '밀다/밀리다, 끌다/끌리다, 먹다/먹히다'와 같은 표현들의 의미가 어떤 차이가 있는지 느낄 수 있다면 '능동/수동'의 관점을 모르는 것이 아닙니다. 다만 피동의 의미를 전달하는 '-리/-히'와 같은 장치를 영어에서 표현하는 방식에 익숙하지 않을 뿐입니다. 역설적이게도 우리가 진정 모르는 것은 자신이 수동의 개념을 이미 잘 알고 있다는 사실입니다.

물론 이런 설명만으로 수동태가 쉬워지는 것도 아니고, 무작정 용기를 주려는 의도도 아닙니다. 받아들이기 쉽지 않은 경우가 있는 것도 분명한 사실이니까요. 하지만 이미 이해하고 있는 것들까지도 두려움의 껍질을 씌울 필요는 없지 않을까요? 자신이 아는 것과 모르는 것을 구별하는 것이 공부의 시작이라는 점에서 객관적인 거리를 유지하는 것은 중요합니다.

그런데 수동태를 이해하는 것보다는 능동태 문장을 수동태로 고치는 것이 오히려 더 어렵지는 않았나요? 사실 '수동태로 고치는' 그 괴상한 훈련이 수동태를 그토록 어려운 대상으로 만들어버린 가장 큰 이유일지도 모르겠습니다. 많은 교재들과 수업이 능동태의 문장을 수동태로 고쳐 쓰는 공식을 설명하는 일에 초점을 맞추고 있는 것이 현실이기 때문입니다.

능동태 문장의 목적어는 주어로 옮기고, 능동태 문장의 동사는 'be 동사 + 과거 분사'로 고치고, 능동태 문장의 주어는 by를 붙여서 문장 뒤로 보낸다는 식의 '변환 공식'을 연습하는 것이 수동태 공부의 대부분을 차지하고 있습니다. 그러다 보니 능동태 문장을 볼 때마다 이 소화되지 않은 공식들을 하나씩 떠올리면서 수동태로 고쳐야 한다는 압박감을 느끼게 됩니다.

그런데 "수동태로 문장을 고친다"는 이 지시는 정말 옳은 것일까요? 사실 능동태를 수동태로 고쳐야 하는 문법적, 논리적 근거는 전혀 없습니다. <u>능동태</u>

와 수동태는 상황을 서술하는 서로 다른 관점을 보여주는 독립적인 체계이지, 서로 고쳐가면서 이해해야 하는 대상이 아니기 때문입니다. 오히려 어떤 상황을 능동태로 서술한 사람과 수동태로 전달한 사람의 입장은 서로 다른 것이라는 점에서 능동을 수동으로 고친다는 것은 결국 원래 말한 사람의 의도를 왜곡하는 일이 아닐까요?

이렇게 능동태와 수동태를 나열하는 것은 두 가지 표현 방식을 비교함으로써, 그 차이를 이해하고, 훈련하는 용도로 이해해야 마땅합니다. 그래서 능동은 능동의 입장으로, 수동은 수동의 시선으로, 쓰여진 대로 이해하고, 자신이 전달하고 싶은 대로 곧바로 자연스럽게 표현할 수 있도록 각각 이해하는 능력을 기르는 것이 공부의 목표가 되어야 하는 것입니다.

그래서 능동태를 수동태로 고치는, 소위 '문장 변환'의 학습법이 오히려 수동태를 이해하기 더 어렵게 만드는 게 아닌지 진지하게 고민해야 하지 않을까요? 이런 관점으로 다가서기 때문에 수동태 문장을 자연스럽게 이해하고 활용하는 것이 아니라, 달성해야 하는 부담스러운 목표가 된 것은 아닐까요? 능동태를 수동태로 고치는 능력이 수동태를 이해하는 척도가 되어서는 곤란하지 않겠습니까?

그래서 능동태 문장을 고친 결과라는 종속적인 관점이 아니라, 독립적인 존재로 수동태를 인식해야 합니다. 그렇게 해야 능동태를 통해서 간접적으로 이해하는 것이 아니라, 수동태 자체를 객관적으로 느낄 수 있을 것입니다.

수동태의 구조에 대한 몇 가지 질문

소위 '수동태 문장 변환'을 배울 때 '능동태의 목적어를 수동태의 주어로 옮기고'라는 말을 처음 접하게 됩니다. 이런 변화에 대해 궁금한 마음이 들지만, 대체 왜 그렇게 해야만 하는지 아무런 설명이 없습니다. 마치 내가 이해할 수 없는 비밀스럽거나, 토를 달 수 없는 신성한 존재라도 되는 것 같은 느낌에 아무 말도 못하고 그냥 시키는 대로 했습니다. 분명 인간이 만든 것이니 인간의 의도가 있는 것은 분명한데 말입니다.

한국어는 명사의 역할을 규정하는 다양한 조사가 발달한 언어입니다. 그래서 어느 위치에 있더라도 그 명사의 성격은 조사를 통해 판단할 수 있기 때문에 어순에 대해서 비교적 관대합니다. 하지만 영어에서 명사에 결합할 수 있는 어미는 단수/복수를 표시하는 -(e)s뿐입니다. 이런 특성 때문에, 영어에서는 명사의 위치가 한국어보다 상당히 중요할 수밖에 없게 됩니다.

예를 들어 한국어에서는 '책이' 또는 '책을'처럼 명사에 결합되는 조사에 따라 주어와 목적어를 구별할 수 있습니다. 그런데 영어에서는 a book 혹은 books라는 형태로 단수 혹은 복수를 각각 표시할 뿐, 주어일 때나 목적어일 때나 형태의 변화가 없습니다. 그래서 동사의 앞, 혹은 동사의 뒤라는 위치에 따라 각각 주어와 목적어로 활용되었다는 것을 구별하게 됩니다.

2-1 **The city council** amended the building code last Friday.
2-2 **The building code was amended** by the city council last Friday.
지난 금요일에 시의회는 건축 규정을 개정했다.

2-1에서 amended라는 동사의 형태는 The city council이라는 주어가 그 동작의 행위자라는 점을 표시하는 기호입니다. 그리고 이렇게 동작의 행위자를 주어로 활용하는 경우를 바로 능동태라고 합니다. 물론 동사의 다음에는 동작의 대상에 해당하는 정보인 the building code라는 목적어도 있고요.

반면에 동일한 정보를 수동태로 표현한 2-2에서는 동작의 대상이었던 the building code가 문장의 주어 자리에 있다는 차이를 발견할 수 있습니다. <u>명사의 역할을 가늠할 수 있는 장치가 없기 때문에, 단어의 위치를 바꿔서 표현하는 방법을 선택한 것입니다. 바로 서술의 중심이 되는 대상을 전면에 내세우는 것이죠.</u> 그래서 수동태에서는 목적어가 주어의 자리에 오게 되는 것입니다.

그런데 능동태와 수동태를 주어 자리에 있는 명사만으로는 구분할 수 없다는 점을 이미 확인했습니다. 능동과 수동의 관점의 관점이란 바로 주어와 동사가 맺고 있는 관계이기 때문에 동사의 형태로도 이 관점의 변화를 담아내야 마땅하지 않겠습니까?

우리말에서는 동사에 결합되는 '-히/-리'와 같은 어미의 존재를 통해서 서술자의 시선이 달라지는 것을 파악할 수 있습니다. 이 어미들을 이해함으로써, 말하는 사람과 듣는 사람 사이에 의미가 올바르게 전달되는 통로가 마련됩니다. 한국어에서는 바로 이런 차이를 통해서 동사의 앞에 있는 명사가 행위자인지, 대상인지 그 관계를 명확하게 파악할 수 있는 것이죠.

그럼 영어에도 역시 이런 관점의 차이를 표시하는 방법이 있지 않을까요? 그래서 채택한 전략적인 장치가 바로 'be 동사 + 과거 분사'라는 형태입니다. 이 표시는 주어로 제시된 명사가 동사와 어떤 관계인지를, 구체적으로는 행위의 대상임을 나타내는 약속된 기호인 것입니다. 그래서 영어의 수동태는 '대상 + be 동사 + 과거 분사 + by + 행위자'라는 기본적인 틀을 갖추게 됩니다.

그런데 이 대목에서 궁금한 점이 또 생깁니다. 대체 수동태로 표현할 때 왜 굳이 be 동사를 사용하느냐는 것입니다. 사실 수동태로 문장 변환을 시키려고 할 때, 가장 복잡하게 생각하는 부분이 바로 이 'be 동사 + 과거 분사'라는 동사의 형태가 아니었나요? 하지만 이번에도 그렇게 고친다는 규칙만 소개할 뿐, 그 이유에 대해서는 우리에게 설명을 하지도, 이해를 구하지도 않습니다.

물론 수동태를 나타낼 때, be 동사를 활용하는 것에도 명확한 이유가 있습니다. 능동의 구조에서 타동사는 행위의 주체를 중심으로 서술되기 때문에 대상에게 가해지는 변화라는 '동작'의 의미를 나타냅니다. 하지만 <u>수동태가 되면 동작의 대상이 주어가 되는 구조가 되기 때문에, 그 대상에게 일어난 '상태'를 서술하는 것으로 입장이 달라지게 됩니다. 그래서 주어의 상태를 나타내는 동사 중에서 가장 대표적인 be 동사가 동원되는 것입니다.</u>

그리고 구조적인 관점에서도 be 동사를 수동태에서 활용하는 근거를 찾을 수 있습니다. 능동인 경우라면 타동사의 다음에는 목적어의 역할을 하는 명사가 있어야 합니다. 그런데 수동태 표현에서는 그 목적어를 주어로 활용하기 때문에 동사의 다음에는 대부분 목적어가 없는 구조가 될 수밖에 없습니다. 즉 타동사가 아니라, 자동사의 구조가 된다는 점에서 자동사를 대표하는 be 동사를 활용하는 것입니다.

그런데 이 be 동사는 수동태를 표시하는 문법적 장치이기에 동사가 갖는 실제적인 의미가 없다는 문제가 있습니다. 그래서 구체적인 의미를 나타내는 동사를 추가해야 하는데, be 동사의 다음에 동사를 또 나열할 수는 없다는 현실적인 제약이 있습니다. 그래서 문법적으로는 동사가 아닌 다른 품사로 활용되지만, 동작의 의미를 여전히 갖고 있는 준동사를 활용함으로써 이 상황을 해결합니다.

하지만 준동사에는 현재 분사와 to 부정사도 있는데, 왜 굳이 과거 분사를 선택하냐는 의문도 자연스럽게 생기게 될 것입니다. 물론 그것에도 나름대로 납득할 수 있는 이유가 있습니다. 'be 동사 + 현재 분사(-ing)'는 진행형을, 'be to do'는 미래를 나타낸다는 점에서 수동태를 표현하기에는 적절하지 않습니다. 능동 혹은 수동이란 주어와 동사의 관계를 설정하는 것이지, 동작의 발생 시점을 나타내는 시제와는 아무 연관성이 없기 때문입니다.

그런데 수동태의 기본 구조는 be 동사와 과거 분사가 결합하는 형태지만, be 동사가 아니라, get을 활용해서 수동태를 표현하는 경우도 간혹 있습니다. be 동사를 활용하는 수동태는 '주어의 상태'와 '주어에게 가해진 동작'을 나타내는 것이 모두 가능합니다. 이때 '동작'이라는 말은 '상태의 변화' 즉 수동문의 주어에게 어떤 변화가 발생한다는 의미로 일단 이해하도록 하겠습니다.

2-3 The front door **was shut** at 6 *by Tim*.
　　내 여동생이 창문을 닫았다.

2-4 The front door **was shut** *for all day long*.
　　창문은 하루 종일 닫혀 있었다.

2-3처럼 과거 분사 다음에 행위자를 나타내는 by가 있는 경우에는 '동작'의 의미를 나타냅니다. 그런데 이 행위자에 대한 정보가 생략되는 2-4의 경우는 '상태'의 의미를 전달하는 것이 됩니다. be 동사의 수동태는 이렇게 과거 분사의 뒤에 연결되는 전치사를 통해 동작과 상태를 판단할 수 있습니다.

2-5 He **was surrounded** *by many people*.

　　많은 사람들이 그를 에워쌌다.

2-6 He **was surrounded** *with many people*.

　　그는 많은 사람들로 에워싸여 있다.

　　2-5에서는 과거 분사 뒤에 by를 씀으로써 다음에 연결되는 명사가 '행위자'라는 문맥을 형성합니다. 그래서 목적어의 상태에 영향을 미칠 수 있다는 맥락에서 '동작 수동태'에 해당됩니다. 물론 many people을 주어로 해서 능동태로 표현할 수도 있습니다. 하지만 2-6에서는 with라는 전치사로 연결되고 있어서, 주어가 에워싸여 있는 '상태'를 나타낼 뿐, many people이 동작의 행위자를 의미하지는 않습니다. 그래서 many people을 주어로 하는 능동으로 표현하는 것은 적절하지 않게 됩니다. 이렇게 <u>be 동사를 활용한 수동태는 문맥에 따라 '동작'과 '상태'가 선택적으로 적용되는 것입니다.</u>

　　반면에 <u>be 동사를 get으로 대신하는 경우는 '동작'에 초점을 맞추는 고정된 표현입니다.</u>

2-7 He **was drunk** *all the afternoon*.

　　그는 오후 내내 취해 있었다.

2-8 He **got drunk** *on only two glasses of red wine*.

　　그는 겨우 적포도주 두 잔에 취해버렸다.

2-9   He **has been married** *for seven years*.

　　그는 결혼 7년 차다.

2-10   He **got married** *last May*.

　　그는 지난 5월에 결혼했다.

　오해를 피하고, '동작'이라는 의도를 명확하게 전달하고자 be 대신 get을 사용하는 것으로 이해할 수 있습니다. 예외적이거나 특별한 존재가 아니라, 왜 굳이 be가 아닌 get을 썼는지, 그런 변화를 통해 어떤 것을 전하고 싶었던 것인지 그 의도에 초점을 맞추면 충분히 납득할 수 있을 것입니다.

　이와 동일한 관점에서 '상태'를 구체적으로 나타내고 싶을 때, remain, lie, stay처럼 전형적으로 상태를 의미하는 동사들로 be 동사를 대신하는 경우도 있습니다.

　이런 경우를 '상태 수동태'라는 이름으로 부르기도 하는데, 이때 과거 분사는 형용사로 굳어진 경우가 많습니다. 그래서 수동태의 이 과거 분사를 형용사로 이해하는 관점도 있습니다. 다만 이 시점에 대해서는 형용사와 분사, 그리고 전치사와 부사와 맺고 있는 관계 속에서 유기적으로 이해하는 것이 타당하기 때문에 다른 기회에 다루도록 하겠습니다.

수동태를 써야 하는 몇 가지 이유

정보의 가치가 낮아서 수동태!

　수동태라는 특정한 양식을 사용하는 것이 적절한 몇 가지 상황이 있습니다. <u>우선 능동문의 주어가 특정하지 않은 일반적인 사람일 때, 또는 구체적으로 밝힐 수가 없을 때를 생각할 수 있습니다.</u> 일반적인 사람이 주어라는 말은 보편적이고, 일반적인 사람이라는 말입니다. 그렇다면 어느 특정한 개인이나 집단에게만 적용되는 특별한 경우가 아니라는 점에서 정보의 가치가 높다고 할 수 없습니다.

　문장이란 결국 어떤 정보를 상대에게 전달하는 것이 존재 이유이기 때문에, 정보의 가치가 낮은 어구를 사용하면 그 정보에 대한 집중력도 떨어지고, 더불어 설득력도 약해지게 될 수밖에 없습니다. 그래서 대부분의 언어에서는 정보의 가치가 낮은 어구를 배제하고, 간결하게 정보를 전달하려는 '경제성의 법칙'이 적용되는 것입니다. 따라서 주어인 명사가 정보의 가치가 낮은 경우에는 능동태보다는 수동태로 쓰는 것이 낫다는 말입니다.

　주어의 자리에 구체적인 정보를 보여주는 명사를 배치하는 것이 좋다고 하는 것은 그렇게 함으로써 상대에게 진술의 소재와 방향에 대한 구체적인 정보를 제시하고, 집중력을 높이게 하는 효과가 있기 때문입니다. 그런 관점에서 볼 때, 정보의 가치가 낮은 행위자를 주어로 활용하는 능동태 표현을 쓴다는 것은 소통의 효과라는 측면에서는 그다지 매력적이지 않은 구조입니다. 그보다는 구체적인 의미를 갖는 목적어를 주어 자리에 배치하는 수동태 표현을 사용함으로써 훨씬 더 효과적으로 정보를 전달할 수 있는 것입니다.

3-1   Brazilians **speak** Portuguese in Brazil.
       브라질 사람들은 브라질에서 포르투갈어를 사용한다.

3-2   Portuguese **is spoken** in Brazil.
       브라질에서는 포르투갈어를 사용한다.

3-1처럼 주어가 특정한 의미를 갖지 않는 일반적인 사람이 되는 경우에는 문장의 긴장감이 떨어질 수밖에 없습니다. 브라질이라는 지역에 거주하는 사람들은 대체로 브라질 사람들이라는 점에서 Brazilians라는 주어는 관심을 가질 만한 정보를 제공하지 않기 때문입니다. 물론 이런 경우에도 자신의 진술에 대한 객관적이고 일반적인 근거를 확보하기 위해서 의도적으로 능동으로 표현하는 경우도 가능합니다. 하지만 그런 의도를 갖는 제한적인 경우가 아니라면 3-2처럼 수동태로, 즉 구체적인 정보를 제시하는 구조로 진술하는 것이 더 적절합니다.

3-3   That beautiful bridge **was built** in 1935.
       저 아름다운 다리는 1935년에 건설되었다.

3-4   A man in his forties **was killed** in the traffic accident in the afternoon.
       40대 남성이 오늘 오후에 교통사고로 사망했다.

3-3과 3-4의 예문에서 built와 killed라는 동작의 행위자는 모두 일반적인

> 3-3 That beautiful bridge was built in 1935.
> 3-4 A man in his forties was killed in the traffic accident in the afternoon.

사람을 의미하는 것은 아닙니다. 이 경우는 어떤 특정한 사람이 동작의 행위자이기는 하지만, 구체적으로 밝히기 힘든 상황이라는 점에서 3-1, 3-2와는 다른 유형입니다. 두 번째 경우로 분류하고 간단히 넘어갈 수도 있겠지만, 다른 각도에서 접근하겠습니다. 세밀하게 분류해서 여러 개의 암기 사항으로 만들기보다는 그것들을 묶을 수 있는 큰 개념으로 수렴시켜서 이해하는 것이 훨씬 더 효율적이기 때문입니다.

3-3처럼 건물이나 시설물을 대상으로 한 행위라면 그 시공 주체는 당연히 특정한 인물 혹은 집단이라는 점에서 정보의 가치를 갖는다고 볼 수 있습니다. 하지만 그 행위자를 구체적으로 확인할 수 없는 경우라면 정보의 가치와 그를 통한 논리의 집중이라는 관점에서 수동으로 표현하는 것이 긴장감을 확보하는 효과가 있다는 것입니다.

그리고 3-4의 상황에서 어떤 사람이 교통 사고로 죽었다면, 그 행위자는 일반적으로 어떤 사람이 운전하던 차량이 될 가능성이 높습니다. 그런데 그 운전자를 정확하게 알고 있지 않은 상황에서 능동의 구조를 선택한다면 역시 정보의 가치가 없는 명사를 주어로 배치하는 문장이 만들어집니다. 그래서 이런 경우에도 역시 수동태로 표현하는 것이 바람직해지는 것입니다.

일반적이거나, 특정하지 않은 행위자가 등장하는 아까 유형과는 다소 차이가 있지만, 능동문의 주어가 문맥상 분명한 대상일 때에도 수동태 표현을 권장하고 있습니다. 구체적이고 제한적인 행위자라는 점에서 다르긴 하지만, 역시 '정보의 가치'라는 관점에서 접근하면 납득하기 어렵지 않습니다. 문맥상 분명한 정보란 굳이 밝히지 않아도 충분히 이해할 수 있다는 말이고, 즉 정보의 가치가 낮다는 점에서는 마찬가지이기 때문입니다.

3-5 Three days ago a white male **was arrested** on a charge of burglary.

사흘 전에 백인 남성이 강도 혐의로 체포되었다.

3-6 Three days ago *FBI agents* **arrested** a white male on a charge of burglary.

사흘 전에 FBI 요원들이 백인 남성을 강도 혐의로 체포했다.

3-5에서 'arrest'라는 행위는 일반적으로 경찰과 같은 법률 집행 기관에서만 하는 고유한 행동입니다. 따라서 이런 상황이 제시되었다면 그 행위자가 누구인지는 일반적으로 이해될 수 있습니다. 이 역시 상식적인 선에서 충분히 짐작할 수 있다면 그 정보에 높은 가치를 부여하기는 어렵지 않을까요? 이런 경우에도 주어를 굳이 나타내기보다는 수동태로 간결하게 표현하는 게 더 효율적입니다. 반면에 3-6에서는 체포한 주체가 경찰이 아니라 FBI 요원들이라는 구체적인 정보가 제시되고 있습니다. 따라서 그 행위자를 밝히려는 의도라면 능동태로 전달하는 것이 적절합니다.

3-7 Mr. Jacobson **was appointed** professor of English at Yale University.

제이콥슨은 예일 대학의 영문학과 교수로 임명되었다.

3-8 Frederic Hoover **was promoted** as the general marketing manager of Asia.

프레데릭 후버는 아시아 지역의 마케팅 총괄 이사로 승진했다.

3-9 My old friend, Alberto, **was elected** the mayor of Naples.

내 오랜 친구인 알베르토가 나폴리 시장에 당선되었다.

3-7 Mr. Jacobson was appointed professor of English at Yale University.
3-8 Frederic Hoover was promoted as the general marketing manager of Asia.
3-9 My old friend, Alberto, was elected the mayor of Naples.

3-7, 3-8, 그리고 3-9의 예문에서 보듯, 교수로 임명하고, 이사로 승진시키고, 시장으로 선출하는 행위는 일반적인 사람들이 아니라, 그 직책을 가진 사람들이 속한 특정한 집단의 사람들이 하는 동작입니다. 하지만 그것은 역으로 그만큼 행위자가 특정하고, 분명한 경우가 되기도 합니다. 그래서 앞의 경우들과 마찬가지로 정보의 가치가 낮다는 유사한 상황으로 이해할 수 있습니다. 그래서 이런 경우도 역시 가벼운 정보에 해당하는 행위자를 전면에 배치하는 능동태보다는 수동태가 문장의 긴장을 유지할 수 있기에 효과적이라는 것입니다.

결국 능동태란 동작의 행위자가 주어가 되는 구조인데, 그 주어가 갖는 정보의 무게가 가볍다면 문장의 밀도는 낮아지게 된다는 것입니다. 그래서 이런 경우에는 불필요한 정보를 뒤로 돌리고, 대상에 대한 구체적인 정보를 제시하는 수동태 문장이 더 효율적이라고 판단하는 것입니다.

지금까지 소개한 몇 가지 유형들이 약간의 차이가 있기는 하지만 정보의 가치 판단과 그에 대응하는 배치 전략이라는 일관된 관점으로 묶어서 이해할 수 있는 것입니다. 그리고 이 수동태 예문들에서는 행위자에 대한 정보를 담아내는 'by 전치사구'가 없다는 공통점도 주의 깊게 살펴둘 가치가 있습니다.

정보의 가치가 있지만 수동태!

앞에서 정보의 가치가 낮은 행위자를 문장의 주어로 배치하는 상황을 피하려는 의도가 수동태를 활용하는 중요한 이유라는 점을 봤습니다. 그런데 그와는 반대로 동작의 행위자에 대한 정보의 가치를 인정할 수 있어도 수동태를 활용하는 경우가 있습니다. 제목만 보면 서로 상반되는 조항이 등장해서 당혹스러울 수도 있습니다. 하지만 기준을 명확하게 세우고, 그 기준에 어긋나는 경우는 다른 각도에서 접근하면 납득할 수 있을 것입니다.

아무리 정보의 가치가 있는 어구라 하더라도 <u>의도적으로 행위자를 밝히고 싶지 않거나, 밝히기 곤란할 때가 있습니다. 그게 수동태를 사용하는 두 번째 경우입니다.</u>

능동의 구조에서는 동작의 행위자를 문장의 전면에, 즉 주어의 자리에 배치해야만 합니다. 하지만 수동태에서는 행위자가 전치사와 결합하면서 문장의 부차적인 요소로 전환됩니다. 그래서 행위자를 구체적으로 밝히고 싶지 않을 때 그 정보를 뒤로 감출 수 있는 구조인 수동태를 적극적으로 활용하기도 합니다. 물론 그런 의도에 맞게 행위자에 대한 정보를 담고 있는 'by + 행위자'는 생략합니다.

4-1 Some things about the company's sales **were said** in the last presentation that should have been kept secret.
    지난번 발표 중에 비밀로 유지해야 하는 회사의 매출에 대한 몇 가지 사실이 언급되었다.

4-2 The report revealed that the chairperson of the committee **was given** the money in the conference room.
    위원회의 의장이 회의장에서 뇌물을 받았다는 사실이 보도로 밝혀졌다.

4-3 The guy in a blue raincoat **was killed** in a parking lot.
    파란 레인코트를 입은 남자가 주차장에서 살해되었다.

4-4 The price of houses **is expected** to drop continuously next year.
    주택 가격이 내년에도 지속적으로 하락할 것으로 예상되고 있다.

> 4-1 Some things about the company's sales were said in the last presentation that should have been kept secret.
> 4-2 The report revealed that the chairperson of the committee was given the money in the conference room.
> 4-3 The guy in a blue raincoat was killed in a parking lot.
> 4-4 The price of houses is expected to drop continuously next year.

비밀로 해야 하는 일을 누군가가 말했는데, 그 행위자를 굳이 밝히고 싶지 않은 경우를 생각해 볼까요. 능동태의 구조라면, 이 행위자가 주어의 자리에 오기 때문에 정보를 제시해야 하는 부담이 있습니다. 이럴 때 수동태를 활용하면 행위자는 전치사와 결합하는 모양이 되고, 문장을 구성하는 필수 요소가 아니라는 점에서 생략하는 것도 가능해집니다. 그래서 4-1처럼 수동태를 활용하는 것이 행위자를 감추는 데는 효과적이라는 말입니다.

4-2의 경우도 마찬가지입니다. 뇌물을 받은 정황은 드러나지만 뇌물을 준 당사자는 아직 드러나지 않은 경우도 있겠죠. 혹은 수사를 하는 측에서 뇌물을 준 사람을 보호하고 싶어하는 상황도 가능하지 않겠습니까? 사연이야 어떻든 수동태를 활용하면, 뇌물을 준 사람이건, 조직이건 그 행위자를 명확하게 밝혀야 하는 부담을 덜 수 있는 효과가 있습니다. 4-3에서도 살인범이 누군지 몰라서 밝힐 수 없는 경우도 있겠지만, 의도적으로 감추는 경우도 가정할 수 있습니다. 그래서 추리소설이나 재판, 심문, 심리와 같은 상황에서 수동태를 이렇게 활용하는 경우를 흔히 볼 수 있습니다.

그리고 4-4는 언론 보도에서 자주 볼 수 있는 경우인데, 취재원을 명확하게 밝히지 않는 경우입니다. 수동태 문장의 구조를 통해서 내년 주택 시장에 대한 예측의 내용에 초점을 맞추고, 그런 전망을 한 행위자에 대한 정보는 생략하고 있습니다. 행위자가 전면에 등장하기 때문에 능동태는 주관적인 관점을 제시하는 경우가 많습니다. 반면에 수동태는 행위자가 사라지고, 어떤 일이 벌어졌는지에 초점이 맞춰진다는 점에서 좀 더 객관적인 느낌을 줍니다. 그래서 언론이나 과학 논문, 상업용 편지 등에서 수동태 표현을 흔히 찾아볼 수 있기도 합니다.

그리고 4-4의 경우에서 의도적으로 수동태를 활용하는 또 한 가지 동기를 끌어낼 수 있습니다. 아무래도 수동태는 행위의 대상이 전면에 노출될 수밖에 없는 구조입니다. 그래서 동작의 행위자보다 그 동작의 영향을 받는 대상에게 초점을 맞추고자 할 때 수동태를 활용하는 것입니다. 동작의 대상이 주어가 되는 수동태의 구조란 바로 그 대상을 주인공으로 삼겠다는 서술자의 의도를 담아내기에 적절한 방식인 것입니다.

4-5 *A pedestrian* **was hit** by a motorcycle on a crosswalk.
보행자가 횡단보도에서 오토바이에 치였다.

4-5의 수동태에서는 a motorcycle이라는 행위자보다는 a pedestrian에게 서술자의 무게 중심이 쏠려 있습니다. 즉 a motorcycle이 한 행위보다는 a pedestrian이라는 주어에게 어떤 일이 발생했는지를 전달하는데 글의 초점이 있다는 것이죠. 그리고 글의 통일성이라는 관점에서 다음 문장의 내용도 역시 보행자에 대한 정보가 중심이 될 가능성이 높은 것입니다.

논의의 초점이라는 관점과 연결하면 많이 혼동하고 있는 경우도 해결할 수 있습니다. 주로 등위 접속사인 and로 연결되는 문장에서 나타나는 구조인데, 두 동사의 태가 서로 다른 경우가 바로 그것입니다.

4-6 The tenor **went** on the stage and **was given** a thunderous ovation.

그 테너 가수는 무대에 올라 우레와 같은 박수를 받았다.

4-6에서 and의 왼쪽 문장은 went라는 능동태이지만, 오른쪽은 was given이라는 수동태입니다. 보통 and로 연결되는 문장은 서로 대칭적인 구조를 갖는 것이 기본이기 때문에 이렇게 능동과 수동이 함께 쓰인 문장을 보면 어색하게 여기거나, 틀린 것이 아니냐는 질문을 받기도 합니다.

그런데 태를 능동으로 동일하게 맞추면, went의 행위자인 the tenor는 give라는 동사의 행위자가 아니기 때문에 그에 맞는 다른 행위자를 밝혀야 합니다. 물론 그렇게 해서 개별적인 의미를 전달하는 경우도 가능합니다. 하지만 그런 특정한 의도가 아니라면 일반적으로 그런 배열은 피하는 것이 좋습니다.

말하는 사람의 의도를 효율적으로 전달하기 위해서는 논리적으로 일관된 관점을 유지하는 것이 상당히 중요하기 때문입니다. 그 기본 전략 중 하나가 바로 문장의 주어를 가능한 일관되게 유지하는 것입니다. 주어를 바꾸면 글의 초점이 달라지기 때문에, 글에 대한 독자의 집중력을 유지하는 데 방해가 될 위험성도 높아지게 됩니다.

논리적 일관성이라는 관점에서는 주어를 동일하게 유지하는 것이 태의 관점을 통일하는 것보다 훨씬 더 중요하기에 4-6처럼 능동과 수동이 함께 등장하는 문장이 되는 것입니다. 효율적으로 의사를 전달하려는 고민의 결과라고 생각하면 되지 않을까요?

4-7 The computer company **laid off** 300 workers last week and **has been fiercely criticized** by the media.

> 그 컴퓨터 회사는 지난 주에 300명의 직원을 해고했는데, 언론으로부터 격렬하게 비판을 받고 있다.

4-7에서도 역시 주어인 the computer company는 lay off의 행위자이지만, criticize의 대상이기도 합니다. 이 회사의 행동과 언론의 반응이라는 차이를 대조적으로 분명하게 보여줄 의도라면, the computer company와 the media를 각각 문장의 주어로 표현하는 것도 가능합니다. 하지만 굳이 그럴 의도가 아니라면 태가 서로 다르더라도 주어를 동일하게 유지하는 것이 통일된 시선을 줄 수 있다는 말입니다.

또 주어를 동일하게 하면, 반복되는 주어를 생략할 수 있기 때문에 문장이 간결해지는 효과도 얻을 수 있습니다.

지금까지 나왔던 예문들을 유심히 보면 주어가 그리 길지 않을 것입니다. 영어를 비롯해서 유럽에서 사용되는 언어들에서 드러나는 보편적인 특징 가운데 하나는 바로 '길면 뒤로'라는 어순 규칙입니다. 즉 길이가 긴 정보를 뒤쪽에 배치한다는 원칙입니다. 그래서 주어에 해당하는 정보가 긴 경우에도 뒤로 배치하는 것이 더 자연스럽습니다.

이런 맥락에서 주어 부분에 긴 정보를 배치하지 않으려는 경향이 있습니다. 그래서 <u>주어에 긴 어구가 등장하는 경우에는 '길면 뒤로'라는 배열 규칙에 따라 주어를 뒤로 배치하고, 수동태를 활용</u>하는 경우도 생겨나는 것입니다.

수동태 **33**

4-8 ***Darwin's assertion that human beings had evolved from great apes* shocked** many Europeans of the 19th century.

4-9 ***Many Europeans of the 19th century* were shocked** by Darwin's assertion that human beings had evolved from great apes.

인간이 유인원에서 진화했다는 다윈의 주장은 19세기의 많은 유럽인들에게 충격을 주었다.

    4-8에서 주어로 제시되는 명사는 Darwin's assertion이지만, 그 명사의 내용을 설명하는 동격인 that절이 연결되어 주어에 해당하는 정보가 상당히 길게 배치되어 있는 부담스러운 구조입니다. 그래서 이 주어를 뒤로 배치하고 싶은데, 그러면 주어가 없어지는 구조가 된다는 문제가 발생합니다. 이런 고민을 해결해주는 것이 바로 4-9처럼 목적어를 먼저 배치하는 수동태를 활용하는 것입니다.

    이처럼 정보의 길이가 긴 어구를 뒤쪽으로 보내는 현상이 비단 수동태에만 적용되는 것은 아닙니다. 우리가 잘 알고 있는 가주어를 활용하는 문장도 이런 원칙을 바탕에 두고 생성된 세부 규칙으로 이해할 수 있습니다. 그리고 부사어구의 배열 순서, 수식어의 배열, 도치 구문 등 다양한 경우에 일관된 모습으로 이 원칙이 드러난다는 점에서 잘 익혀두어야 합니다.

    행위자에 해당하는 어구가 특정한 의미를 갖지 않는 경우에는 수동태를 활용하는 것은 '정보의 가치'에 대한 판단과 '언어의 경제성'을 바탕으로 한 실천 행위입니다. 반면에 행위자가 고유한 의미를 갖는 경우에도 주어로 내세우지 않고, 수동태로 표현하는 것은 행위자를 밝힐 의도가 없거나 동작의 대상에 초점을 맞추려는 전략적인 판단이거나 주어의 정보가 길다는 구조적 취약함을 보완하려는 의도라고 정리할 수 있습니다. 어느 경우가 됐건 의도적으로 수동태를 선택한 서술자의 의향을 이해하는 방향으로 접근해야 마땅합니다.

수동태와 시제의 만남

진행형과 수동태

동사의 시제는 어떤 동작이 발생하는 시점을 표시하는 문법적인 장치입니다. 따라서 시제의 변화는 동사의 형태와 시점을 표시하는 어구에 초점을 맞추고 있습니다. 반면에 수동태는 문장의 구조를 변화시킴으로 의미를 전달하는 방식이기 때문에 시제보다는 상대적으로 어렵다고 생각할 여지가 있습니다.

수동태를 표시하는 'be 동사 + 과거 분사'라는 동사 형태에는 시제의 모습도 함께 드러나야 합니다. 그런데 이렇게 동사의 형태에 시제와 태의 개념을 한데 담아낼 때, 시제에 대한 개념이 수동태의 형태보다 순서상 먼저 등장하기 때문에 태의 관점을 놓치기 쉬운 면도 있습니다. 문장 변환 훈련으로 인한 트라우마라고 봐야 하겠지만, 특히 진행형과 완료형을 수동태로 표현하는 경우를 복잡하게 생각하는 경우가 많습니다.

그래서 이 두 가지 형태를 중심으로 동사의 시제와 태가 어떻게 각자의 개념을 드러내면서 결합하는 지 확인해 보겠습니다. 시제와 태가 각자 정체성을 지키면서 서로의 원칙을 결합시키는 지극히 원칙적인 과정이기 때문에, 복잡하게 생각할 필요는 전혀 없습니다. 'be 동사 + -ed'라는 수동태의 기본 구조를 중심에 놓고 시제의 성격을 드러내면 되기 때문입니다.

'진행형 수동태'란 말 그대로 진행형이라는 시제의 관점과 수동형이라는 태의 관점이 결합한 경우입니다. 그렇다면 이 두 가지 개념을 충족시킬 수 있는 형태는 어떤 것일까요?

우선 진행형은 'be 동사 + -ing'이고, 수동형은 'be 동사 + -ed'라는 점과 시제의 관점을 태보다 먼저 배치하는 것이 원칙이라는 점을 바탕에 설정합니다. 그래서 이 두 가지 요소를 결합시킨 '진행 수동태'는 'be be*ing* -ed'라는 형태가 되는 것입니다. 'be -ing'로는 진행의 의미를, 'be*ing* -ed'로는 수동의 관점을 담아내는 것이죠. 물론 동사의 시제와 주어의 단수/복수에 따라서 be 동사의 적절한 형태를 선택한다는 점도 잊지 말아야 합니다. 결국 <u>'진행형 수동태'는 'be [am, is, are, was, were] being -ed'라는 구조가 될 수밖에 없습니다.</u>

5-1 Someone *was roasting* coffee beans when I walked into the kitchen.
    내가 주방에 들어갔을 때 누군가 커피 원두를 볶고 있었다.

5-2 Coffee beans *were* be*ing* roasted when I walked into the kitchen.

5-3 The engineer *is repairing* the broken copy machine.
    기술자가 고장 난 복사기를 수리하고 있는 중이다.

5-4 The broken copy machine *is* be*ing* repaired by the engineer.

    5-1에서는 was roasting이라는 능동의 과거 진행형으로 표현되고 있습니다. 반면 5-2에서는 'were being'으로 과거 진행형을, 'being roasted'로 수동태를 각각 담아내고 있습니다. 이때 5-1에서는 주어가 someone이기 때문에 동사도 역시 단수인 was입니다. 하지만 5-2의 수동태 문장에서는 coffee beans라는 복수 명사가 주어라는 점에서 동사도 were로 수를 일치시키고 있습니다.

그러나 조심하라는 말은 하지 않겠습니다. 그런 말은 5-1의 능동태 문장을 5-2의 수동태로 변환시킨다는 관점을 바탕에 깔고 있기 때문입니다. 이미 설명했듯이 수동태를 능동태 문장을 변환시킨 것으로 종속적인 관점에서 접근하지 말아야 하기 때문입니다. 사실 5-2의 were는 단지 주어와 수를 일치시켰을 뿐이지, 수동과는 아무 상관이 없는 것입니다.

5-4도 5-3을 수동태로 고친 문장이 아니라, 'is being repaired'라는 수동태 표현이라는 독립된 관점으로 접근하는 것이 마땅합니다. 그래야 정확하게 이해할 수도 있고, 능동태를 거치지 않고 곧바로 수동태로 표현할 수도 있습니다. 혹시 5-2, 5-4의 수동태 표현이 복잡하다고 생각한다면 5-1, 5-3을 고치는 관점으로 접근하고 있는 것은 아닌지도 점검해 보기 바랍니다.

수동의 향기를 품은 과거 진행형과 현재 진행형을 소개했는데, 진행형에는 미래 진행형도 있습니다. 하지만 일반적으로 미래 진행형은 수동태로 표현하지 않으니까 신경 쓰지 않아도 좋습니다.

완료형과 수동태

완료형과 수동태가 결합하는 경우도 앞서 살펴본 '진행 수동태'와 크게 다를 것이 없습니다. 완료형은 'have - ed'의 구조로 표현하니까, 이 형태에 'be 동사 + -ed'라는 수동형을 결합하면 되기 때문입니다. 그리고 역시 '완료'라는 개념이 '수동'보다 먼저 구현된다는 규칙도 고려해야 합니다. 이런 속성들을 결합한 결과 'have been - ed'라는 형태가 만들어지는 것입니다. 'have been'을 통해 완료의 상황을, 그리고 'been - ed'를 통해 수동의 관점을 각각 나타내고 있는 것이죠. 구체적으로 <u>완료 수동태는 'have [has, had, will have] been -ed'라는 구조가 됩니다.</u>

5-5   Translators ***have translated*** Paulo Coelho's novel *The Alchemist* into a lot of languages.

5-6   Paulo Coelho's novel *The Alchemist* ***has* been translated** into a lot of languages.
번역가들이 파울로 쿠엘류의 소설인 『연금술사』를 여러 언어로 번역하고 있다.

5-7   When I found my wallet from the Lost and Found, somebody ***had taken*** away all my credit cards.

5-8   When I found my wallet from the Lost and Found, all my credit cards ***had* been taken** away.
내가 지갑을 분실물 보관소에서 찾았을 땐 이미 누군가 신용카드를 모두 가져가버렸었다.

5-9   They ***will have completed*** the construction of the building by the end of the month.

5-10   The construction of the building ***will have* been completed** by the end of the month.
그들은 이달 말까지 그 건물의 공사를 끝낼 것이다.

5-5에서 have translated라는 현재 완료는 뒤에 동작의 대상이 되는 목적어를 동반하는 능동태입니다. 반면 5-6은 현재 완료와 수동태를 결합시킨 문장인데, has been으로 현재 완료를, been translated로 수동의 관점을 각각 표시하고 있습니다. 물론 이번에도 5-6의 동사가 has라는 단수형인 것은 주어인 novel이라는 명사가 단수이기 때문일 뿐입니다.

과거 완료의 경우도 마찬가지입니다. 과거 완료형의 기본 구조는 'had ‒ ed'입니다. 사실 과거 완료의 형태를 기억하는 것과 같은 관점과 노력을 기울여서 과거 완료 수동태는 'had been ‒ed'라고 기억하면 그만인 것입니다. 5-7의 과거 완료 문장을 고쳐서 5-8의 형태로 만든다는 식으로 접근할 이유가 전혀 없는 것입니다. 어떤 정보를 먼저 제시하면서 표현할지는 전적으로 언어의 실질적 사용자인 독자들의 선택이니까요!

그런데 진행형과 완료형 외에도 진행형과 완료형을 결합한 완료 진행형이 있습니다. 완료 진행형의 형태는 'have been ‒ing'인데, 이 경우에 수동태로는 어떤 모양이 될까요? 바로 'have been being ‒ed'라는 형태가 되는데, be동사의 형태가 과거 분사와 현재 분사로 모두 등장하는 어지러운 모습을 보입니다. 그래서 완료 진행 수동태는 실제로는 사용하지 않습니다.

5-10의 예문에서는 미래 시점을 나타내는 조동사 will이 사용됐습니다. 이렇게 조동사가 함께 사용된 문장의 수동태도 원칙만 적용하면 간단합니다. 조동사의 의미나 형태도 역시 능동/수동이라는 태의 관점과는 아무 상관이 없습니다. 단지 <u>조동사의 다음에는 동사의 원형을 쓴다는 원칙과 수동태의 기본 형태가 결합되면 충분합니다. 바로 '조동사 + be ‒ed'가 기본 구조가 되는 것입니다</u>.

5-11　The government *will* **make** a difficult decision on the development project.

5-12　A difficult decision on the development project *will* **be made** by the government.

정부에서는 그 개발 프로젝트에 대해 어려운 결정을 내릴 것이다.

5-13　Parents *cannot* **bring** children under seven to the concert.

5-14　Children under seven *cannot* **be brought** to the concert by parents.

부모님께서는 7세 미만의 자녀들을 연주회에 데려올 수 없습니다.

5-15　The auto company *should* **have informed** the customers of the recall procedure.

5-16　The customers *should* **have been informed** of the recall procedure by the auto company.

그 자동차 회사는 고객들에게 리콜 절차에 대해 통보했어야만 했다.

5-15에서 보듯이 조동사의 다음에 진행형이나 완료형이 연결되는 경우도 있습니다. 이런 경우에도 앞에서 확인했던 진행형과 완료형의 수동태 표현을 활용하면 됩니다. 물론 조동사가 있다는 점을 고려해서 be나 have라는 원형의 형태만 갖춰주면 특별하게 신경 쓸 일은 아닙니다. 고려할 요소가 추가되면서 다소 길어질 뿐이지 원칙에서 벗어나는 것은 없습니다.

명사절과 수동태

명사절 목적어의 수동태

타동사의 목적어로 'that + 주어 + 동사 ~'의 구조를 갖는 명사절이 사용되는 경우가 있습니다. 이렇게 목적어로 that절을 취하는 동사들은 일정한 특성을 갖고 있습니다. 이런 부류의 동사들을 '전달 동사'라고 하는데, '사실성'을 나타내는 접속사인 that을 목적어로 해서 어떤 사실을 전달하는 의미를 갖는 동사들입니다.

이 전달 동사는 크게 '말하다'는 의미를 갖는 say 집단의 동사들과 '생각하다'는 의미를 공약수로 하는 think 집단으로 나눌 수 있습니다. '말하다' 부류에 속하는 동사로는 가장 기본적인 say를 중심으로 claim, decide, declare, explain, recommend, report, require, request, suggest 등이 있습니다. 물론 단어들의 개별적인 의미는 서로 차이가 있지만 한자의 부수 개념처럼 '말하다'라는 공통 분모를 바탕에 깔고 있는 것으로 이해할 수 있습니다.

think 집단에 속하는 동사들도 역시 이런 식으로 수용할 수 있습니다. 즉 agree, assume, believe, consider, doubt, expect, fear, hope, imagine, know, observe, suppose, suspect, think 등과 같은 동사들도 각각의 의미는 다르지만, '생각하다'라는 사고 작용을 공통의 기반으로 하고 있다는 특징으로 묶을 수 있다는 말입니다.

이런 전달동사의 다음에 연결되는 목적어가 단어가 아니라, 명사절이라고 해서 수동태로 표현하는 과정이 색다를 것은 별로 없습니다. 명사절이라 정보의 길이가 더 길다는 차이는 있지만, 어차피 목적어 역할을 하는 표현이고, 그 목적어를 주어로 활용한다는 수동태의 관점은 달라질 이유가 없으니까요.

6-1 Almost every man in town **expected** *that Jerry would marry Amy* .

6-2 *That Jerry would marry Amy* **was expected** by almost every man in town.
　　마을의 남자들은 거의 모두 제리가 에이미와 결혼할 것으로 예상했다.

　　6-1은 접속사 that이 연결하는 that Jerry would marry Amy가 타동사 expected의 목적어인 능동태 표현입니다. 그렇다면 이런 구조의 문장을 수동태로 표현하려면, 목적어를 주어로 활용한다는 수동태의 의도에 충실하게 6-2처럼 that절 전체를 주어의 자리에 배치해서 표현하면 됩니다. 물론 명사절은 셀 수 없는 명사로 취급되기 때문에 동사는 단수형을 써야 주어와 동사의 수가 일치될 수 있습니다.
　　그런데 6-2처럼 문장의 주어로 접속사가 등장하는 경우를 영어에서는 그다지 자연스럽게 받아들이지 않는다는 문제가 있습니다. 접속사가 주어라는 말은 자연히 주어의 정보가 길어진다는 말이 아니겠어요? 영어에서는 이렇게 주어의 자리에 긴 정보가 오는 것을 달가워하지 않습니다. 이런 경우에는 '길면 뒤로'라는 강력한 어순 규칙이 위력을 발휘해서, 길이가 긴 정보를 문장의 뒤쪽으로 도치시키게 됩니다.
　　이런 현상은 문장의 균형이라는 측면 외에도, 정보의 초점이라는 관점에서도 이해할 수 있습니다. 사실 전달 동사의 구조에서 정보의 가치는 대부분 동사가 아니라, 전달하고자 하는 that절의 내용에 있습니다. 영어에서는 중요한 정보를 뒤쪽으로 배치하는 것이 정보 배열의 원칙입니다. 그러다 보니 that절을 수동태의 주어로 활용하면, 이런 정보 배열의 원칙과도 어울리지 않게 됩니다.

이런 맥락에서 <u>that절을 문장의 뒤로 보내고, 그 자리에는 that절의 역할을 표시하는 장치만 간단하게 남겨두는 전략을 채택합니다. 그래서 that절이 갖는 문법적인 성격, 즉 3인칭이고, 중성이고, 단수라는 성격을 담아낼 수 있는 it 이라는 대명사로 대체하게 됩니다.</u> 이 it을 바로 '가주어'라고 합니다.

6-3 ***It* was expected** *that Jerry would marry Amy* by almost every man in town.

이렇게 주어에는 가벼운 요소를 제시하고, 핵심적인 내용인 that절은 문장의 뒤쪽으로 도치시킴으로써 문장의 균형을 유지하고, 또 논리적 초점을 맞추는 효과를 얻을 수 있습니다. 그리고 that절은 명사절, 형용사절, 부사절로 다양하게 사용될 수 있기 때문에 의미를 잘못 이해할 수도 있습니다. 하지만 it을 사용함으로써 that절의 용도를 명확하게 표시하기 때문에 의미의 혼선을 막는 효과도 얻을 수 있습니다. 이런 결과로 '<u>it was expected [said, reported, believed] that ~</u>'과 같은 표현들이 만들어지는 것입니다.

가주어를 대하는 다양한 입장들

가주어란 문장의 뒤에 있는 that절이나 to 부정사가 주어의 자리에 있었다는 것을 표시하는 기능만 있습니다. 그러니까 형식적인 기능만 있을 뿐, 정보의 가치는 없다는 말입니다. 그렇다면 의미가 없는 가주어를 정보의 가치가 있는 단어로 대체해서 좀 더 경제적으로 표현하려는 동기도 생기게 됩니다.

6-4　**It** was expected that **Jerry** *would marry Amy* by almost every man in town.

6-5　**Jerry** was expected *to marry Amy* by almost every man in town.

그런데 아무리 의미가 없다고 하더라도, 주어인 it이 없이는 문장이 성립하지 않기 때문에 그 역할을 대신할 표현을 찾아야만 합니다. 전달 동사의 표현에서 의미의 초점이 맞춰지는 대상은 that절의 내용이라는 점에서, that절의 주어로 it 대신 주어의 역할을 하도록 하는 것입니다.

그런데 이렇게 that절의 주어를 it의 자리에 쓰게 되면, that절은 주어가 없는 불완전한 구조가 될 수밖에 없습니다. 그러면 that절의 동사는 주어가 없기 때문에 더 이상 동사의 지위를 유지할 수는 없습니다. 그래서 that절의 동사는 준동사인 to 부정사로 대체하는 것입니다.

그리고 6-4의 that절에는 would라는 조동사가 있는데, 조동사는 동사의 의미나 문법적인 형태를 보조하는 역할이므로 당연히 동사에만 결합할 수 있습니다. 그런데 to 부정사는 동사가 아니기 때문에 would라는 조동사가 함께 쓰이는 것도 있을 수 없는 일입니다. 결국 that절이 해체되는 과정에서 조동사

would도 구조상 존재할 근거가 사라지기 때문에 생략될 수밖에 없게 됩니다. would가 갖는 미래의 의미는 역시 미래성을 담아내는 to 부정사라는 형태가 대신하게 되는 것입니다.

물론 동사가 사라지게 되면 동사를 연결하는 접속사인 that도 역할이 없어지기 때문에 역시 존재할 필요가 없게 됩니다. 결국 문장의 구성 규칙에 따라 문법적 역할이 사라진 어구들이 생략되기 때문에 6-5처럼 간결한 문장이 나타나게 되는 것입니다.

결국 이런 구조를 탄생시키는 원동력은 역시 불필요한 정보를 없애고 간결하게 전달하고자 하는 노력이라고 이해하면 되지 않을까요? 그런 원칙을 지향하는 과정에서 <u>that절의 주어를 문장의 주어로 함으로써 의미상 가치가 없는 it이라는 가주어를 생략하고, 더불어 that절의 동사는 to 부정사로 표현하는 경로가 만들어지는 것입니다.</u>

6-6 Scientists say that *there* **will be** extinction of many species in the near future.
6-7 It is said that *there* **will be** extinction of many species in the near future.
6-8 *There* is said **to be** extinction of many species in the near future.
과학자들은 가까운 장래에 많은 종이 멸종될 것이라고 한다.

6-6, 6-7, 6-8로 이어지는 문장들을 보면서 복잡하다는 생각을 할지도 모르겠습니다. 하지만 이 경우에도 역시 문장을 다른 형식으로 고치는 것이 아니라, 개별적인 표현으로 익혀두는 것이 바람직합니다. 그러니까 유사한 의미를

나타내는 단어나 표현을 여러 개 익히는 것과 다를 바 없다는 말입니다. 다만 단어나 표현의 경우보다 정보의 길이가 조금 더 길고, 적용하고 이해해야 하는 규칙이 있을 뿐입니다. 개별적인 단어나 표현도 중요하지만, 표현틀을 익히는 것이 활용도가 훨씬 높다는 점에서 면밀하게 이해할 가치가 있다고 생각합니다.

that절을 목적어로 하는 전달 동사의 표현 방식을 다른 각도에서 접근하는 경우도 하나 더 있습니다. 전달 동사 중에는 that절의 정보를 '목적어 to do' 구조로 좀 더 간결하게 표현할 수 있는 경우도 있습니다.

6-9   Almost every man in town expected *that* Jerry would marry Amy.

6-10 Almost every man in town expected Jerry to marry Amy.

6-9는 앞서 6-1에서 소개했던 문장입니다. 그리고 6-10은 두 개의 동사가 제시된 문장을 준동사를 활용해서, 동사를 하나만 제시하는 구조로 간결하게 표현한 형태입니다. 이 두 가지 표현이 어떤 차이점이 있는지 비교해 볼까요.

종속절의 동사를 준동사로 고치면, 문장을 구성하는 요소들의 유기적 관계가 와해되기 때문에 역할을 상실하는 어구들이 생기게 됩니다. 즉 동사가 있어야만 존재할 수 있는 접속사와 조동사는 자연히 그 기능을 수행할 대상이 없기 때문에 존재 이유가 없습니다. 그래서 6-9와 달리 6-10에서는 that과 would가 탈락하는 것입니다. 이 부분은 6-4, 6-5에서 이미 확인했던 것이니까 이해하기 어렵지 않을 것입니다. 그리고 주절의 주어와 종속절의 주어가 동일하다면, 정보의 가치가 없으니까 생략합니다. 그런데 6-9에서 종속절의 주어인

Jerry는 주절의 주어인 almost every man과는 다른 정보이기 때문에 생략하지 않고 밝혀주어야 합니다.

　이런 규칙들을 적용해서 간결하게 표현된 문장이 바로 6-10입니다. 그리고 이 문장을 목적어인 Jerry의 입장으로 표현하면, Jerry를 주어로 하는 수동태 표현이 됩니다. 그 수동태 문장을 6-5와 비교해보면 서로 같다는 사실을 발견할 수 있을 것입니다.

　이런 맥락에서 "5형식 문장을 수동태로 고치면 2형식 문장이 된다"라는 공식을 소개하는 책들도 있습니다. 이런 주장은 이른바 문장의 구조를 다섯 가지로 구분하는 5형식 이론에 기반을 둔 것인데, 그 이론의 타당성은 굳이 따지지 않겠습니다. 문장의 유형을 구분하는 방식은 관점에 따라 다른 것이니까, 개인적인 판단에 맡기겠습니다. 다만 그런 형식 논리에서 잠시 벗어난다면, 이 공식도 굳이 기억하려 애쓸 필요 없이 이해할 수 있지 않을까요?

　표현 방식이 이렇게 다양한 경우가 공부하는 사람의 입장에서는 복잡하다고 생각할 여지도 있습니다. 그래서 이 공식에 대한 평가는 잠시 뒤로 미루고, 일단 단계별로 나눠서 다시 확인부터 하겠습니다. 먼저 목적어로 쓰인 명사절을 가주어 it을 활용해서 수동태로 표현하는 과정을 보겠습니다.

6-11　The boss **declared** that Raskin *would be* in charge of the contract.
　　　라스킨이 그 계약을 책임지게 될 것이라고 사장이 분명하게 밝혔다.

6-12　It **was declared** that Raskin *would be* in charge of the contract by the boss.

> 6-11 The boss declared that Raskin would be in charge of the contract.
> 6-12 It was declared that Raskin would be in charge of the contract by the boss.

6-11에서 it을 활용해서 동사의 목적어인 명사절을 수동태로 표현하면 6-12과 같은 문장이 됩니다. 이런 이해를 바탕으로 'It is said that ~'을 하나의 표현 어구로 기억해두면 훨씬 효과적으로 활용할 수 있습니다. 그리고 6-11에 있는 명사절은 to 부정사를 활용해서 간결하게 표현할 수도 있습니다.

6-13 The boss **declared** <u>Raskin</u> *to be* in charge of the contract.

6-14 <u>Raskin</u> **was declared** *to be* in charge of the contract by the boss.

that절의 구조를 해체하면, 접속사와 조동사는 활용할 이유가 없게 되고, 결국 6-13과 같은 문장이 됩니다. 그리고 6-12에서 의미가 없는 가주어 it 대신 that절의 주어인 Raskin을 주어로 활용할 수도 있는데, 그러면 6-14와 같은 방식의 표현이 됩니다. 또는 다른 각도에서 6-13의 '동사 + 목적어 + to do' 구조에서 목적어인 Raskin을 주어로 해서 수동태로 표현할 수도 있습니다. 그렇게 해도 역시 6-14와 같은 결과가 됩니다. 복잡하다고 생각할 수도 있지만 문장을 갖고 노는 방법이 여러 가지라고 생각하면 조금이라도 부담이 덜해지지 않을까요?

6-15 People **believe** that Charlie Chaplin *is* a comedian with a capital C.

사람들은 찰리 채플린이 최고의 코미디언이라고 생각한다.

6-16 It **is believed** that Charlie Chaplin *is* a comedian with a capital C.

6-17 People **believe** Charlie Chaplin *to be* a comedian with a capital C.

6-18 Charlie Chaplin **is believed** *to be* a comedian with a capital C.

이때 that절의 동사가 항상 will, would와 같은 미래 시점인 것은 아닙니다. that절의 내용에 따라 6-15처럼 현재의 사실을 나타내는 경우도 있고, 전달 동사의 의미에 따라 that절에 조동사가 결합되는 경우도 있습니다.

6-19 The department head **ordered** that John *should complete* the feasibility study of the project.
_{부서장이 존에게 그 사업의 타당성 조사를 완료하라고 명령했다.}

6-20 It **was ordered** that John *should complete* the feasibility study of the project by the department head.

6-21 The department head **ordered** John *to complete* the feasibility study of the project.

6-22 John **was ordered** *to complete* the feasibility study of the project by the department head.

6-19에서 that절에 should가 있는 것은 전달 동사인 order가 '의무'의 상황을 나타내기 때문입니다. 이렇게 때로는 전달 동사의 의미에 따라 that절에

수동태 **49**

역시 의무를 나타내는 should가 쓰이기도 합니다.

결국 "5형식 문장을 수동태로 고치면 2형식 문장이 된다"는 이상한 문법 조항을 암기할 필요는 전혀 없습니다! 이것 역시 '문장 변환의 망령'이 여전히 우리를 괴롭히고 있는 셈입니다. that절을 목적어로 하는 문장을 여러 가지 방식으로 고친다고 생각하면 이 다양한 표현 방식들이 복잡하게 다가올 수밖에 없습니다.

능동은 능동으로, 수동은 수동으로 각각 존재 의미가 있는 것이지, 누군가의 대체물로, 어떤 문장을 고쳐 쓰는 방식으로 존재하는 것은 아닙니다. that절을 중심으로 한 이 일련의 표현들도 그 각각이 독립적인 표현 방식인 것이지, 변환의 대상이 아닌 것입니다.

두 개의 목적어와 수동태

목적어가 두 개라면, 수동태의 주어는?

소위 4형식이라고 하는 문장의 구조는 목적어가 두 개입니다. 그래서 수동태 문장을 쓸 때, 어느 목적어를 주어로 해야 하는 지 혼란스러울 수 있습니다. 하지만 부담을 가질 정도로 어려운 것은 아닙니다. <u>목적어가 두 개라는 것은 수동태의 주어로 활용할 수 있는 명사가 두 개라는 말일 뿐입니다. 그러니까 수동태도 '원칙적으로' 두 가지가 가능하다는 특징이 있을 뿐, 능동과 수동의 기본 관점이 달라지는 것은 없는 것입니다.</u>

7-1 Professor Foster **gave** *me* *a review on Alfred Hitchcock's Vertigo*.
  포스터 교수님은 나에게 알프레드 히치콕의 『현기증』에 대한 영화평을 주었다.

7-2 **I was given** *a review on Alfred Hitchcock's Vertigo* by Professor Foster.

7-3 **A review on Alfred Hitchcock's Vertigo was given** <u>to me</u> by Professor Foster.

7-4 Professor Foster **gave** *a review on Alfred Hitchcock's Vertigo* <u>to me</u>.

목적어가 두 개라는 것은 동작의 직접 대상을 말하는 직접 목적어와 동작의 2차 대상을 나타내는 간접 목적어가 있는 문장이라는 말입니다. 그러니까 동작의 간접적인 대상의 다음에 더 중요한 정보인 동작의 직접 대상이 연결되는 구조의 문장을 말합니다. 7-1의 give가 바로 두 개의 목적어를 수반하는 가장 전형적인 동사입니다. 이 문장에서는 me와 a review on Alfred Hitchcock's *Vertigo*라는 두 개의 명사가 각각 give의 간접 목적어와 직접 목적어의 역할을 하고 있는 것입니다.

> 7-1 Professor Foster gave me a review on Alfred Hitchcock's *Vertigo*.
> 7-2 I was given a review on Alfred Hitchcock's *Vertigo* by Professor Foster.
> 7-3 A review on Alfred Hitchcock's *Vertigo* was given to me by Professor Foster.

목적어가 이렇게 두 개라면 수동문의 주어로 활용할 수 있는 자원도 두 가지라는 말이 되니까, 당연히 수동태도 두 가지 유형으로 표현할 수 있습니다. 그래서 간접 목적어를 주어로 서술한 7-2와 직접 목적어를 주어로 배치한 7-3이라는 두 가지 수동형이 가능한 것입니다.

이 두 가지 경우 중에서는 7-2처럼 간접 목적어를 주어로 한 수동태 표현이 더 일반적이기는 합니다. 아무래도 간접 목적어보다는 동작의 직접 대상인 직접 목적어에 더 중요한 정보가 배치되는 경우가 많기 때문입니다. 영어에서는 중요한 정보를 문장의 뒤쪽으로 배치하는 경향이 있다는 점을 실천하는 것입니다.

하지만 이 일차적인 규칙에 너무 얽매일 필요는 없습니다. 만일 간접 목적어로 제시되는 정보가 더 중요하다고 판단한다면 그것을 뒤로 보내고, 직접 목적어를 주어로 하는 구조로 서술자의 의도를 담아낼 수도 있기 때문입니다.

그리고 간접 목적어의 길이가 긴 경우에는 오히려 직접 목적어를 주어로 하는 수동태 표현이 자연스러운 것이 됩니다. '길면 뒤로'의 규칙에 비추어볼 때 간접 목적어에 나타나는 긴 정보를 주어로 하는 것은 부담스럽기 때문입니다. 그래서 <u>원칙은 견지하되</u>, 문장의 구체적 상황에 따라 대응하는 유연한 자세가 중요한 것입니다.

그런데 7-2처럼 간접 목적어를 주어로 활용한 수동태 문장에서는 'be 동사 + 과거 분사'의 다음에 직접 목적어에 해당하는 명사가 그냥 남아있는 구조가 될 수 있습니다. 일단 목적어인 I를 주어로 활용함으로써 수동의 요건은 충족된 것이기 때문에, 나머지 어구들은 문법적인 영향을 받지 않기 때문입니다.

하지만 수동태 문장에서도 여전히 목적어가 남아있는 구조는 다소 난감할 수 있습니다. 수동태를 형성하는 동사의 형태는 'be + -ed'인데, be동사가 자동사이기 때문입니다. 이렇게 자동사의 뒤에 오는 명사는 목적어가 아니라, 주어를 설명하는 보어로 규정됩니다. 그런데 지금 뒤에 남아있는 명사는 직접 목적어였다는 점에서 주어와 동일한 대상을 나타내는 보어라고 규정하기도 적당하지 않습니다.

그래서 기존의 기준으로는 설명하기 다소 애매한 구조가 됩니다. 이렇게 수동태 문장에서 뒤에 남아 있는 직접 목적어에 해당하는 명사를 보류 목적어 retained object라고 부르기도 합니다. 일반적으로 수동형이 되면 동사의 다음에 목적어인 명사가 없는 구조가 되는데, 이와는 좀 다르다는 점에서 확인해 둘 필요는 있습니다.

수동태의 동사 다음에 목적어가 남아있는 경우라고 낯설어 할 필요는 없습니다. 동작의 대상인 목적어에 해당하는 정보를 주어로 활용하는 구조를 수동태라고 하는데, 이것은 수동태에서 구조상 차이가 발생하는 지점은 목적어까지라는 말입니다. 그러니까 간접 목적어가 주어가 되는 것으로 수동태의 조건은 충족된 것이므로 그 뒤의 요소들은 아무런 영향도 받지 않게 되고, 따라서 능동태 문장과 동일한 구조를 유지하게 되는 것입니다.

그런데 7-3처럼 직접 목적어가 수동문의 주어가 되는 경우에 뒤에 남은 간접

> 7-3 A review on Alfred Hitchcock's *Vertigo* was given to me by Professor Foster.
> 7-4 Professor Foster gave a review on Alfred Hitchcock's *Vertigo* to me.

목적어에는 전치사를 붙이는 것이 원칙입니다. 물론 이 대목은 조금 다른 각도에서 보는 견해도 가능합니다. 이렇게 목적어가 두 개 등장하는 동사들은 7-4처럼 더 중요한 직접 목적어 하나만 제시하는 구조로 표현할 수도 있습니다. 그리고 간접 목적어에는 전치사를 붙여주게 됩니다. 그래서 7-3의 수동태 문장을 7-4의 목적어가 하나 있는 문장을 수동형으로 표현한 것이라고 이해하는 것도 가능합니다.

7-5 The marketing company **offered** Kane *a sales director*.
    마케팅 회사에서 케인에게 판매 이사직을 제안했다.
7-6 Kane **was offered** *a sales director* by the marketing company.
7-7 ***A sales director*** **was offered** to Kane by the marketing company.

　7-5에서는 Kane과 a sales director라는 두 개의 목적어가 제시되고 있습니다. 각각의 목적어를 주어로 해서 수동태가 가능하기 때문에, 7-6와 7-7과 같은 두 가지 유형의 수동태가 등장하는 것입니다. 다만 7-7처럼 직접 목적어를 주어로 해서 서술하는 경우에 뒤에 배치되는 간접 목적어에는 전치사를 붙여야 자연스러운 형태가 된다는 점은 잊지 말아야 합니다.
　즉 7-6처럼 간접 목적어가 주어로 활용되는 수동태 문장은 중요한 정보인 직접 목적어가 뒤에 배치된 구조이므로 가능합니다. 하지만 직접 목적어를 주어로 하는 경우에 뒤에 남은 간접 목적어에 전치사를 연결시키지 않는 경우는 올바르지 않습니다. 그래서 일부 교재에서는 직접 목적어를 주어로 해서 수동태는 사용하지 않는다고 설명하기도 하는데, 이 말은 전치사를 결합시키지 않은 상태로는 표현하지 않는다는 말로 이해해야 혼동하지 않을 수 있습니다.

7-8 Patrick Modiano **was awarded** *the Nobel Prize for literature* in 2014.

파트릭 모디아노는 2014년에 노벨 문학상을 수상했다.

7-9 *The Nobel Prize for literature* **was awarded** to Patrick Modiano in 2014.

간접 목적어와 전치사의 결합

직접 목적어의 입장에서 문장을 서술하면, 뒤에 남은 간접 목적어에는 전치사를 결합시키는 것이 자연스럽다고 했습니다. 사실 이 대목은 굳이 수동태와 연결하지 않고, 목적어가 두 개인 문장의 기본 표현 방식으로 이해해도 상관이 없습니다. 직접 목적어와 간접 목적어라는 두 개의 대상을 필요로 하는 동사들은 둘 중 하나의 목적어만 사용하는 구조로도 표현할 수 있습니다.

give를 대표로 하는 두 개의 목적어를 수반하는 동사들을 보통은 4형식 동사, 또는 '수여동사'라는 익숙한 이름으로 부르기도 합니다. 이 동사들의 정보 배열 방식은 '간접 목적어 + 직접 목적어'라는 순서가 되는 것이 일반적입니다. 정보의 가치가 높은 직접 목적어를 문장의 뒤쪽으로 배치하는 것입니다. 그런데 때로는 이 직접 목적어를 먼저 제시하고, 간접 목적어에 전치사를 결합시켜서 그 뒤에 배치하는 구조로도 활용합니다. 이때 사용하는 전치사가 주로 to, for, of입니다.

이 세 가지 전치사 중에서 <u>간접 목적어의 앞에 to를 붙이는 경우가 가장 보편적입니다</u>. 이런 부류의 동사들로는 allot, allow, award, bring, give, grant, hand, lend, pass, pay, promise, read, recommend, sell, send, show, teach, throw, tell, write 등이 있습니다. <u>to라는 전치사가 갖는 '~에게'라는 기본적인 개념과 동사의 의미가 서로 호응하기 때문입니다</u>.

8-1 My mother **handed** *the salesclerk* the discount coupon.
     어머니께서는 점원에게 할인 쿠폰을 건네주셨다.

8-2 My mother **handed** the discount coupon *to the salesclerk*.

8-3 The discount coupon **was handed** *to the salesclerk* by my mother.

8-1에서는 '간접 목적어 + 직접 목적어'의 순서로 정보를 배열하고 있습니다. 그리고 8-2에서는 직접 목적어에 해당하는 정보를 제시하고, 간접 목적어는 문장의 뒤쪽으로 배치한 구조의 문장입니다. 이때 hand라는 동사의 의미가 give, distribute처럼 방향성을 갖는 동사라는 점에서 the salesclerk는 그 동작이 도달하는 대상이 됩니다. 이런 맥락에서 전치사 to가 결합된 것으로 이해할 수 있습니다. 그리고 직접 목적어에 해당하는 정보를 수동문의 주어로 활용한 8-3은 8-1의 문장에서 간접 목적어의 앞에 to를 추가한 것으로 볼 수도 있고, 8-2의 문장을 수동태로 표현한 것으로 볼 수도 있습니다. 물론 the salesclerk를 주어로 한 수동태 표현도 가능하지만, 지금은 간접 목적어에 결합되는 전치사에 대한 설명에 초점을 맞추기 때문에 굳이 다루지는 않겠습니다.

8-4 The client **showed** *the lawyer* the articles about the lawsuit.
   의뢰인이 그 소송에 대한 신문 기사를 변호사에게 보여주었다.

8-5 The client **showed** the articles about the lawsuit *to the lawyer*.

8-6 The articles about the lawsuit **were shown** *to the lawyer* by the client.

8-7 The aviation authorities will **grant** *us* permission to fly across the desert at night.
   항공 당국에서 우리에게 야간 사막 횡단 비행 허가를 할 것이다.

8-8 The aviation authorities will **grant** *to us* permission to fly across the desert at night.

8-9 Permission to fly across the desert at night will **be granted** *to us* by the aviation authorities.

    8-4와 8-7에 각각 제시되는 show와 grant도 역시 give와 같은 구조를 갖는 동사들입니다. 그래서 앞서 8-2, 8-3에서 확인했던 것과 동일한 맥락에서 간접 목적어에 해당되는 정보의 앞에 to라는 전치사가 역시 연결되어 있는 것입니다. 다만 8-8에서는 grant라는 타동사의 다음에 목적어인 명사가 아니라, to us라는 전치사구가 먼저 배치되어 있습니다. 이것은 목적어에 해당하는 정보가 길기 때문에 '길면 뒤로'라는 배열 규칙이 적용되었기 때문입니다.

    이렇게 간접 목적어의 앞에 전치사가 결합되면 그 전치사구는 동사를 수식하는 부사 역할을 하게 됩니다. 그러면 바로 수식 대상인 동사의 의미가 전치사의 선택 기준이 된다는 말이 됩니다. 대부분의 경우에 간접 목적어에 결합되는 전치사로 to가 활용되는 것도 이런 맥락에서 접근할 수 있습니다. 목적어를 두 개 갖는 동사들의 기본 개념이 '~에게 주다'라는 방향성을 나타내고, 그에 가장 어울리는 전치사가 바로 to이기 때문입니다.

그래서 to라는 단어로 일단 방향을 잡고, for나 of를 활용하는 동사들은 그 차이만큼 의미의 변화를 이해하는 방향으로 접근하는 것이 효과적입니다. 따라서 간접 목적어의 앞에 to가 아니라 for가 결합되는 동사들은 for에 담겨 있는 기본 개념인 '~을 위해'라는 뜻과 어울리는 경우라고 이해할 수 있습니다.

for가 갖고 있는 '목적'이라는 의미와 어울리는 동사들로는 bring, buy, call, choose, cook, do, find, get, leave, make, order, prepare, save, spare 등이 있습니다. 행위의 목적성이 더 강조되는 동사들이기 때문에 전치사도 그에 어울리는 for가 연결되는 것이라고 이해할 수 있는 것입니다.

give 부류의 동사들은 직접 목적어를 주어로 해서 수동태로 표현할 때, 뒤에 남겨진 간접 목적어의 앞에 to를 결합시킨다는 점은 이미 확인했습니다. 가능하면 to를 결합시키는 것이 자연스럽지만, 이 to가 생략되는 경우도 가능하다고 보는 견해도 있습니다. 하지만 for의 경우에는 생략하지 않는 것을 원칙으로 하고 있습니다. 보편적으로 적용되는 to와 달리 for가 사용되는 의미를 정확하게 전달하려는 의도로 이해하는 것이 적절할 것 같습니다.

간혹 이런 동사들도 for가 아니라, to를 사용하는 경우가 있기도 합니다. 그럴 때는 for가 갖고 있는 '목적'의 의미가 퇴색한 것으로 이해할 수 있습니다. 기준이 되는 형태와 달라지면 무작정 예외로 단정할 것이 아니라, 그런 변화를 통해 어떤 의도를 전달하려고 하는지를 생각하는 자세도 일종의 배려가 아닐까요?

8-10　The babysitter **cooked** *the boy* French fries.
　　　보모가 아이에게 프렌치프라이를 요리해줬다.

8-11　French fries **were cooked** *for the boy* by the babysitter.

8-12　The recently developed equipment will **save** *patients* a lot of risk and pain.
　　　최근에 개발된 장비는 환자들의 위험과 통증을 많이 줄여줄 것이다.

8-13　A lot of risk and pain will **be saved** *for patients* by the recently developed equipment.

8-14　Irina **ordered** *Alfred and Emily* coffees.
　　　이리나는 알프레드와 에밀리에게 커피를 주문해줬다.

8-15　Coffees **were ordered** *for Alfred and Emily* by Irina.

　　그리고 그리 많은 경우는 아니지만, 간접 목적어의 앞에 of를 연결하는 경우도 있습니다. 바로 '질문, 요청' 등을 나타내는 ask와 같은 동사의 경우에는 간접 목적어를 of로 연결합니다.

8-16　The teacher asked me the Pythagorean theorem.
　　　선생님께서 나에게 피타고라스의 정리를 물어보셨다.

8-17　The Pythagorean theorem **was asked** *of me* by the teacher.

마지막으로 활용 빈도가 매우 낮은 경우인데, 간접 목적어에 on을 붙이는 동사도 있습니다. play가 '~에게 장난이나 계략을 걸다'라는 의미로 쓰이기도 하는데, 이때 목적어를 두 개 사용하기도 합니다. play가 이런 의미로 쓰였을 때, 간접 목적어의 앞에 on을 결합시킵니다.

8-18　Some of his teammates would **play** Jessy a malicious trick.
　　　팀 동료들 중 몇 명이 제시에게 못된 장난을 치곤 했었다.

8-19　Some of his teammates would **play** a malicious trick *on* Jessy.

8-20　A malicious trick would **be played** *on* Jessy by some of his teammates.

두 가지 수동태가 항상 가능할까?

　　목적어가 두 개라면 두 가지 형태의 수동태가 가능한 것이 원칙이지만, 항상 허용되는 것은 아닙니다. 동사의 유형에 따라서는 둘 중 한 가지로만 수동태 표현이 가능한 경우들이 있기 때문입니다. 먼저 직접 목적어를 주어로 한 수동태만 가능한 동사들이 있는데, 예외적인 경우라기보다는 뭔가 나름대로 사연이 있는 것은 아닌지 생각해 볼까요.

9-1　Professor Lynch **wrote** Jason *a long letter*.
　　　린치 교수는 제이슨에게 장문의 편지를 썼다.

9-2　*A long letter* **was written** (to) Jason by Professor Lynch.

9-3 *Jason was written a long letter by Professor Lynch.

    write의 경우에 9-1처럼 두 개의 목적어가 제시될 수 있습니다. 하지만 이 동사로 9-2와 같은 구조의 수동태는 가능하지만, 9-3처럼 간접 목적어를 주어로 한 수동태 문장은 불가능합니다.

    간접 목적어를 주어로 한 9-3은 논리적으로 납득할 수 없는 문장이 되기 때문입니다. <u>'편지'라는 사물은 '쓰는' 행위의 대상이 될 수 있습니다. 하지만 간접 목적어에 해당하는 사람이 그 행위의 직접적인 대상이 될 수는 없기 때문입니다.</u> 그러니까 구조적인 이유라기보다는 논리적인 관계가 형성되지 않기 때문이라고 볼 수 있는 것입니다. 사실 문법체계는 논리적인 연결 관계를 의미한다는 점을 고려하면 당연하다고 볼 수도 있는 대목입니다.

    이렇게 간접 목적어를 주어로 활용해서 수동태를 표현할 수 없는 동사들로는 build, buy, call, cook, make, sell, read, pass, sing, write 등이 있습니다.

9-4 Allen **sold** Bridget *a Dalmatian*.
       알렌은 브리짓에게 달마시안 한 마리를 팔았다.

9-5 *A Dalmatian* **was sold** to Bridget by Allen.

9-6 *Bridget was sold a Dalmatian by Allen.

9-7　Pavarotti **sang** the reporters *an aria* at the press conference last night.

　　파바로티는 어젯밤 기자회견장에서 기자들에게 아리아를 불러 주었다.

9-8　*An aria* **was sung** to the reporters by Pavarotti at the press conference last night.

9-9　*Reporters were sung** an aria by Pavarotti at the press conference last night.

9-10　Thomas **wrote** Tania *a long letter*.

　　토마스는 타냐에게 장문의 편지를 썼다.

9-11　*A long letter* **was written** to Tania by Thomas.

9-12　*Tania was written** a long letter by Thomas.

9-13　John **bought** Alice *an umbrella*.

　　존은 앨리스에게 우산을 사주었다.

9-14　*An umbrella* **was bought** for Alice by John.

9-15　*Alice was bought** an umbrella by John.

9-16　John **called** Brian *a cab*.

　　존이 브라이언에게 택시를 불러줬다.

9-17　*A cab* **was called** for Brian by John.

9-18　*Brian was called** a cab by John.

목적 보어와 수동태의 관계

목적 보어까지 있어서 복잡하다?

　타동사의 기본 구조인 '타동사 + 목적어'의 뒤에 목적어에 대한 추가 정보를 나타내는 어구를 목적 보어라고 합니다. 이렇게 목적 보어가 등장하는 경우를 5형식이라고 분류하기도 해서, 보통 문법책에서는 '5형식 문장의 수동태'라고 제목을 붙이기도 합니다.
　이 목적 보어에 해당하는 어구는 다양해서 명사, 형용사, 부정사, 분사, 접속사 등이 목적어에 대한 추가 정보를 제공할 수 있습니다. 이렇듯 문장이 더 길고 복잡해지기 때문에 가뜩이나 까다로운 수동태 문장은 훨씬 더 어렵게 생각하는 경우가 많은 것도 사실입니다.
　하지만 어렵게 생각할 필요는 전혀 없습니다. 목적 보어가 있는 형식의 수동태가 두 개의 목적어가 제시되는 문장보다 훨씬 간단하기 때문입니다. 목적어가 두 개인 경우에는 어느 목적어를 주어로 활용해서 수동태 표현을 할 것인지, 그리고 간접 목적어에 연결할 전치사를 선택해야 하는 문제가 있습니다. 하지만 목적 보어가 있는 경우에는 어차피 목적어가 하나밖에 없기 때문에 이런 고민을 할 필요가 없는 것입니다.
　수동태란 동작을 서술하는 관점의 차이이고, 그 차이를 동사의 형태로 구별하는 것이 우리가 그 동안 합의했던 핵심입니다. 그러니까 <u>능동과 수동의 문법적인 영토는 '주어 + 동사 + 목적어'까지</u>라는 말입니다. 딱 거기까지만 태라는 문법 개념의 영향력이 미치는 것입니다! 따라서 능동과 수동이라는 표현에서 구조의 변화가 발생하는 부분은 목적어에 해당하는 어구까지만 해당되는 것입니다.

<u>목적어의 다음에 목적 보어가 있건 없건, 또 그 목적보어가 어떤 종류이건, 그것들은 능동과 수동의 관점을 결정하는 요소가 아닙니다. 따라서 수동태 문장이 된다고 해도, 목적어의 다음에 있던 어구들은 어떤 영향도 받을 이유가 없는 것입니다.</u>

그러니까 5형식 문장을 수동태로 만드는 특별한 규칙이나 공식이 있는 것이 아닙니다. 오히려 '5형식 문장의 수동태'라는 용어가 뭔가 특별한 것 같다는 선입견을 주고, 자연스러운 이해를 가로막는 것은 아닐까요?

먼저 형용사가 목적 보어인 경우를 확인해 볼까요.

10-1 Chris' unbelievable three-point shots **made** the game *exciting*.
크리스가 성공시킨 믿을 수 없는 3점 슛들로 시합은 흥미진진해졌다.

10-2 The game **was made** *exciting* by Chris' unbelievable three-point shots.

10-3 The couple **decorated** Alfred's room *beautiful*.
그 부부는 알프레드의 방을 아름답게 장식했다.

10-4 Alfred's room **was decorated** *beautiful* by the couple.

10-1, 10-3의 make, decorate와 같은 동사가 바로 목적어에 대한 보충 설명이 필요한 동사의 범주에 속합니다. 그런데 수동태가 된다는 것은 이 동사들의 목적어였던 명사를 주어로 표현하겠다는 의도일 뿐, 목적어에 대한 추가 정

보인 목적 보어와는 관련이 없다고 했습니다. 그렇기 때문에 10-2, 10-4처럼 수동태로 표현한다고 해서 그 형용사들에게 도대체 무슨 특별한 변화가 있을 수 있겠습니까? 다만 목적어를 주어로 활용했으니, 그에 따라 목적 보어가 아니라 주격 보어로 역할이 다소 변할 뿐입니다. <u>수동태로 표현해도 목적어와 목적 보어로 서로 맺고 있던 의미 관계 자체가 달라지는 것은 전혀 아닙니다.</u>

명사가 목적 보어인 경우에도 이와 마찬가지로 접근해 보겠습니다.

10-5 Critics **call** Pablo Casals *the great master of the cello*.
  평론가들은 파블로 카잘스를 첼로의 위대한 거장이라 부른다.

10-6 Pablo Casals **is called** *the great master of the cello* by the critics.

10-7 Voters **elected** Mr. Wilson *the Mayor of the Windy City*.
  유권자들은 윌슨을 시카고의 시장으로 선출했다.

10-8 Mr. Wilson **was elected** *the Mayor of the Windy City*.

10-5의 call은 '~을 ~라고 호칭하다', 그리고 10-7의 elect는 '~을 ~로 선출하다'라는 의미이기 때문에 목적어에 대한 추가 정보도 역시 명사가 연결되는 구조를 필요로 합니다. 이런 구조의 문장도 목적어를 주어로 역할을 변화시키고, 그 같은 관점의 변화를 'be – ed'라는 형태로 표시하면 수동태의 요건이 충족되는 것입니다. 따라서 수동태의 문법적 관심의 대상이 아닌 목적 보어는 10-6, 10-8처럼 수동태 문장에서도 자기 자리와 형태를 그대로 유지할 수밖에 없는 것입니다.

그리고 드물지만 전치사구가 목적 보어의 역할을 하는 경우도 있습니다.

물론 이런 경우도 역시 수동태 문장이라 하더라도 목적어의 뒤에 연결되던 전치사구에는 아무런 영향이 미치지 않을 것이라는 점은 짐작할 수 있을 것입니다.

10-9 We can **define** a beeroholic *as 'a person obsessively addicted to beer'*.
맥주 중독자는 '강박적으로 맥주에 중독된 사람'이라고 정의할 수 있다.

10-10 A beeroholic can **be defined** *as 'a person obsessively addicted to beer'*.

10-11 People **looked upon** the situation in Lebanon *as serious*.
사람들은 레바논의 상황을 심각하게 여겼다.

10-12 The situation in Lebanon **was looked upon** *as serious*.

consider, define, look upon, refer to, regard, think of 등과 같은 동사들은 흔히 전치사인 as가 목적 보어로 등장하는 특징을 보입니다. 특히 look upon, refer to, think of과 같은 동사들이 수동태가 되면, 10-12처럼 전치사가 두 개 나열되는 듯한 형태를 보이기 때문에 틀린 것으로 오해할 수 있다는 점에서 주의해야 합니다.

목적 보어가 준동사면 수동태는?

목적 보어로 to 부정사나 분사와 같은 준동사가 제시되는 경우도 있습니다. 이 경우의 수동태도 복잡할 이유가 없습니다. 어차피 목적 보어와 수동태의 개념은 서로 아무런 접점이 없는 요소들이기 때문입니다.

10-13 We **thought** Tim (*to be*) *honest*.
　　　우리는 팀을 솔직한 사람이라고 생각했다.)

10-14 Tim was thought (*to be*) *honest*.

10-15 The Admission Committee **allowed** *Albert to enter the university*.
　　　입학 사정 위원회에서는 알버트가 대학에 입학하도록 허락했다.

10-16 Albert **was allowed** *to enter the university* by Admission Committee.

10-17 John **asked** Mary *to shut the door*.
　　　존은 메리에게 문을 닫아달라고 부탁했다.

10-18 Mary **was asked** *to shut the door* by John.

10-13, 10-15, 10-17처럼 advise, allow, force, order, permit, persuade, urge 등과 같은 동사들은 목적어의 다음에 목적 보어로 to 부정사를 활용하는 양식을 보입니다. 물론 이런 구조의 문장을 수동태로 표현하더라도 to 부정사

수동태 **67**

<u>는 과거 분사의 다음에 여전히 굳건하게 쓰인다는 것을 확인할 수 있습니다.</u>

10-19   He **observed** the old lady *crossing the road*.
   그는 할머니께서 길을 건너는 것을 목격했다.

10-20   The old lady **was observed** *crossing the road* by him.

때로는 10-19처럼 목적 보어로 현재 분사가 나타나는 경우도 있습니다. 하지만 이미 목적 보어와 수동태의 관계에 대해서는 충분히 확인했는데, 새삼스러울 일은 아닙니다. <u>능동과 수동은 행위자인 주어와 대상인 목적어의 관계일 뿐, 준동사의 존재와 종류와는 아무런 상관이 없기 때문입니다.</u>

10-21   My father **made** me *go* climbing on Sundays.
   강요로 나는 일요일마다 등산을 했다.

10-22   I **was made** *to go* climbing on Sundays by my father.

10-23   Kim **heard** Jimmy *sing* The Beatles' *Golden Slumbers*.
   킴은 지미가 비틀즈의 「골든 슬럼버즈」를 부르는 것을 들었다.

10-24   Jimmy **was heard** *to sing* The Beatles' *Golden Slumbers* by Kim.

드물기는 하지만 사역동사와 지각동사의 경우에는 수동태 구조에서 목적어 뒤에 있는 어구에 변화가 생기기도 합니다. 사역동사나 지각동사는 10-21, 10-23처럼 목적 보어로 to가 없는 원형 부정사가 등장합니다. 그런데 10-22, 10-24처럼 수동형이 되면 이 원형 부정사가 to 부정사가 됩니다.

수동태와 전치사

수동태에서는 왜 by를 쓸까?

　능동문의 주어로 사용했던 행위자는 수동태 구조에서는 어떻게 그 의미를 전달하면 좋을까요? 명사는 문장에서 주어나 목적어라는 중요한 역할을 수행합니다. 하지만 수동태 구조에서 능동태의 주어는 표현의 중심에서 한 발자국 밀려나기 때문에 이런 역할을 감당할 수가 없게 됩니다.

　명사가 주어나 목적어, 혹은 보어로 쓰이지 않는 경우라면, 그 명사는 부사나 형용사와 같은 다른 품사의 기능을 수행한다는 말이 됩니다. 하지만 복합명사의 경우를 제외하면, 명사가 곧바로 형용사나 부사로 전환될 수 있는 방법은 거의 없습니다. 그래서 명사를 형용사나 부사로 전환시킬 수 있는 보조 장치가 필요하게 되는데, 이 역할을 수행하는 장치가 바로 전치사입니다. 전치사의 역할이 바로 명사의 품사를 전환시켜서, 그 명사를 동사, 형용사, 명사와 같은 다른 어구에 연결시키는 것입니다. 그래서 수동태 구조에서 문장의 뒤쪽으로 배치되는 동작의 행위자에는 전치사를 결합시켜서 표현해야 하는 근거가 마련되는 것입니다.

　그런데 이렇게 행위자의 앞에 전치사를 결합시킬 때, by를 쓰는 경우가 많습니다. 대부분의 문법책에서는 여전히 이유는 설명하지 않고, 'be + p.p. by'라는 식으로 절대적인 공식처럼 소개하고 있습니다. 그러다 보니 자연스럽게 by를 수동의 전치사로 이해하기도 합니다. 하지만 by에는 그런 용법이 없습니다. 수동태라서 by를 쓰는 것이 아니라, by가 갖고 있는 의미가 그 상황에 적절할 뿐이기 때문입니다.

by를 이렇게 수동태 표현에서 쓰이는 전치사로 고정시키면, by를 이해할 기회가 사라지는 것도 문제지만, by가 아닌 전치사를 활용하는 수동태 표현들은 모두 예외적이거나, 특별한 경우로 변해버리고 마는 것이 더 큰 문제입니다. 번거롭고, 수고스럽지만 by를 쓰는 이유를 정확하게 이해하려고 시도하는 것은 암기에 묶여 있는 다른 전치사들을 본래 의미 속으로 돌려보내는 의미 있는 일이기도 합니다.

전치사도 엄연히 의미가 있는 단어이기 때문에, 그 문맥에 어울린다는 점에서 사용되는 경우가 많습니다. 따라서 전치사를 무작정 숙어나 관용표현으로 암기하고 넘어가는 공부는 사실 전치사에 다가가는 올바른 모습이라고 할 수 없습니다.

11-1 The cat is sleeping **in the room**.
고양이가 방에서 자고 있다.

11-2 The file folder is **on the desk**.
서류철은 책상에 있다.

11-3 The huge stone statue was erected **at the historic venue**.
거대한 석상이 역사적 장소에 건립되었다.

타동사의 뒤에는 목적어가 연결되고, 타동사와 목적어는 긴밀한 논리 관계를 형성하고 있다는 점은 이미 확인했습니다. 그리고 전치사의 뒤에도 반드시 명사가 등장하는데, 이 명사를 전치사의 목적어$^{prepositional\ object}$라고 합니다. 따라서 타동사와 목적어가 맺고 있는 관계와 동일한 맥락에서 전치사와 명사를 이해해야 합니다. 즉 <u>전치사와 그 뒤에 연결되는 전치사의 목적어인 명사는 구</u>

조적으로, 또 논리적으로 서로 밀접한 관계가 성립한다는 말입니다.

그래서 11-1에서 in을 쓴 것은 다음에 있는 the room이라는 공간을 나타내는 명사가 역시 '공간'의 개념을 나타내는 in과 호응하기 때문입니다. 11-2에서는 the desk라는 명사가 '평면'의 의미이기 때문에 전치사도 역시 그런 의미를 갖는 on으로 관계를 설정하고 있습니다. 그리고 11-3에서는 the historic venue라는 명사와 at이 '점'이라는 공통된 개념으로 연결된 것입니다. 이렇게 전치사와 명사가 연결되는 의미 관계를 고려하면 수동태에서 by를 주로 활용하는 이유도 납득할 수 있습니다.

11-4 Yesterday I read an essay **by an anonymous poet**.
어제 나는 이름이 알려지지 않은 시인의 에세이를 읽었다.

11-5 The abandoned land **was developed** into the theme park **by the hotel chain**.
방치된 땅을 호텔 체인업체에서 테마 공원으로 개발했다.

11-4는 수동태가 아니지만 목적어의 뒤에 by가 있습니다. by라는 전치사는 상당히 다양한 의미로 활용되지만, 동작의 행위자^{agent}라는 고유한 의미를 갖고 있기도 합니다. 그래서 이 문장의 by는 뒤에 있는 an anonymous poet라는 명사를 연결하면서 내가 읽었던 에세이를 쓴 행위자라는 정보를 밝혀주고 있는 것입니다.

반면 수동태로 표현된 11-5에 있는 by도 역시 develop이라는 동작의 행위자를 표시하고 있습니다. 그렇다면 by가 갖는 '행위자'라는 의미는 동사의 태와는 아무 상관이 없는 것이 아닐까요? 즉 수동태 문장이 되면, 원래 by에는 없던 의미나 용법이 만들어지는 것이 아니라는 말입니다. 수동태와 전치사의 관계를 좀 더 면밀하게 살펴보겠지만, 동사의 태가 능동이냐 수동이냐라는 관점과 다음에 연결되는 전치사와는 별 상관이 없습니다.

11-6 **The tornado destroyed** a number of houses.
토네이도가 많은 가옥을 파괴했다.

11-7 A number of houses **were destroyed** *by the tornado*.
많은 가옥들이 토네이도로 파괴되었다.

수동태의 구조상 동사의 과거 분사 다음에 오는 명사는 능동문에서 주어 역할을 하던 명사입니다. 그리고 그 명사는 당연히 동작의 행위자를 의미하는 경우가 대부분입니다. 그렇다면 그 명사를 연결하는 전치사도 그 의미에 어울리도록 by를 쓰는 경우가 많은 것은 지극히 자연스러운 현상이 아닐까요? <u>by는 수동을 나타내는 것이 아니라, 행위자를 나타내는 기호니까 말입니다!</u>

뒤쪽에서 수동태에서 by가 아닌 전치사를 활용하는 경우들에 대해 설명을 하겠지만, 미리 생각의 방향을 잡고 가도록 하겠습니다. 동작의 행위자를 나타내는 의미에서 by를 활용한다는 관점에 동의한다면, 과거 분사 뒤에 오는 명사가 동작의 행위자를 나타내는 의미가 아니라면 by가 아닌 전치사가 연결할 수도 있을 것이라고 생각해야 마땅하지 않을까요? 명사에 어울리는 전치사를 활용하는 것이 당연하고도, 자연스러운 결합이라면 말입니다. 그래서 by가 아닌 전치사가 연결되는 문장은 특별한 것이 아니라, 행위자를 의미하는 것이 아닌 다른 맥락에 따른 적절한 선택일 것이라고 짐작할 수 있습니다.

by를 생략하는 이유

수동태에서 과거 분사의 다음에 행위자를 나타내는 by가 반드시 등장하는 것은 아니고, 생략되는 경우도 몇 가지 있습니다. 물론 그럴 수밖에 없는 합당한 이유가 있습니다. 그런데 이런 여러 경우를 개별적인 현상으로 생각하지 말고, '생략'이라는 큰 줄기를 바탕으로 접근하면 어떨까요?

문장에서 어떤 정보가 생략된다는 말은 그만큼 그 정보의 가치가 낮다고 판단하는 것입니다. 이런 큰 원칙이 구체적인 사례에 적용되는 것이니만큼, 생략 구문을 '특수구문'으로 분리해서 특별한 존재로 규정할 필요는 없다고 생각합니다. 그러니까 생략 구문을 특수한 상황이 아니라, 일정한 원칙을 바탕으로 발생하는 보편적인 현상으로 이해함으로써 문법의 개별적 현상을 넘나드는 '통합적 사고'를 하자는 것입니다.

'생략'의 근본이 되는 원리는 한 가지입니다. 바로 '<u>정보의 가치가 낮은 어구는 생략한다</u>'는 것이죠. 그리고 이 원리가 적용되는 '<u>생략의 메커니즘</u>'은 크게 두 가지로 이해할 수 있습니다. 첫째는 반복되는 정보이고, 둘째는 반복되지는 않지만 <u>문맥상 분명해서, 추론이 가능한 경우</u>입니다. 이 두 가지 유형이 그에 해당되는 구체적인 문법 사항 상황에 따라 조금은 다른 형식으로 그 특성을 드러내는 것입니다.

동일한 말을 반복하거나 중요하지 않은 정보를 나열하면 글을 읽는 사람의 집중력은 떨어질 수밖에 없습니다. 그렇게 되면 정보를 전달하고자 하는 사람의 의도는 제대로 살릴 수가 없기 때문에 문장의 설득력도 자연히 떨어지게 됩니다. 그래서 가치가 떨어지는 정보들을 생략함으로써 문장을 간결하고 탄력 있게 만들고자 하는 다양한 시도들이 등장합니다. 바로 언어를 움직이는 중요한 동력 중의 하나인 '경제성의 원칙'이 적용되는 것입니다.

수동태에서 전치사 by가 생략되는 경우도 역시 이런 원칙에 맞춰 이해하면 쉽게 정리할 수 있습니다. 주로 세 가지 상황을 구체적으로 꼽을 수 있는데, 첫째는 그 동작의 행위자가 반복되는 경우입니다. 그러니까 앞 문장에서 이미 그 행위자에 대한 정보가 제시됐기 때문에, 문맥을 통해 충분히 추론할 수 있는 경우입니다.

12-1 According to the recent report, ***a group of archaeologists*** discovered the relics of the ancient city near the river. The excavation **will be continued** until the end of the month (***by the group of archaeologists***).
최근 보도에 따르면, 고고학자 한 팀이 강 근처에서 고대 도시의 유적을 발견했다고 한다. 이 발굴 작업은 이번 달 말까지 지속될 것이다.

12-1에서 a group of archaeologists라는 발굴 작업의 행위자가 첫 문장에서 제시됐습니다. 따라서 다음 문장에서 발굴 작업을 지속하는 행위자에 대한 정보는 이미 언급된 낡은 정보라는 점에서 반복하지 않고 생략하는 것입니다.

어떤 정보가 이렇게 반복되는 경우에만 생략되는 것은 아닙니다. 어떤 동작의 행위자가 특정한 개인이나 집단이 아니라, 일반적인 사람을 나타내는 경우도 역시 정보의 가치는 낮다고 할 수 있습니다. 그래서 수동태에서 by로 연결되는 행위자가 일반적인 사람일 때 그 정보는 흔히 생략합니다.

12-2 **Thirteen is regarded** as unlucky in the West.

      서양에서는 13을 불길하게 여긴다.

12-3 It **is said** that spring will be late in coming.

      봄이 늦게 올 것이라고 한다.

    12-2에서 in the West라는 지역에 대한 정보가 제시됐습니다. 그렇다면 13이라는 숫자를 불길하게 생각하는 사람들은 상식적으로 그 지역의 사람들이 아니겠습니까? 그래서 by Westerners라는 행위자는 생략하는 것입니다. 12-3에서도 that절의 정보를 전달하는 행위자는 구체적이지 않은 일반적인 사람입니다. 이런 경우에도 역시 새로운 정보를 제시하지 않기 때문에 생략해서 간결하게 표현하는 것이 적절하다는 것입니다.

    그리고 <u>특정한 의미를 갖는 행위자이긴 하지만 구체적으로 밝혀지지 않거나, 정황상 분명한 경우</u>가 by를 생략하는 세 번째 유형입니다.

12-4 My best friend **was killed** in the Vietnam War (***by an enemy***).

      내 가장 친한 친구는 베트남전에서 전사했다.

12-5 My watch **was stolen** in the locker room in the morning (***by a thief***).

      오늘 아침에 탈의실에서 시계를 도둑맞았다.

    12-4에서 전쟁에서 어떤 사람이 전사했을 때 일반적인 경우라면 그 행위자는 적군이 아니겠습니까? 상식적으로 이해할 수 있는 명백한 행위자이기 때문에 굳이 밝힐 필요는 없는 것이죠. 만약에 특정한 적군에 대한 정보가 제시

> 12-4 My best friend was killed in the Vietnam War (by an enemy).
> 12-5 My watch was stolen in the locker room in the morning (by a thief).

되거나, 전투가 아니라 사고로 사망한 것과 같은 일반적이지 않은 상황이었다면 정보의 가치가 생성되고, 행위자에 대한 정보도 밝혀주는 것이 타당합니다.

12-5의 경우에도 시계를 도둑맞았다면 그런 행동을 한 행위자는 도둑이라고 생각하는 것이 상식이겠죠? 그런데 그 도둑에 대해 제시할 수 있는 정보가 없다면, 굳이 표현할 이유가 없는 것입니다. 만일 그 현장을 목격해서, 행위자에 대한 구체적인 정보를 제시할 수 있다면 당연히 생략하지 않아야 합니다. 그럼에도 굳이 생략한다면 앞에서 언급했듯이, 그 사실을 드러내지 않으려는 의도가 있는 것으로 이해할 수도 있습니다.

이 세 가지 경우는 수동태를 사용하는 경우로 앞에서 살펴본 내용과 연결됩니다. 능동문의 주어가 의미 있는 정보를 제공하지 못하는 경우에는 수동태를 활용하는 것이 효율적이라고 했었습니다. 그렇게 수동태의 구조가 되면 전치사로 연결되는 행위자에 대한 정보는 생략할 수 있게 되는 것입니다.

참고로 이때 행위자를 나타내는 명사만이 아니라, by까지 함께 생략해야 합니다. 앞에서 설명했듯이 전치사의 뒤에는 반드시 명사가 연결되고, 그 명사는 전치사의 목적어입니다. 목적어가 없는 동사가 타동사일 수 없듯이, 목적어가 없이 전치사만 존재할 수는 없습니다. 그래서 전치사와 명사가 함께 생략되어야 하는 것입니다.

by가 아닌 전치사는 숙어다?

과거 분사 다음에 by가 아닌 전치사가 오는 경우들을 보통 수동태의 관용 표현이라면서 단순 암기를 강요하는 책들이 많습니다. 그런데 사실 그중 절반은 관용 표현이 아닙니다.

목적어가 두 개 나오는 문장과 목적 보어까지 있는 문장의 수동태 형식을 살펴보면서 태의 영향력이 미치는 범위는 동사의 목적어까지라는 것을 확인했습니다. 그래서 목적어의 뒤에 있는 어구들은 수동태로 표현한다고 해도 아무런 영향을 받지 않는다는 점도 또한 확인했습니다. 그 연장선상에서 이해하면 충분한 것을 굳이 수동태의 관용 표현이나 예외적인 경우라고 과장할 필요는 없다는 말입니다.

구체적인 예를 들어보면, 수동태 숙어라고 하는 것 중에 '~을 확신하다'라는 뜻을 가진 be convinced of라는 표현이 있습니다. 예전에 형태는 수동이지만, 능동의 의미를 가지니까 조심해야 한다고 배운 기억도 있고요. 그런데 과연 그럴까요?

13-1 Recent experiences **convinced** *me* of the factory's harmful effects on environment.
최근의 경험으로 나는 그 공장이 환경에 악영향을 미친다는 사실을 확신했다.

13-2 *I* was convinced of the factory's harmful effects on environment by recent experiences.

> 13-1 Recent experiences convinced me of the factory's harmful effects on environment.
> 13-2 I was convinced of the factory's harmful effects on environment by recent experiences.

13-1을 보면 convince라는 동사는 'convince somebody of something'의 구조로 쓰입니다. 그렇다면 이 표현을 수동태로 활용하면 'Somebody is convinced of something'이라는 모양이 됩니다. 목적어의 뒤에 오는 어구는 태의 영향을 받지 않으니까 of something 이라는 전치사구는 동사의 뒤에 그대로 있게 됩니다. 물론 '~에게 ~을 확신시키다'는 의미는 수동태가 되면 입장이 달라지니까 '~은 ~을 확신하다'라는 뜻으로 이해하면 되는 것입니다.

<u>be convinced of라는 표현을 암기하는 것도 물론 좋습니다. 하지만 그 수동 표현이 숙어라면, convince somebody of something이라는 능동 표현도 역시 숙어라고 해야 타당하지 않을까요? 합당한 근거 없이 어느 한 쪽만 숙어로 암기한다면 너무 자의적인 판단인 것은 아닐까요?</u>

타인을 확신시키는 행위자의 입장인 능동 표현도, 반대로 그 행위의 대상을 중심으로 하는 수동태도 모두 정보의 가치가 있는 것입니다. 그런데 왜 굳이 그중 수동태의 경우에 한정해서 중요 숙어라고 암기하도록 강요하는 것일까요? 그렇게 그 표현이 익숙해지면, 그만큼 또 하나의 경우는 그만큼 생소해지는 부작용은 고려하지 않아도 되는 것일까요?

언어를 훈련하는 과정에서 능동의 표현을 먼저 배우게 될지, 아니면 수동태 문장을 먼저 접하게 될 지는 전적으로 개인적인 문제입니다. 하지만 능동태나 수동태 어느 한 쪽으로 주로 쓰이는 표현이 아니라면, 두 가지 표현을 모두 활용할 수 있도록 훈련하는 게 타당하다고 생각합니다. 총체적인 안목을 기르기보다는 한쪽으로 편중된 공부가 과연 얼마나 효과가 있을지 의문입니다.

convince 외에도 advise, assure, inform, notify, remind와 같은 동사들도 역시 'somebody of something'이라는 구조로 활용하는 대표적인 표현들입니다.

13-3 We should **inform** our customers of the changes in the refund policy we made.
우리는 환불 방침에서 변경된 내용들을 고객들에게 알려야 한다.

13-4 Our customers should **be informed** of the changes in the refund policy we made.

수동태 표현에서는 목적어에 해당하는 정보를 주어로 활용한다는 특징과 그것을 구분하는 'be - ed'라는 동사 형태가 있을 뿐, 목적어의 뒤에 있던 전치사구는 영향을 받지 않는다는 것을 확인할 수 있습니다. 과거 분사의 다음에 연결되는 of라는 전치사는 수동태라서 등장하는 특별한 존재가 아니라, 원래 그 동사의 목적어 뒤에서 정보를 제시하던 장치입니다. 능동의 구조를 충실하게 익히고, 그것을 수동의 형태로 표현할 수 있도록 접근하면 암기 사항으로 변질시킬 이유가 없는 것입니다.

그리고 목적어의 다음에 of가 연결되는 또 한 가지 중요한 경우가 바로 '~에게서 ~을 제거하다'라는 의미를 갖는 동사들인데, deprive, disarm, drain, relieve, rid, rob, strip 등이 이런 범주에 속하는 표현들입니다.

13-5   The king **deprived** *the knight* of all his privileges.

　　　왕은 그 기사의 모든 특권을 박탈했다.

13-6   *The knight* **was deprived** of all his privileges by the king.

13-7   Three armed rogues **robbed** *the patrons in the store* of their belongings.

　　　무장 괴한 세 명이 상점의 고객들의 소지품을 강탈했다.

13-8   *The patrons in the store* **were robbed** of their belongings by three armed rogues.

　　13-5와 13-7에서 목적어의 뒤에서 박탈되는 대상에 대한 정보를 제공하던 of 이하의 어구들은 수동태가 되어도 여전히 그 자리에서 그 의미를 전달하고 있다는 사실을 13-6과 13-8의 수동태 문장에서 확인할 수 있습니다.

　　이런 수동태 구조를 자연스럽게 익히기 위해 암기하는 것 자체를 반대하는 것이 아닙니다. 다만 숙어라고 규정할 때 이해보다는 암기, 소통보다는 일방적 지시를 의미하는 우리의 환경에서 자신의 생각을 봉인시키는 소외된 공부가 될 가능성이 높다는 점을 걱정하는 것입니다. 동사의 일반적인 표현인 것을 특별한 존재로 만들어서 경직된 사고를 할 필요는 없는 것이 아닐까요?

　　이런 관점에서 반드시 이해하고 넘어가야만 하는 경우가 바로 과거 분사 다음에 to가 연결되는 경우입니다. 일반적으로 문법책들이 수동태에서 by가 아닌 전치사가 사용되는 경우로 가장 많이 언급하는 것이 바로 to이기 때문입니다. 그러나 이 경우에도 <u>수동태의 과거 분사 다음에 to를 사용해야만 하는 특정한 표현은 별로 없습니다</u>. 거의 대부분은 목적어의 다음에 to가 연결되는 동사들이 수동태가 된 경우들이기 때문입니다. 즉 수동태라서 to를 사용하는 것이 아니라, 원래 능동문에서 활용되던 to가 그대로 남아 있는 것입니다.

13-9 The prosecutor **gave** a briefcase <u>to the secretary</u>.

   검사는 서류 가방을 비서에게 주었다.

13-10 *A briefcase* **was given** <u>to the secretary</u> by the prosecutor.

앞서 목적어가 두 개 제시되는 문장의 수동태를 설명하면서 다뤘던 give 부류의 동사들이 바로 to가 사용되는 대표적인 유형입니다. 바로 13-9의 능동태에서도 목적어의 뒤에 있던 to the secretary라는 정보는 13-10의 수동태 문장에서도 여전히 동일한 정보를 제공하고 있습니다. 그러니까 'give something to somebody'의 구조를 갖는 동사를 수동태로 표현한 결과인 것일 뿐, 수동태라서 활용된 구조가 아닌 것입니다.

by 대신 to를 쓰는 것이라고 오해할 필요는 없습니다. to는 원래 목적어의 다음에 있던 전치사가 남아 있는 것이고, 행위자를 구체적으로 언급하려면 13-10에서 보듯이 by로 밝히면 되는 것이기 때문입니다.

give something to somebody라는 표현을 배웠고, 그것을 수동태로 표현하는 방법을 훈련했으면 'Something is given to somebody'라고 표현할 수 있는 것인데, 갑자기 왜 숙어로 둔갑하는 것일까요?

올바르게 활용하기 위해서 이해하는 문법 공부가 아니라, 닥치고 암기부터 하고 보는 '의지의 한국인' 정신은 이제 그만할 때가 되지 않았을까요? <u>단편적으로 공부하면 그 표현들은 서로 연결된 선이 아니라, 동떨어진 점으로 끝나고 말아버립니다. 지식의 외연을 넓히는 일은 원칙의 틀을 바탕으로 개별적인 점들을 연결해서 이해하는 과정에서 가능한 것입니다.</u>

13-11 **The Personnel Department transferred** *Thomas* to the branch in London.

인사과에서 토마스를 런던 지사로 전근시켰다.

13-12 *Thomas* **was transferred** to the branch in London by the Personnel Department.

13-13 **The news release exposed** *the scandal about the politician* to the public.

뉴스 보도로 그 정치인에 대한 추문이 대중에 노출되었다.

13-14 *The scandal about the politician* **was exposed** to the public by the news release.

13-15 **A military court sentenced** *the officer* to death in his absence.

군사 법정에서는 그 장교에게 궐석재판으로 사형을 선고했다.

13-16 *The officer* **was sentenced** to death in his absence by a military court.

이런 소모적인 공부의 대표적인 예가 'be filled with'라는 표현입니다. 과거 분사 다음에 전치사 with가 연결되는 경우도 물론 목적어의 다음에 원래 with가 쓰이던 표현입니다. with의 의미는 다양하기 때문에 목적어의 뒤에 with가 연결되는 동사의 종류도 여러 가지인데, 수동태로도 자주 활용되는 동사는 주로 cover와 fill, 두 가지 부류가 있습니다.

'~을 ~로 덮다'라는 라는 의미를 전달하려면 기본 문장 구조는 'cover something with something'이라고 하면 되겠죠? 지금까지 했듯이 수동태로 표현하면, 'be covered with something'이라는 구조가 되는 것입니다.

13-17　The magician **covered** *the desk* with newspapers.
　　　　마술사는 탁자를 신문지 몇 장으로 덮었다.

13-18　*The desk* **was covered** with newspapers by the magician.

coat, surmount와 같은 동사들도 역시 '~를 덮다'라는 의미이므로 당연히 cover와 동일한 구조로 활용됩니다.

13-19　The cook **coated** *the fish* with seasoned flour.
　　　　요리사는 생선을 양념을 한 밀가루로 덮었다.

13-20　*The fish* **was coated** with seasoned flour by the cook.

그리고 '~을 ~으로 가득 채우다'는 의미를 나타내는 경우에도 목적어의 다음에는 흔히 with를 연결해서, 'fill A with B'라고 합니다. 그럼 이 의미를 수동태로 표현하면 'be filled with'가 되는 것입니다. 혹시 'A is filled with B'는 알고 있는데 'fill A with B'라는 표현은 생소한지 스스로 진단해 보는 것도 좋을 듯합니다.

13-21   He **filled** *a worn-out backpack* with smuggled cigarettes.
　　　그는 닳아 해진 배낭을 밀수한 담배로 가득 채웠다.

13-22   *A worn-out backpack* **was filled** with smuggled cigarettes.

　　그리고 box, congest, cram, crowd, infest, jam, load, pack, stuff 등과 같은 동사들도 약간의 의미 차이는 있지만 대체로 역시 fill과 유사하게 '~을 가득 채우다'라는 뜻입니다. 따라서 fill과 마찬가지로, 목적어의 뒤에는 with가 연결되는 구조로 쓰입니다.

13-23   She **crammed** *her mouth* with noodles.
　　　그녀는 입에 국수를 우겨 넣었다.

13-24   *Her mouth* **was crammed** with noodles.

13-25   During the peak season, *this area* **teems** with tourists.
　　　성수기에 이 지역은 관광객들로 넘쳐난다.

　　조금 다른 맥락에서 생각의 폭을 넓혀보겠습니다. 13-25의 teem은 자동사이기 때문에 수동태 표현은 근본적으로 불가능합니다. 하지만 '~로 가득하다'라는 의미라는 점에서 역시 같은 문맥을 형성할 수 있는 with가 연결됩니다. 전치사는 자동사와 타동사, 혹은 능동태와 수동태라는 구분에 따라 별개로 활용되는 것이 아니라는 점을 명심해야 합니다.
　　동사의 의미와 호응해서 목적어 뒤에 전치사가 연결되는 유형들을 몇 가지 더 소개하겠습니다. 먼저 동사가 '금지, 방해'의 의미를 가질 때, 목적어의 다음에는 그와 어울리는 의미인 전치사 from이 연결되는 경우가 있습니다. 그리고 이런 경우에도 수동태로 표현해도 from은 능동일 때와 마찬가지로 동사의 다음에 있게 됩니다. 목적어의 뒤에 오는 어구들은 수동태의 영향권 밖에 있는 정보들이니까요.

13-26 The local police may **prevent** *the refugees* from leaving the designated site.
현지 경찰은 피난민들이 지정된 장소에서 벗어나지 못하도록 막을지도 모른다.

13-27 *The refugees* may **be prevented** from leaving the designated site by the local police.

그리고 동사가 '분리'나 '변화'의 의미를 나타내는 경우에는 '변화의 결과'를 나타내는 into가 목적어의 뒤에 연결됩니다.

13-28 Deep-rooted religious hatred finally **divided** *the union* into two independent countries.
뿌리 깊은 종교적인 반목으로 연방은 둘로 나뉘어 별개의 나라가 되었다.

13-29 *The union* **was** finally **divided** into two independent countries by deep-rooted religious hatred.

수동태를 좋아하는 표현들

exciting과 excited를 구별하기

exciting과 excited의 쓰임새가 헷갈린다는 얘기를 간혹 듣습니다. 하지만 -ing와 -ed라는 태의 성격을 나타내는 어미가 결합되어 있다는 점을 주목하면 쉽게 구별할 수 있습니다. 물론 그 과정에서 능동과 수동의 개념을 다시 확인할 수 있다는 점과 수동태에서 과거 분사의 뒤에 연결되는 다양한 전치사를 훈련할 수 있다는 사실을 덤으로 얻을 수 있습니다.

exciting과 excited와 같은 단어들을 '감정 형용사'라고 분류하기도 합니다. 이런 이름이 붙는다는 것은 그와 유사한 집단의 단어들이 공통의 규칙에 따라 활용된다는 의미가 아닐까요? 우선 '감정 형용사'란 사람의 감정을 나타내는 형용사라는 의미라는 점을 이해하기는 어렵지 않을 것입니다.

보통 '감정 형용사'로 분류하는 단어들에는 amusing/amused, boring/bored, confusing/confused, disappointing/disappointed, embarrassing/embarrassed, exciting/excited, frightening/frightened, interesting/interested, pleasing/pleased, satisfying/satisfied, scaring/scared, shocking/shocked, tiring/tired 등이 있습니다. 그리고 이 집단에 속하는 단어들은 모두 -ing 또는 -ed라는 어미가 결합되어 있습니다. 이렇게 일정한 어미가 결합된다면, 그것을 가능하게 하는 일정한 규칙도 역시 존재한다는 말이 아닐까요?

-ing나 -ed는 모두 동사에 결합하는 어미입니다. 따라서 감정 형용사에

해당하는 단어들은 모두 동사에서 파생된 형태인 것입니다. 그리고 어떤 감정이 생기는 것에는 그에 대한 원인이 있어야 마땅합니다. 그렇다면 어떤 상황과 그로 인한 감정이라는 관계를 설정할 수 있는 감정 유발 동사라는 작은 화두를 끌어낼 수 있습니다.

그래서 감정 형용사는 모두 타동사에서 시작된 표현들입니다. 그럼 '시합'과 '관중'이라는 두 개의 명사를 대상으로 '흥분시키다'라는 동작의 행위자와 대상을 구별해보겠습니다. '시합'이라는 사물에게 어떤 감정을 유발시킬 수는 없는 것이기 때문에 '시합이 관중을 흥분시키다'라고 해야 논리적 관계가 성립할 수 있습니다.

감정을 느끼는 것은 물론 사람의 몫이지만, 사실 감정이 자연적으로 생길 수는 없는 것입니다. 외부의 어떤 요인이 감정을 유발해야만 하기 때문입니다. 그래서 이 관계에서는 <u>'시합'이 감정 유발 장치가 되고, 그런 점에서 행위자가 되는 것입니다. 반면에 사람 명사는 그런 동작의 대상이 되는 것이고요.</u>

방금 우리말 예문을 통해 확인했듯이 주어는 사물 명사입니다. 하지만 감정을 유발하는 행위자로, 즉 능동의 관점으로 정확하게 이해하고 있다는 사실을 확인할 수 있습니다. '흥분시키다'라는 동작에 대해 행위자와 대상이 각각 어떤 것인지 정확하게 구별할 수 있는 분별력을 이미 갖추고 있다는 말입니다.

이런 문장을 만들어내는 바로 그 감각으로 이 내용을 영어로 표현하면 'The game excited me.'라고 할 수 있습니다. 그러면 이 문장이 담고 있는 정보를 각각의 입장에서 다른 방식으로, 다른 품사로 표현해보겠습니다.

<u>the game을 주어로 해서 표현한다면, 동작의 행위자라는 입장이기 때문에 능동의 상황이 되지 않겠습니까? 그래서 'The game was exciting'이 되는 것입니다. 반면에 목적어였던, 즉 동작의 대상이었던 the audience를 주어로 한</u>

다면, 당연히 수동의 관점이 됩니다. 그래서 'The audience were excited'라고 해야 옳은 것입니다.

그래서 지금처럼 사물 명사가 주어로 제시되는 경우에 감정 형용사는 사람에게 감정이 발생하게 하는 행위자라는 관점에서 -ing라는 어미가 연결되는 것입니다.

14-1 The recently released movie was ***shocking***.
최근에 개봉된 그 영화는 충격적이었다.

14-2 The committee's decision was ***disappointing***.
위원회의 결정은 실망스러웠다.

14-3 Jean's unexpected action was ***confusing***.
진의 예상치 못했던 행동은 혼란스러운 것이었다.

14-4 The show was really ***amusing***.
그 쇼는 정말 즐거웠다.

반면에 사람 명사가 주어라면 그런 동작의 대상이 된다는 의미이기 때문에 수동의 상황임을 나타내는 -ed로 그 관점의 차이를 표현하는 것입니다.

14-5 Joseph was ***shocked*** by the recently released movie.
조셉은 최근에 개봉된 그 영화에 충격을 받았다.

14-6 The candidate was ***disappointed*** by the committee's decision.
그 지원자는 위원회의 결정에 실망했다.

14-7 Roy was ***confused*** by Jean's unexpected action.
진의 예상치 못했던 행동에 로이는 혼란스러웠다.

14-8　The inmates **were really *amused*** by the show.
　　　재소자들은 그 쇼를 보고 정말 즐거워했다.

　　감정 형용사의 용법이란 바로 누가 누구에게 감정을 야기하느냐는 관점, 즉 감정을 일으키는 상황이라는 행위자와 그 대상이라는 관계를 통해 판단해야 하는 것입니다. 이때 발생하는 감정의 종류와는 아무런 상관이 없습니다. 그래서 이 단어들이 갖는 감정의 색깔과는 관계없이 −ing 혹은 −ed라는 일정한 어미들이 결합하고 있습니다.
　　이 과정을 다시 언급하는 이유는 사물 명사이면 감정 형용사는 −ing, 사람 명사에 적용되면 −ed라는 원칙이 적용되지 않는 것 같은 상황을 마주할 수도 있기 때문입니다. 사물 명사가 제시될 때 excited처럼 −ed 형태의 감정 형용사가 결합하는 경우는 절대 없습니다. 사물이 감정을 느끼는 경우는 논리적으로 성립될 수 없기 때문입니다. 하지만 사람 명사가 제시되었지만, 감정 형용사는 exciting이, 즉 −ed가 아니라, −ing가 결합되는 경우도 있습니다.
　　원칙에 어긋나는 경우를 마주하면 원칙에 대한 회의가 생기고, 당혹스러운 기분이 드는 것은 지극히 당연한 반응입니다. 하지만 이런 곤란한 상황을 이겨내는 방법은 역설적이게도 원칙에 충실해지는 것일 때가 있습니다. 적용된 원칙을 충분히 이해하고 있는지 점검하고, 그 원칙을 기준으로 차이를 어떻게 수용할 것인지를 가늠해야 하기 때문입니다.
　　차이를 예외라고 단정하는 성급한 자세는 현실적으로 원칙을 암기의 대상으로 전락시키기 때문에 도움이 되지 않습니다. 행위자와 대상에 대한 판단을 기준으로 어미를 결정하는 것이 감정 형용사의 원칙이라는 점만 확실하게 견지하고 있으면 충분합니다. 즉 감정의 행위자에는 −ing, 그리고 감정의 대상에는 −ed라는 어미로 각각 그 역할을 규정하고 있는 것입니다.

14-9 Sometimes Tommy seems to be common, but he is certainly not ***boring***.

> 토미는 가끔은 평범해 보이지만, 절대로 지루한 사람은 아니다.

주어가 사람이지만, 감정 형용사의 어미가 -ing라는 것은 무슨 의미일까요? 바로 그 주어가 감정을 유발하는 행위자라는 표시인 것은 아닐까요? 문장을 보고 글쓴이의 의도를 올바르게 이해하는 것이 독해의 목적이고, 소통이 아닐까요? 그리고 그렇게 일정한 약속의 체계로 정보를 소통하기 위한 것, 바로 그것이 문법 공부를 해야 하는 진정한 이유가 아닐까요?

감정과 전치사의 관계

"사람의 감정을 나타내는 경우에는 수동태를 주로 쓴다"고 설명하는 책들도 흔히 만날 수 있습니다. 그런데 이런 말도 그렇게 특별하게 받아들일 내용은 아닙니다. 감정 형용사의 수동태를 다루면서 설명했던 내용을 확인하면, 사람 명사는 감정 동사의 행위자가 아니라, 대상이었습니다. 그래서 주어가 사람 명사인 경우에는 바로 'I was excited.'과 같은 예문처럼 과거 분사가 연결되는 점도 확인했습니다. 그러니까 사람의 입장에서 감정을 진술하면 이렇게 수동태의 구조가 되는 것은 지극히 당연한 일이 아닐까요?

그렇게 당연한 일을 굳이 언급한 이유는 이렇게 감정 형용사가 -ed 형태가 되면 다음에는 보통 전치사가 연결되는 구조가 됩니다. 그런데 이 경우에는 by가 아닌 다른 전치사가 오는 경우가 많다는 점에서 익혀둘 필요가 있기 때문입니다. 물론 행위자를 의미하는 by가 아니라는 점은 이런 감정을 일으키는 상황이 행위자의 의미보다는 감정을 자극하는 정도로 관계가 약해졌다는 맥락으로 이해할 수도 있습니다.

앞에서 by가 아닌 전치사가 과거 분사 뒤에 연결되는 경우로 설명했던 것들은 능동 문장에서 원래 존재하던 전치사가 수동문에서도 그대로 남아 있는 경우였습니다. 하지만 이 감정 표현은 수동태 전용으로 활용하는 표현이라는 차이가 있습니다.

참고로 감정 형용사가 원래 감정을 나타내는 타동사의 용법에서 시작된 것이라는 점에 초점을 맞춰서 이해할 수도 있습니다. 감정 동사의 목적어는 사람 명사라는 점에서, 사람의 입장에서 표현한다는 것은 수동태가 된다는 말이고, 수동태의 과거 분사 뒤에는 전치사를 결합시켜 행위자에 대한 정보를 제시하는 것으로 이해할 수 있다는 말입니다.

15-1 The lady **was** genuinely **surprised** *at* what happened to her puppy.
그 숙녀는 자기 강아지에게 벌어진 일을 보고 깜짝 놀랐다.

15-2 The interviewers **were astonished** *at* the applicant's stupidity.
면접관들은 그 지원자의 무지에 놀랐다.

15-3 Teachers **were astounded** *at* the irrational comments made by the superintendent.
교사들은 교육감의 비합리적인 발언들에 경악했다.

15-4 The pediatrician seemed a little **shocked** *at* what his patient's father talked about.
그 소아과의사는 환자의 아버지가 말한 내용에 다소 충격을 받은 듯했다.

15-5 Sara's teammates **marveled** *at* her tireless energy.

    팀 동료들은 사라의 지칠 줄 모르는 활력에 놀랐다.

    이 예문들에서는 모두 과거 분사의 다음에 at이 결합되어 있습니다. 이렇게 동일한 어구가 연결된다는 말은 그 저변에는 공통점이 있다는 의미가 아닐까요? 이 예문들을 관통하는 공통의 감정은 바로 '놀람'입니다. 이렇듯 '놀람'이라는 공통 분모를 갖는 be surprised [alarmed, amazed, astonished, frightened, shocked]와 같은 표현들의 뒤에는 흔히 at을 사용합니다. 때로는 by가 연결되는 경우도 있는데, 그런 경우에는 by가 갖는 의미, 즉 행위자의 의미를 강하게 전달하려는 의도라고 이해하면 됩니다.

    그런데 15-5는 수동태 문장이 아닙니다! marvel은 목적어를 필요로 하지 않는 자동사이기 때문에 수동태로 표현할 수 없습니다. 대신 목적어인 명사가 곧바로 등장하는 타동사와 달리, 자동사는 전치사가 연결될 수 있습니다. 하지만 이 구분은 구조의 차이일 뿐, 특정한 전치사를 선택하는 요소는 아닙니다. 구체적으로 어떤 전치사가 연결되느냐는 기준은 전적으로 동사의 의미에 따른 것이기 때문입니다.

    그래서 15-5처럼 타동사가 아닌, 즉 수동태가 아닌 경우라도 '놀람'을 나타내는 marvel의 다음에는 역시 at이 연결되는 것입니다. 13-25에서 다룬 teem with의 표현도 참고로 확인해 보세요.

    구체적인 전치사를 선택하는 기준이 자동사/타동사, 능동/수동이라는 문법적 형태보다는 문맥의 의미라면, 감정이 달라지면 연결되는 전치사도 달라질 여지가 있는 것은 아닐까요? 그래서 감정 형용사 중에서 '만족, 기쁨'과 관련된 표현들에는 with가 주로 연결됩니다.

15-6 The boss **was satisfied** *with* the sales of the last quarter.

사장은 마지막 분기의 매출 실적에 만족했다.

15-7 The movie director said that he **was delighted** *with* the public's response to his recently released film.

그 영화 감독은 최근에 개봉한 자기의 영화에 대한 대중들의 반응에 기뻤다고 말했다.

다양한 표현을 이해할 때는 중심이 되는 공통 개념을 설정하고, 그것을 기준으로 다소의 변수들을 통합해 나가는 전략이 유용합니다. 예를 들어 어떤 상황에 '만족'한다면 '유쾌한' 감정을 느끼는 것은 당연한 일이 아닐까요? 그래서 <u>pleased, delighted, gratified, excited, amused처럼 '만족'의 연장선상에 있는 감정들도 역시 with가 연결되는 것으로 이해할 수 있습니다.</u>

15-8 People **are** utterly **dissatisfied** *with* the present economic situation.

사람들은 현재의 경제 상황에 매우 불만을 느끼고 있다.

15-9 Most of the voters **were disappointed** *with* the way the President dealt with unemployment.

대부분의 유권자들이 대통령이 실업 문제를 다루는 방식에 실망했다.

15-8과 15-9에서는 '불만족'스러운 감정이 제시되기 때문에 15-6, 15-7과는 정반대되는 상황인 것 같지만, 역시 '만족'을 기본값으로 설정할 수 있습니다. 어떤 상황이 한쪽 당사자에게 만족스럽다면, 상대방에게는 불만스러울 수도 있는 것이 아닐까요? 그래서 일차적 의미로는 반대말이지만, '<u>어떤 행위</u>

에 대한 만족도'라는 관점으로 이해하면 만족과 불만족이라는 양극단의 감정을 하나로 아우르는 스펙트럼을 형성할 수 있는 것입니다. 그래서 '불만'을 나타내는 be dissatisfied에도 with가 연결되는 것입니다.

그리고 '불만족'하다면 '불쾌'한 감정도 자연스럽게 생기지 않을까요? 그래서 displeased나 disappointed의 뒤에서 역시 with가 연결되고 있는 것입니다. 즉 하나의 상황에 대한 입장의 차이라는 관점으로 접근하면 쉽게 이해할 수 있을 것입니다. 때로는 이 부류의 감정을 나타낼 때 with보다 at이나 by 등을 선호하는 경향도 있습니다.

그리고 많은 경우는 아니지만, '~에 싫증나다'라는 감정을 나타내는 be bored, be fed up도 with와 어울리는 대표적인 표현입니다.

15-10 Before long the audience all **grew bored** *with* the comedian's same old jokes.
오래지 않아 청중들은 모두 코미디언의 진부한 농담에 지겨워했다.

15-11 Crocodile Dundee **became fed up** *with* city life.
크로커다일 던디는 도시 생활에 신물이 났다.

그리고 감정 동사의 수동태에 about이 연결되는 경우도 역시 감정선이 분명합니다. 바로 '걱정'의 맥락을 갖는 감정들의 표현과 어울리는 전치사가 about입니다. 구체적으로 be worried [concerned, distressed]처럼 '걱정, 불안'의 감정을 나타내는 표현들에 about이 연결되는 것을 확인할 수 있을 것입니다.

15-12 My teacher **was worried** *about* me and I was taking it as a compliment.
선생님께서는 나에 대해 걱정을 하셨지만, 나는 그 말씀을 칭찬으로 받아들이고 있었다.

15-13 We should **be concerned** *about* our environment and take some actions to protect it.
환경에 대해 걱정을 해야 하고, 그래서 뭔가 행동을 해서 환경을 보호해야 한다.

15-14 I feel very lonely and **distressed** *about* my financial problem.
나는 너무 외롭고, 돈 문제로 고민스럽다.

15-15 The foreign minister admitted that he **was** still **anxious** *about* the situation in Angola.
외무 장관은 앙골라의 상황에 대해 아직도 우려하고 있다고 인정했다.

그런데 15-15의 anxious는 형용사 표현이기 때문에 수동태 표현이 아닙니다. 하지만 전치사를 고립된 섬 같은 존재로 만들지는 말자는 의도에서 예로 들었습니다. 관용 표현이라는 박제된 존재가 아니라, 엄연히 의미가 있는 단어이고, 당연히 그 의미에 따른 결합 논리가 있다는 관점으로 전치사를 대하자는 말입니다. 그래서 anxious가 '걱정하다'라는 의미일 때 about으로 연결하는 일관된 흐름을 형성할 수 있습니다.

과거 분사와 in, of, 그리고 be known

감정 형용사처럼 수동태로 주로 표현하는 경우에 과거 분사의 다음에 by가 아닌 전치사가 결합하는 경우가 많습니다. 이런 수동태 구조에서 많이 활용되는 전치사 중 하나가 in입니다. 이렇게 in이 결합하는 경우에도 역시 in의 의미가 그런 현상을 배태하는 핵심 요소로 이해하는 것이 마땅합니다.

단어의 의미는 대체로 사실적인 의미에서 추상적인 의미로 확장됩니다. 그래서 in도 '공간의 안'이라는 기본적인 의미에서 '진행 중인 행위나 감정, 또는 상태'라는 추상적인 상황까지도 포괄합니다.

16-1 I thought Alice might **be interested** *in* gardening.
 나는 앨리스가 정원 가꾸기에 관심이 있다고 생각했다.

16-2 I have a large circle of friends who **are engaged** *in* photography.
 나는 사진에 관심이 있는 친구들이 많이 있다.

16-3 The Farmers' Club is an organization for people **involved** *in* organic farming.
 파머스 클럽은 유기 농업에 관련된 사람들을 위한 단체다.

16-4 Peterson **is** really **immersed** *in* his new work.
 피터슨은 정말로 새 일에 열중하고 있다.

16-5 Daniel, **lost** *in* thought, was silent for a while and stared at the e-mail.
 다니엘은 생각에 잠겨서, 잠시 동안 아무 말도 하지 않고, 이메일을 응시했다.

이 예문들에서 보듯이 interested, engaged, involved, lost, immersed 등의 단어들은 어떤 행동에 전념하거나, 몰두하는 상황을 표현합니다. 따라서 다음에는 그런 활동들이 속해 있는 분야를 나타내는 in이 등장해서 서로 논리적으로 결합하고 있는 것입니다. 단어와 단어들은 이렇게 함께 어우러질 수 있는 밀접한 연관성을 바탕에 두고 있습니다. 그래서 개별 표현보다는 의미 간의 결합이라는 원리를 바탕으로, 점이 아니라 선의 관점으로 접근하는 것이 마땅합니다.

그런 맥락에서 과거 분사의 다음에 of를 쓰는 상황도 of의 의미를 중심으로 관계를 설정할 수 있습니다. 우선 '~을 무서워하다'라는 감정을 나타내는 경우에 주로 of를 연결합니다.

16-6 The dictator **is frightened** *of* traveling in an airplane.
그 독재자는 비행기로 여행하는 것을 무서워한다.

16-7 An agoraphobe **is** unreasonably **scared** *of* open or public places.
광장 공포증 환자는 합리적인 이유 없이 광활하거나 공개된 장소를 무서워한다.

16-8 The senator **was terrified** *of* losing the election.
그 상원의원은 선거에서 낙선할 것을 걱정하고 있었다.

16-9 I **was tired** *of* babysitting for my friend's three-year-old son last week.
나는 지난 주에 내 친구의 세 살 된 아들을 돌보는 일이 지겨웠다.

16-10 Robinson **is bored** *of* eating lunch alone.
로빈슨은 혼자 점심을 먹는 것을 지겨워한다.

16-6 The dictator is frightened of traveling in an airplane.
16-7 An agoraphobe is unreasonably scared of open or public places.
16-8 The senator was terrified of losing the election.
16-9 I was tired of babysitting for my friend's three-year-old son last week.
16-10 Robinson is bored of eating lunch alone.

16-6, 16-7, 16-8에 등장하는 frightened, scared, terrified는 모두 '두려움'이라는 공약수를 갖고 있습니다. 그렇다면 그렇게 유사한 개념들 다음에 연결되는 전치사도 유사해야 당연한 것이 아닐까요? 구체적인 단어는 달라도, 그들이 전치사와 맺고 있는 의미 관계가 달라지는 것은 아니기 때문입니다.

그리고 16-9와 16-10에서는 제시된 tired와 bored의 의미에서는 다른 공통점을 찾을 수 있습니다. 바로 '~에 싫증이 나다'라는 표현에도 주로 of를 활용하는 것입니다.

그리고 전치사 of가 갖고 있는 가장 중요한 의미 가운데 하나가 바로 '구성, 부분'이라는 개념입니다. 그래서 be composed, be comprised, be made up처럼 '~을 구성하다'라는 의미인 표현들 다음에는 of가 연결되는 것입니다.

16-11 Two tribes in a feud agreed to form a council **composed** *of* leaders of the neutral factions.
반목하던 두 부족은 중립적인 종파의 지도자들로 위원회를 구성하기로 합의했다.

16-12 The blues band staging a demonstration **is comprised** *of* seven teens.
시범 연주를 하고 있는 블루스 밴드는 일곱 명의 십대들로 구성되어 있다.

전치사도 의미가 있는 단어이기 때문에 서로 호응할 수 있는 단어와 연결된다는 점을 명심해야 합니다. 그래야 전치사를 단순하게 단어가 서로 무작정 결합된 관계가 아니라, 유기적인 결합 관계라는 점에서 접근할 수 있는 것입니다.

그런 맥락에서 숙어로 많이 암기하고 있는 be known이라는 표현의 다음에 연결되는 네 가지 전치사의 쓰임을 알아보겠습니다. 이 be known 표현은 앞에서 살펴봤던 결합 관계와 같으면서도, 또 다르기도 합니다.

'같다'라고 말한 것은 역시 숙어가 아니라, 어떤 단어와 전치사가 논리적 호응이라는 관계로 연결된다는 점입니다. 반면에 다른 점은 그 연결되는 어구의 위치입니다.

지금까지 보았던 표현들은 전치사가 위치상 그 앞에 있는 표현의 의미를 기준으로 연결된 경우였습니다. 하지만 be known 표현에서 전치사의 종류를 결정하는 요소는 다음에 연결되는 명사입니다. 그러니까 전치사와 전치사의 목적어인 명사가 형성하는 긴밀한 논리적 관계가 전치사의 색깔을 좌우한다는 말입니다. 이 점만 파악하면 이 표현에 결합하는 다양한 전치사가 결합하는 당위성을 납득할 수 있을 것입니다.

16-13 Robert De Niro **is known** *for the film Mean Streets*.
로버트 드니로는 『비열한 거리』라는 영화로 유명하다.

16-14 Robert De Niro **is known** *as an actor*.
로버트 드니로는 영화 배우로 유명하다.

16-15 The Irish rock group **is** well **known** *to Japanese people*.
그 아일랜드 출신 록그룹은 일본 사람들에게는 유명하다.

16-16 A man **is known** *by the company* he keeps.
어울리는 친구를 보면 그 사람의 됨됨이를 알 수 있다.

16-13 Robert De Niro is known for the film Mean Streets.
16-14 Robert De Niro is known as an actor.
16-15 The Irish rock group is well known to Japanese people.

16-13에서 be known은 '유명하다'는 의미인데, 그렇다면 다음에는 '행위나 업적' 등을 나타내는 명사가 연결되는 경우를 생각할 수 있습니다. 이 정보는 유명함에 대한 근거나 이유가 되는 것이니까, 역시 '이유'를 나타내는 전치사 for를 활용하는 것이 적절합니다.

반면 16-14처럼 be known의 다음에 '직업이나 지위'에 해당하는 명사가 나오는 경우에는 '자격이나 신분'을 나타내는 전치사인 as가 어울릴 수밖에 없습니다. 그리고 be known의 다음에 그 이름이 알려진 '대상, 혹은 지역이나 집단'에 대한 정보가 제시된다면, to가 연결되는 것이 자연스러울 수밖에 없지 않을까요? 그런 관계를 보여주는 경우가 바로 16-15입니다.

마지막 유형으로 16-16처럼 be known의 뒤에 by가 연결되는 경우가 있습니다. 그런데 이 경우의 know는 의미가 조금 달라서 '~을 판단하다'라는 뜻입니다. 그래서 by 다음에는 판단이나 근거에 해당되는 명사가 연결되게 됩니다. 이 문장에서는 by의 뒤에 제시되는 the company he keeps가 바로 그 사람을 판단하는 기준에 대한 정보인 것입니다. 관용 표현도 숙어도 아니라, 전치사가 자신의 고유한 의미를 갖고 있으며, 그와 어울리는 의미를 갖는 표현들과 연결되는 경우로 이해하는 것이 타당합니다.

그리고 이 표현들은 태의 활용 방식에서 약간 차이가 있기도 합니다. 그것은 16-13, 16-14, 16-15에 쓰인 know의 의미가 16-16과 다르기 때문입니다.

'유명하다'라는 상황은 자신이 스스로 할 수 있는 행위가 아니라, 다른 사람들이 자신의 존재를 인지해주어야 가능한 상태입니다. 그래서 . '유명하다'라는 라는 의미를 나타낼 때, be known이라는 수동태로 표현해야만 적절합니다. 하지만 16-16에 쓰인 know는 '~을 판단하다'라는 의미이기 때문에 능동 표현도 가능하고, 이 by는 목적어의 뒤에 쓰이던 전치사가 수동태에서도 남아 있는 경우입니다.

수동태가 어울리지 않는 표현들

수동태로 쓰지 않는 타동사

타동사는 목적어를 갖고 있다는 점에서 수동태 표현이 원칙적으로 가능합니다. 하지만 그렇다고 해서 모든 타동사가 수동태로 표현할 수 있는 것은 아닙니다. 동사 자체의 의미상 제약이 있어서 능동으로만 표현해야 하는 동사들이 있기 때문입니다. 우선 '상태'를 나타내는 동사들은 수동태로 활용하지 않습니다.

17-1 Tom **resembles** his father.
톰은 자기 아버지와 닮았다.

17-2 *Tom's father *is resembled* by him.

타동사란 일반적으로 목적어인 명사에 어떤 영향을 미친다는 의미이고, 이런 경우일 때 그 동작의 영향을 받는 대상의 입장에서 상황을 서술하는 수동태 표현도 가능합니다. 그런데 '~와 닮다'는 resemble은 '두 개의 존재가 서로 유사한 상태'를 나타내는 의미입니다. 즉 대상에게 어떤 변화를 일으키게 하는 동작을 의미하지는 않는다는 말입니다. 그래서 행위자의 의도가 개입되지 않는 이런 타동사는 수동태로 활용할 수 없습니다.

17-3　The volcanic disaster **befell** the Roman city of Pompeii about two thousand years ago.
　　　약 2천 년 전에 로마의 도시인 폼페이에서 화산의 재앙이 일어났다.

17-4　*The Roman city of Pompeii ***was befallen*** by the volcanic disaster about two thousand years ago.

　그리고 befall은 문어적인 표현인데, 이 동사도 수동태로 표현하지 않습니다. 타동사로 규정되기 때문에 구조상 목적어가 있기는 합니다. 하지만 befall은 '~에게 어떤 일이 발생하다'라는 의미입니다. 즉 자동사인 happen과 같은 의미로, 발생한 사건에 대한 진술만 있을 뿐, 대상에게 어떤 변화를 야기할 수 있는 동작의 의미가 없습니다. 따라서 능동태로만 표현해야 하는 것입니다. 물론 유사한 의미를 갖는 take place도 같은 맥락에서 수동태로는 활용하지 않습니다.

17-5　Carruso **possesses** total mastery of Spanish.
　　　카루소는 스페인어를 완벽하게 구사한다.

17-6　*Total mastery of Spanish ***is possessed*** by Carruso.

　'상태' 유형에 속하는 타동사의 대표적인 유형이 바로 '소유' 관계를 나타내는 동사들입니다. 바로 '~을 소유하다'는 뜻인 possess도 '동작'의 의미는 없고, 소유 관계라는 상태를 진술하기 때문에 수동태로 활용하기에는 적절하지 않은 것입니다.
　그래서 대부분의 타동사는 동작의 대상인 목적어를 주어로 활용할 수 있지만, '상태'를 나타내는 이런 부류의 타동사들은 수동태가 불가능합니다. 구체적으로는 become, befall, elude, escape, flee, get, have, hold, lack, let, meet, race, resemble, suit 등이 이런 제약을 안고 있는 동사들입니다.

이 동사들로 수동태를 표현할 수 없는 것은 그 동사들이 안고 있는 내재적, 본질적 한계 때문입니다. 그런데 문맥이라는 외부적, 상황적 제약 때문에 수동태가 불가능한 타동사들도 있습니다.

17-7 Avril smoothly **turned** the screw.
　　　에이브릴은 부드럽게 나사를 돌렸다.

17-8 The screw **was** smoothly **turned** by Avril.

17-9 Avril stealthily turned **the corner of the building**.
　　　에이브릴은 눈에 띄지 않게 건물의 모퉁이를 돌았다.

17-10 *The corner of the building *was* stealthily *turned* by Avril.

17-7에서 turn은 '~을 돌리다'라는 뜻이니까, 그 동작의 대상인 the screw에는 상태의 변화가 발생합니다. 주어의 의지가 적용되고, 주어가 통제 가능한 동작이기 때문입니다. 이렇게 어떤 동작으로 목적어가 영향을 받아, 상태가 변하는 경우라면 수동태로 표현하는 것이 가능합니다.

하지만 17-9의 turn the corner는 '모퉁이를 돌다'라는 말인데, the corner라는 목적어에는 이 동작으로 인한 어떤 변화도 발생하지 않습니다. 즉 행위자가 대상에게 어떤 동작을 가했다고 이해하기 어렵게 됩니다. 첫 번째 유형으로 확인했던 '상태'의 의미를 나타내는 타동사들과 흡사한 상황이 되는 것입니다.

이렇게 행위자의 의도성과 변화의 의미가 전제되지 않은 의미의 타동사는 수동태로 표현하지 않습니다. 이런 맥락에서 the corner를 주어로 해서 17-10처럼 수동태로 쓰면 논리적으로 받아들일 수 없는 문장이 되는 것입니다.

수동태로 활용하지 않는 타동사의 두 번째 유형은 이렇게 동사와 목적어가 형성하는 개별적인 의미 관계에 따라 판단하는 경우입니다. 동사 자체의 의미상 제약이 있는 상태 동사와 달리, 목적어와 형성하는 문맥에 따라 수동태가 가능할 수도 있다는 차이가 있습니다.

17-11 Three knights **entered** the secret garden.
세 명의 기사가 비밀의 정원에 들어갔다.

17-12 *The secret garden *was entered* by three knights.

17-13 London Symphony finally **reached** Chicago.
런던 교향악단이 마침내 시카고에 도착했다.

17-14 *Chicago *was* finally *reached* by London Symphony.

17-15 The union and management dramatically **reached** an agreement.
노사 양측은 마침내 합의에 도달했다.

17-16 An agreement **was** dramatically **reached** by the union and management.

17-13의 경우 reach라는 동사는 Chicago라는 목적어에 아무런 영향을 미

17-13	London Symphony finally reached Chicago.
17-14	*Chicago was finally reached by London Symphony.
17-15	The union and management dramatically reached an agreement.
17-16	An agreement was dramatically reached by the union and management.

치지 않습니다. 따라서 17-14와 같은 수동태 표현은 문법적으로 성립할 수 없는 것입니다. 그러나 17-15에 사용된 reach는 an agreement라는 목적어의 상태를 만들어내는 동작의 문맥을 형성하고 있습니다. 따라서 이런 경우에는 17-16처럼 수동태 표현이 가능하게 됩니다.

목적어가 대명사일 때

앞에서 본 두 가지 유형은 본질적, 혹은 문맥상 타동사와 목적어가 맺고 있는 논리 관계가 수동태로 표현하기에는 적절하지 않은 경우입니다. 그런데 <u>동사의 종류와 상관없이 목적어가 대명사일 때는 수동태로 표현하지 않는 것이 원칙입니다.</u>

18-1 **Justin** changed *his* plan for the vacation.
   저스틴은 자신의 휴가 계획을 변경했다.

18-2 *<u>His</u> plan for the vacation was changed by Justin.

18-3 **Her** plan for the vacation was changed by **Justin**.
   그녀의 휴가 계획을 저스틴이 변경했다.

18-1은 정상적인 문장이지만, 18-2의 수동태는 적절하지 않은 문장입니

다. change라는 동사는 의미 자체가 변화의 속성을 갖고 있다는 점에서 능동태로도, 수동태로도 표현할 수 있습니다. 그럼에도 불구하고 수동태로 표현할 수 없는 이유는 대명사의 속성에 있습니다.

일반적으로 대명사는 선행사인 명사의 다음에 제시되는 것이 원칙입니다. 일단 어떤 정보가 제시된 다음에야 그에 대한 반복 혹은 지칭 어구가 등장하는 것이 당연하니까 말입니다. 그래서 18-1에서 his라는 대명사는 Justin이라는 선행사를 지칭하는 것으로 자연스럽게 이해할 수 있습니다.

그런데 바로 대명사가 갖는 이 용법 때문에 18-2처럼 목적어이던 대명사가 수동태 구조가 되면 문제가 생기는 것입니다. 수동태로 활용하면, 대명사 his가 주어가 되기 때문에 선행사인 Justin보다 먼저 제시되는 구조가 될 수밖에 없기 때문입니다.

그래서 <u>목적어가 대명사인 경우에는 전제되지 않은 정보인 대명사가 주어가 되는 난감한 상황이 되기에 수동태로 쓰지 않는 것이 원칙입니다. 이 경우는 반복 정보인 대명사와 구체적 의미를 나타내는 선행사의 관계에 따른 제약으로 이해할 수 있습니다.</u>

그런데 18-3은 문법적으로 아무 문제가 없는 타당한 문장입니다. 18-1의 his는 주어인 Justin과 동일한 대상임을 나타냅니다. 하지만 18-3의 her라는 대명사는 이 문장에는 선행사가 드러나지 않기 때문에 앞 문장에 제시된 다른 사람을 가리키는 것으로 이해할 수 있기 때문입니다. 즉 지칭 대상에 대한 정보가 제시되고 있는 상황이라는 점에서 의미상 혼선이 발생하지 않는 것입니다. 이렇게 목적어에 있는 대명사가 주어와 동일한 대상이 아닌 경우에는 앞 문장에 선행사가 제시되었다는 맥락에서 수동태로 표현하는 것이 가능합니다.

그런데 이와 비슷하지만 구조적으로 수동태가 불가능한 대명사도 있습니다. 재귀 대명사와 상호 대명사가 바로 그런 부류에 속하는 대명사들입니다.

18-4   Sally **has taught** *herself* since the age of fifteen.
       샐리는 15살 때부터 독학하고 있다.

18-5   **Herself* has been taught by Sally since the age of fifteen.

18-6   Yesterday Tim **draw** *himself* in the mirror in the attic.
       어제 팀은 다락방에서 거울에 비친 자기 모습을 그렸다.

18-7   **Yesterday *himself* was drawn by Tim in the mirror in the attic.

　재귀 대명사는 동사나 전치사의 목적어로 쓰여서 그 문장의 주어와 목적어가 동일한 대상이라는 것을 표시하는 용도로 활용되는 대명사입니다. 즉 동사의 다음에 있는 재귀 대명사는 주어인 명사나 대명사가 반복된다는 점을 표시하는 것입니다.

　18-4, 18-6의 능동태 문장을 18-5, 18-7처럼 수동태로 표현하면 재귀 대명사가 주어가 될 수밖에 없습니다. 문제는 그렇게 되면 동일한 대상임을 나타내는 재귀 대명사가 그 대상인 선행사보다 먼저 제시되는 납득하기 어려운 구조가 된다는 것입니다. 그래서 <u>재귀 대명사가 있는 경우에는 수동태로 쓰지 않는, 아니 쓰지 못하는 것이 원칙입니다</u>. 또 재귀 대명사는 목적어로 쓰이는 것이 원칙이기 때문에 주어로 활용하는 경우는 극히 드물기도 합니다.

18-8   Dick and Jane would **send** *each other* gifts and flowers from time to time.
       딕과 제인은 가끔씩 서로 선물과 꽃을 주고받곤 했다.

18-9 *__Each other__* would **be sent** gifts and flowers by Dick and Jane from time to time.

상호 대명사는 '서로'라는 의미를 갖는 대명사들로, each other와 one another가 이 부류에 속합니다. 18-8처럼 상호 대명사가 목적어로 제시되는 문장은 아무런 문제가 없습니다. '서로'를 밝혀주는 구체적인 정보인 선행사가 주어의 자리에 먼저 제시되기 때문입니다. 하지만 18-9처럼 이 대명사를 주어로 해서 수동태로 표현하면 역시 정보가 반복되는 상황을 나타내는 대명사가 실제로 그 상황이 발생하기도 전에 먼저 제시되는 어색한 구조가 될 수밖에 없습니다.

결국 인칭 대명사이건, 재귀 대명사이건, 상호 대명사이건, 대명사가 목적어인 문장은 수동태로 활용하기 어색할 수밖에 없습니다. 경우의 수는 세 가지이지만, 유형은 한 가지입니다. 바로 반복 정보인 대명사가 자신이 지시하는 대상인 선행사보다 먼저 등장하는 어색한 구조가 되기 때문에 수동태로 표현하지 말라는 것입니다. 동사 자체의 제약이 아니라, 대명사의 속성에 관한 것이라는 점을 포착하면 쉽게 이해할 수 있을 것입니다.

목적어가 준동사일 때

to 부정사나 동명사는 모두 명사로 활용할 수 있기 때문에 동사의 목적어로 쓰일 수 있습니다. 하지만 목적어로 쓰인 그 to 부정사나 동명사를 주어로 해서 수동태 표현은 활용하지 않는 것이 원칙입니다. 일반적으로 수동태의 주어로는 명사를 비롯해서, '사실'을 나타내는 that절은 가능하지만 행위의 의미가 강한 to 부정사나 동명사를 쓰는 것은 어울리지 않기 때문입니다. 대상에 미치는 변화의 강도가 약한 타동사는 수동 표현이 적절하지 않았던 것과 유사한 관점에서 이해할 수 있습니다. 준동사가 목적어인 경우에도 역시 그 행동에 대한 변화를 내포하는 것이라고 보기는 힘들다는 점에서 수동 표현이 어색하다는 관점입니다.

19-1   Ian **wanted** *to take his son to the ballpark*.

　　　이안은 아들을 야구장에 데려가고 싶어했다.

19-2   *To take his son to the ballpark was wanted by Ian.

19-3   *It was wanted to take his son to the ballpark by Ian.

19-4   Al **enjoyed** *viewing paintings at galleries*.

　　　알은 화랑에서 그림 구경하기를 즐겼다.

19-5   *Viewing paintings at galleries was enjoyed by Al.

19-6   *It was enjoyed viewing paintings at galleries by Al.

이때 19-3이나 19-6처럼 to 부정사나 동명사 대신 가주어 it을 활용하더라도 역시 문법적으로 틀린 문장이 됩니다. 주어인 준동사를 문장의 뒤로 보내고, 대신 가주어 it으로 표시하는 것은 주어 자리에 긴 어구가 등장하는 것을 부담스럽게 여기는 영어의 특징에서 비롯된 표현입니다. 하지만 이 경우는 어순의 문제가 아니라, 준동사를 수동태의 주어로 활용된 것 자체가 성립될 수 없기 때문에 가주어로 활용할 근거가 없습니다.

19-7 Stephanie **finished** *the report on the French Revolution*.

스테파니는 프랑스 혁명에 대한 보고서를 끝냈다.

19-8 ***The report on the French Revolution* was finished** by Stephanie.

명사가 목적어인 경우에는 19-7처럼 능동태도, 그리고 19-8처럼 수동태도 모두 가능합니다. 하지만 19-9처럼 동명사가 목적어라면, 19-10처럼 수동태로 표현할 수는 없는 것입니다.

19-9 Stephanie **finished** *typing the report on the French Revolution*.

스테파니는 프랑스 혁명에 대한 보고서 타이핑을 끝냈다.

19-10 *Typing the report on the French Revolution was finished by Stephanie.

이렇게 목적어로 동명사를 요구하는 동사들로는 admit, advise, allow, anticipate, appreciate, avoid, bear, cannot help, complete, consider, delay, deny, detest, discontinue, dislike, enjoy, escape, finish, forbid, forgive, give up, imagine, include, mind, miss, postpone, put off, quit, recall, recommend, require, risk, suggest, try 등이 있습니다.

반면에 부정사가 목적어로 연결되는 동사들에는 afford, agree, aim, aspire, attempt, choose, consent, decide, demand, desire, determine, endeavor, fail, hope, intend, long, manage, mean, offer, plan, prepare, promise, refuse, schedule, struggle, tend, try, want, wish 등이 있습니다.

물론 이런 동사들의 목적어로 부정사나 동명사가 활용되는 것에도 역시 이유가 있습니다. 하지만 그 부분은 뒤에 준동사를 설명하는 과정에서 논의되어야 적절하기 때문에 지금은 일단 이 동사들의 목적어가 to 부정사나 동명사일 때 수동태로는 활용하지 않는다는 규칙만 소개하겠습니다.

그런데 agree, attempt, decide, desire는 예외적으로 to 부정사가 수동태의 주어가 되는 경우를 인정하기도 합니다. 이 경우에는 to 부정사를 곧바로 주어로 활용하는 것은 허용된다는 점에서, 가주어 it으로 표현하는 것이 더 적절합니다.

19-11 Firefighters **attempted** to break the door with a hammer.
소방대원들은 그 문을 망치로 부수려고 시도했다.

19-12 ***It* was attempted** to break the door with a hammer by firefighters.

19-13 The city council **decided** to postpone the building project.
시의회에서는 그 건설 프로젝트를 연기하기로 결정했다.

19-14 ***It* was decided** to postpone the building project by the city council.

자동사와 구동사, 그리고 수동태

수동의 의미를 갖는 자동사

타동사만이 수동태로 표현할 수 있다는 규칙은 이제 납득할 수 있을 것입니다. 자동사는 동작의 행위자만 제시될 뿐, 행위의 대상을 필요로 하지 않기 때문에 목적어가 없습니다. 그렇기 때문에 목적어를 주어로 활용하는 수동태라는 형태를 만들 수 없는 것입니다.

그래서 자동사는 능동태로만 표현할 수 있다고 판단하는 것은 지극히 합리적인 결론일 것입니다. 그런데 자동사 중에는 수동의 의미를 나타내는 동사들도 있다는 말이 이 균형을 깨뜨리기도 합니다.

20-1 Murakami Haruki's new novel **sold *like hot cakes*.**
　　　무라카미 하루키의 새 소설은 날개 돋친 듯이 팔렸다.

sell은 흔히 '~을 팔다'는 의미로 알고 있는 동사입니다. 그런데 지금 동사의 다음에는 그 동작의 대상이 될 만한 명사가 없습니다. 그리고 주어인 Murakami Haruki's new novel은 문맥상 판매의 행위자가 아니라, 판매의 대상이라고 이해해야 타당합니다.

이렇게 동작의 대상이 주어가 되는 서술 방식을 수동태라고 규정했습니다. 하지만 동사의 형태는 여전히 능동의 구조를 유지하고 있습니다. 이렇게 <u>형태상 능동인 자동사가 수동의 의미를 나타내는 경우가 있는데, 이를 '중간태' 또</u>

는 '능동-수동태'라고 부르기도 합니다. 하지만 어떤 맥락에서 그런 명칭이 붙었는지를 정확하게 이해하는 것이 용어보다 중요하지 않을까요?

물론 이런 유형의 동사들을 수동태로 표현하는 것도 가능합니다. 그렇다면 왜 굳이 이런 논란의 여지가 있는 형태를 사용하는지 이유가 있지 않을까요?

20-2   This kind of meat **is *easily* cut** by him.
      그는 이런 종류의 고기를 쉽게 자른다.

20-3   This kind of meat **cuts *easily***.
      이런 종류의 고기는 쉽게 잘린다.

수동태로 표현할 때와 자동사로 표현할 때는 의미가 달라집니다. 20-2의 수동으로 쓴 문장에서 easily는 행위자의 동작에 대한 설명을 하고 있습니다. this kind of meat의 속성이나 상태에 대한 정보는 제시하지 않는 것입니다. 하지만 자동사로 표현한 20-3에서는 '쉽게 잘리는 고기'라는 속성이 드러난다는 차이가 있습니다.

이런 표현은 대체로 세 가지 특징을 보입니다. 우선 당연한 얘기지만 주어인 명사는 동작의 대상이라는 것입니다. 또 하나는 문맥상 분명한 동작의 행위자가 주로 생략된다는 점이고, 마지막 특징은 대상의 속성을 설명하는 부사나 like와 같은 전치사구가 수식한다는 것입니다. 이런 점에서 '부사적 수동태'라고 부르기도 합니다.

20-4   The door **locks *automatically***.
      이 문은 자동으로 잠긴다.

20-5 **These plastic pipes bend *smoothly*.**

이 플라스틱 파이프들은 부드럽게 휜다.

20-6 **That kind of cloth dyes *badly*.**

저런 종류의 옷감은 염색이 잘 되지 않는다.

20-7 **This sort of pants washes *very easily*.**

이런 부류의 바지는 매우 쉽게 세탁이 된다.

20-8 **Sun-burnt skin peels *easily*.**

햇볕에 그을린 피부는 쉽게 벗겨진다.

    힘들게 이해하려고 하지 않고, sell like hot cakes를 관용 표현이라고 단정하고, 그냥 암기해버려도 저 표현을 익히는 데는 아무런 지장이 없습니다. 하지만 그렇게 하면 그 표현은 개별적인 현상으로 끝나버릴 뿐, 그 표현을 생산했던 구조나 관점은 알 수도 없고, 알 필요도 없게 될 위험이 있습니다.

    어떤 언어 현상도 독립적으로 존재하는 것이 아니기 때문에, 그와 유사한 표현과 또 마주칠 수밖에 없습니다. 하지만 개별 표현들을 그 밑에서 묶어주는 근거를 모르면 새로운 표현도 그야말로 아무런 관련이 없는 별개의 존재로 인식할 수밖에 없습니다.

    하지만 독립적으로 존재하는 표현이 아니라면, 그런 부류의 표현을 생산해내는 나름대로 일정한 규칙이 있기 마련입니다. 그래서 다른 표현과 소통할 수 있는 일정한 기준을 마련하면 비슷한 표현으로 응용하는 것도, 새롭게 마주치는 표현을 이해하는 것도 무난할 것이라고 생각합니다. 그것이 바로 점을 연결하는 공부를 해야 하는 이유입니다.

수동태가 가능한 자동사

원칙적으로 자동사는 목적어가 없기 때문에 수동태로 표현할 수 없다는 점은 이미 확인했습니다. 그런데 자동사가 전치사나 부사와 결합해서 타동사로 사용되는 경우가 간혹 있습니다. 즉 여러 개의 단어들이 뭉쳐서 하나의 타동사로 활용된다는 말입니다. 그렇다면 목적어가 필요하다는 말이고, 이는 곧 수동태도 가능하다는 뜻이 됩니다.

21-1 Mr. Robbins, the sales director of our company, **laughed at** Carl's marketing plan.
우리 회사의 세일즈 담당 이사인 로빈스는 칼의 마케팅 계획을 비웃었다.

21-2 Carl's marketing plan **was laughed at** by Mr. Robbins, the sales director of our company.

21-1에서 laugh는 다음에 전치사 at이 있는 자동사입니다. 따라서 수동태로 표현할 수 없다고 생각하는 것도 당연합니다. 하지만 이 동사는 전치사 at과 결합해서 '~을 비웃다'라는 타동사로 쓰입니다. 그래서 21-2처럼 수동태 표현도 가능한 것입니다.

복잡해 보이는 문법 조항이지만, 조금만 생각을 바꾸면 충분히 이해할 수 있을 것입니다. 간단하게 말하면 확장된 구조를 갖는 타동사를 인정하라는 것입니다. 목적어를 필요로 하는 동사를 타동사라고 규정하는데, 그 범주에 속하는 동사는 하나의 단어일 수도 있지만, 때로는 두 개 이상의 단어가 결합해서 그와 동일한 역할을 할 수도 있다는 가능성을 열어두라는 것입니다.

그리고 이런 관점의 연장선에서 동사구도 하나의 타동사로 인정하면 문제는 없습니다. 한 개의 단어이건, 여러 개의 단어이건 타동사로 기능한다면 수동태의 규칙도 동일하게 적용하면 되는 것이 아닐까요?

그래서 21-2에서 타동사구인 laugh at이 수동형이 되면 be laughed at이라는 형태가 되는 것입니다. 물론 행위자를 구체적으로 밝힌다면 다음에 그 의미를 전달하는 by라는 전치사로 그 정보를 표시하면 됩니다.

그런데 be laughed at by라는 형태가 굉장히 낯설게 보일 수도 있습니다. 언뜻 보면 at과 by, 두 개의 전치사가 중복된 것이라고 생각할 수도 있기 때문입니다. 하지만 at은 laugh와 결합해서 의미를 생성하고, by는 다음에 명사와 연결해서 행위자를 나타내는 것이니까 별개의 용도로 이해하면 됩니다.

21-3 The government effectively **dealt with** economic crisis.
정부는 경제 위기를 효과적으로 다뤘다.

21-4 Economic crisis **was** effectively **dealt with** <u>by</u> the government.

21-5 The worker in charge of the construction **sent for** the doctor.
공사 책임자가 의사를 부르러 보냈다.

21-6 The doctor **was sent for** <u>by</u> the worker in charge of the construction.

물론 '자동사 + 전치사' 구조가 모두 타동사로 쓰이는 것은 아니라는 점에서 어려운 점도 있습니다. 그러다 보니 어떤 '자동사 + 전치사' 표현이 수동태가 가능한지 아닌지, 그 경계를 설정하기 힘들기도 합니다. 그래서 구체적인 표현들을 꾸준하게 반복 훈련하면서 인식의 폭을 넓혀나가야만 합니다.

자동사가 전치사와 결합해서 타동사로 활용되는 이런 유형을 전치사적 동사$^{prepositional\ verbs}$라는 용어로 부르기도 합니다. 이 집단에 해당하는 표현들로는 account for$^{\sim을\ 설명하다}$, ask for$^{\sim을\ 요구하다}$, attend to$^{\sim에\ 주의를\ 기울이다}$, care for$^{\sim을\ 돌보다}$, deal with$^{\sim을\ 다루다}$, depend on$^{\sim에\ 의존하다}$, insist on$^{\sim을\ 주장하다}$, laugh at$^{\sim을\ 비웃다}$, look after$^{\sim을\ 돌보다}$, look for$^{\sim을\ 찾다}$, look into$^{\sim을\ 조사하다}$, look upon, object to$^{\sim을\ 반대하다}$, refer to$^{\sim을\ 언급하다}$, send for$^{\sim을\ 데리러\ 보내다}$, think of, wait for$^{\sim을\ 기다리다}$, wait on$^{\sim을\ 시중들다}$ 등이 있습니다.

이 중에서도 특히 refer to, look upon, think of는 잘 기억해 둘 필요가 있습니다. 이 동사들은 다음에 전치사 as와 연결해서 '~을 ~로 여기다'라는 의미를 나타냅니다. 즉 'refer to [look upon, think of] A as B'라는 구조인데, 수동형이 되면, 'be referred to [looked upon, thought of] as B'라는 형태가 됩니다. 그러면 to [upon, of]라는 전치사와 as라는 전치사가 중복되는 낯선 구조라는 점에서 틀린 문장으로 오해할 수 있으므로 조심해야 합니다. 그리고 이 경우에도 역시 행위자에 대한 정보를 밝혀주고 싶다면, by로 표시하면 됩니다.

21-7 Reporters **referred to** Joanne *as* the prodigy of golf.
  기자들은 조앤을 골프의 신동이라고 불렀다.

21-8 Joanne **was referred to** *as* the prodigy of golf by reporters.

그리고 이런 구조에 부사가 추가돼서 '자동사 + 부사 + 전치사'의 구조도 타동사로 쓰이기도 합니다. 그리고 이 경우도 역시 타동사라는 점에서 수동태 표현도 가능합니다. 물론 이 세 개의 단어가 결합해서 의미를 형성하기 때문에 수동태로 표현할 때에도 빠뜨리지 않도록 주의해야 합니다.

이런 부류의 표현을 구체적으로 살펴보면 catch up with~을 따라잡다, do away with~을 제거하다, keep up with~와 보조를 맞추다, look down on~을 멸시하다, look forward to~을 고대하다, look up to~을 존경하다, put up with~을 참다, speak ill of~을 비난하다, speak well of~을 칭찬하다, stand up for~을 지지하다 등이 있습니다.

21-9 For a long time Afro-American women have **been looked down on** by a wide range of social groups.
오랫동안 아프리카계 미국 여성들은 광범위한 사회 집단들로부터 멸시당했다.

21-10 The picnic, which had **been** greatly **looked forward to**, was ruined by traffic congestion.
무척이나 기대했던 야유회가 교통 정체로 엉망이 되었다.

구동사의 수동태

구동사phrasal verb란 동사가 다른 품사와 결합해서 하나의 의미를 형성하는 경우를 말합니다. 첫 번째 유형은 바로 앞서 소개했던 '자동사 + 전치사'입니다. 그런 바탕에서 수동태로 표현할 수 없는 자동사라 하더라도 전치사와 결합해서 하나의 타동사로 활용되는 경우에는 수동태도 당연히 가능했던 것입니다.

자동사만이 아니라, 타동사의 경우에도 이렇게 다른 품사와 결합하는 표현이 존재합니다. 구체적으로 give up처럼 동사와 부사가 결합하는 동사구도 하

수동태 119

나의 타동사로 쓰입니다. 따라서 laugh at이나 look down on 유형에서 보았듯이 수동태로도 표현할 수 있는 근거가 마련되는 것입니다.

이런 유형에 속하는 표현들로는 back up~을 후원하다, blow up~을 파괴하다, bring about~을 초래하다, call off~을 취소하다, call up~을 소환하다, find out~을 알아내다, get over~을 극복하다, give in~에 굴복하다, give up~을 포기하다, leave out~을 빠뜨리다, make out~을 작성하다, make up~을 구성하다, put down~을 진압하다, put off~을 연기하다, put out~을 끄다, run over~을 훑어보다, set up~을 설치하다, turn down~을 거절하다, turn on~을 켜다, work out~을 풀다, 성취하다 등이 있습니다.

22-1 Names of all the participants in the contest must **be given in** by 10th April.
대회 참가자들의 이름은 모두 4월 10일까지 제출되어야 한다.

22-2 Tonight's concert will **be put off** till next week.
오늘 밤의 연주회는 다음주까지 연기될 것입니다.

22-3 Major changes have recently **been brought about** in computer industry.
최근에 컴퓨터 산업에는 큰 변화가 있었다.

22-4 The union's request for a pay increase can **be turned down** by the management.
노조의 임금 인상 요청은 경영진이 거부할 가능성이 있다.

22-5 The planned demonstration in the downtown **was** abruptly **called off**.
오늘 도심에서 예정되었던 시위가 돌연 취소되었다.

두 개의 단어가 모여 하나의 타동사를 형성하기도 하지만, 구성원이 늘어날 수도 있습니다. 그래서 '타동사 + 목적어 + 전치사'도 하나의 타동사로 활용되는 경우가 있습니다. 물론 타동사로 분류됐으니, 수동태 표현함께 '~을 돌보다'이 가능해지는 것은 당연한 일입니다.

22-6 Babysitters must **take good care of** *children* during their parents' absence.
보모들은 부모들이 없는 동안 아이들을 잘 돌봐야 한다.

22-6에서 동사는 분명 take지만, 이 표현에서는 독립적인 의미를 갖지 못하고 있습니다. 뒤에 연결되는 명사 care, 그리고 전치사 of과 함께 '~을 돌보다'라는 의미를 형성하고 있기 때문입니다. 결국 take care of는 타동사인 take를 포함해서 세 개의 단어로 이루어지지만, 실제로는 함께 '~을 돌보다'라는 하나의 행위를 전달하고 있는 것입니다.

이 유형의 표현에서는 수동태를 두 가지로 표현할 수 있기도 합니다. take care of의 의미에 초점을 맞추면, 목적어는 분명 children이 됩니다. 그래서 이 목적어를 주어로 해서 수동태를 표현할 수 있습니다.

22-7 *Children* must **be taken good care of** by babysitters during their parents' absence

그런데 이 표현을 다른 각도에서 접근하는 관점도 있습니다. 어쨌든 구조상 타동사인 take 뒤의 good care를 목적어로 이해하는 것입니다. 그래서 이 구조상의 목적어를 주어로 해서도 수동형이 가능하다고 하는 것입니다.

22-8 *Good care* must **be taken of** *children* by babysitters during their parents' absence.

이런 논란은 '타동사 + 목적어 + 전치사'라는 구조에서 동사 뒤에 있는 명사를 목적어로 이해하느냐, 아니면 전치사의 뒤에 있는 명사를 목적어로 판단하느냐는 관점의 차이에서 비롯된 것입니다.

22-7처럼 의미상 목적어를 주어로 한 수동태가 더 자연스러운 표현입니다. 하지만 22-8처럼 구조상 목적어를 주어로 한 수동태가 더 격식을 갖춘 것으로 생각하는 견해도 있습니다. 그런데 구조상 목적어를 중심으로 수동태를 쓰는 경우에는 22-8의 good care처럼 그 명사를 수식하는 형용사가 있는 경우에 주로 가능하다는 제약을 두기도 합니다.

22-9 Venture businesses must **take** full advantage of *changes in consumers' trend*.
   벤처 기업들은 소비자의 기호가 변하는 것을 충분히 활용해야 한다.

22-10 *Changes in consumers' trend* must **be taken** full advantage of by venture businesses.

22-11 *Full advantage* must **be taken of** *changes in consumers' trend* by venture businesses.

이런 유형의 표현들로는 make a mess of~^{을 엉망으로 만들다}, make mention of~^{을 언급하다}, make much of ~^{을 중요하게 생각하다}, make room for ~^{자리를 양보하다}, make use of~^{을 사용하다}, pay attention to~^{에 주목하다}, take notice of ~^{을 주목하다} 등이 있습니다.

다소 복잡하다는 생각이 들 수도 있습니다. 그래서 이와 비슷하지만 약간 다른 유형을 통해서 생각을 정리하도록 하겠습니다.

22-12   The journalist **made a fool of** *the President*.
그 언론인은 대통령을 조롱했다.

22-13   ***The President*** **was made a fool of** by the journalist.

22-14   *****A fool*** was made of the President by the journalist.

make a fool of는 '~을 조롱하다'는 뜻의 타동사이기 때문에, 이 동사의 뒤에 있는 the President를 실질적인 목적어로 이해할 수 있습니다. 그래서 the President를 주어로 해서 22-13처럼 수동태로 표현하는 것이 가능합니다.

그런데 이 경우에 조심할 점이 하나 있습니다. 바로 구조상 타동사 make의 목적어는 a fool이지만, 22-14처럼 a fool을 주어로 한 수동태는 불가능하다는 것입니다. take care of 유형의 표현들에서는 care은 take라는 동작의 대상이 될 수 있습니다. 그래서 그 명사를 주어로 해서 수동태로 표현하는 문장이 가능했던 것입니다.

하지만 make a fool of에서 a fool을 주어로 한 수동태는 논리적으로 성립하지 않습니다. the President는 make a fool of라는 행동, 즉 조롱의 대상이 될 수 있지만, a fool이 make라는 행위의 대상이 될 수는 없기 때문입니다.

그래서 이런 동사구의 표현에서는 전치사의 뒤에 오는 의미상 목적어인 명사를 주어로 한 수동태만 가능한 유형이라고 생각하면 무난합니다. 이런 유형의 동사로는 catch sight of $^{\sim을\ 찾아내다}$, lose sight of$^{\sim을\ 놓치다}$, keep track of$^{\sim을\ 추적하다}$, make a point of $^{반드시\ \sim하다}$, make head of $^{\sim을\ 이해하다}$, make nothing of$^{\sim을\ 우습게\ 여기다}$, make the most of$^{\sim을\ 최대한\ 활용하다}$ 등이 있습니다.

명령문과 의문문, 그리고 수동태

명령문과 수동태를 하나로

명령문이란 주어가 없이 동사의 원형으로 시작하는 형태의 문장입니다. 명령문을 수동태로 만드는 특별한 공식이 별도로 존재하는 것은 아닙니다. 명령문이라고 해서 수동문의 원칙이 특별하게 적용되는 것이 아니라, 명령문이라는 표현의 특성을 담아내는 것이기 때문입니다.

명령문의 구조와 수동태의 특성이 결합된 것이니까, 각각의 표현이 갖는 원칙을 바탕에 깔고 접근하면 충분할 것입니다. 물론 수동태로 활용하려면 일단 목적어가 있는 타동사일 때만 가능하니까, '타동사의 원형 + 목적어/명사~'라는 것이 기본 구조가 됩니다. 여기에 수동태의 특징을 담아내는 것입니다.

23-1 **Place *the book* on the shelf.**
  그 책을 선반에 올려놓으세요.

23-2 ***The book* is placed on the shelf.**
  그 책은 선반에 올려져 있다.

23-2의 수동태에서는 23-1의 명령문이 담고 있던 의미를 정확하게 구현하고 있지 못합니다. 수동의 구조는 갖추고 있지만 명령문의 느낌을 보여주지 못하기 때문입니다. 그저 the book의 상태에 대한 정보만 있을 뿐입니다.

그럼 명령문에서 흔히 생략되는 주어가 2인칭 you라는 점에 착안해서 명

23-2 The book is placed on the shelf. | 령문의 느낌을 담아보는 것입니다. 주어가 2인칭이라면 목적어는 대개 1인칭이나 3인칭이 됩니다. 물론 2인칭이 목적어가 되는 경우도 가능하긴 합니다. 그러나 그런 경우라면, 목적어는 재귀 대명사인 yourself가 되는데, 재귀 대명사를 수동태의 주어로 사용하지 않기 때문에 그 경우는 배제해도 좋습니다.

2인칭이 주어인 경우에는 그 주어를 생략하고, 동사의 원형으로 표시만 하면, 간단하게 명령문의 의미를 담아낼 수 있습니다. 그런데 이렇게 1인칭이나 3인칭을 대상으로 명령문을 구성하는 경우에는 let이라는 사역동사를 활용합니다. 그러니까 23-2의 문장을 일단 let이라는 동사의 원형으로 시작하면 명령문의 구조와 감각을 나타낼 수 있는 것입니다. 그리고 사역동사는 목적어의 다음에 반드시 동사의 원형이 연결된다는 규칙을 적용하면, 원형인 be로 고정될 수밖에 없습니다. 물론 행위자에 해당하는 by you는 정보의 가치가 없으니까 생략해도 좋습니다.

23-3 **Let** the book ***be put*** on the shelf.

지금까지 살펴본 과정을 통해 자연스럽게 결론을 도출하면, 명령문의 수동태는 'Let + 능동문의 목적어 + be -ed'라는 구조가 됩니다. '명령문을 수동태로 고치는 공식'이 별도로 존재하는 것은 아니지만, 이렇게 고정된 구조가 될 수밖에 없습니다.

23-4 **Write *nothing but the name and address*** on the front side of the application form.

지원서의 앞면에는 이름과 주소 외에는 아무것도 적지 마세요.

23-5 **Let** *nothing but the name and address* **be written** on the front side of the application form.

23-6 **Finish** *the report* by 5 o'clock.
     보고서를 5시까지 끝내세요.

23-7 **Let** *the report* **be finished** by 5 o'clock.

그리고 명령문에 부정어를 결합해서 '~하지 마세요'라는 금지를 나타내는 경우가 있습니다. 이런 부정 명령문을 수동태로 만들면 당연히 부정의 의미도 결합되어야 합니다. 부정 명령문의 수동태는 두 가지 유형이 있는데, 핵심은 부정어를 사용하는 방법에 있습니다. 그러니까 <u>문장의 동사인 let에 곧바로 부정어를 결합시키는 방법</u>이 첫 번째입니다. 23-9가 바로 그런 경우입니다. 물론 동사의 앞에 부정어가 결합되니까 do라는 보조동사도 필요합니다.

23-8 <u>Don't</u> **leave** the child unattended.
     아이를 내버려두지 마십시오.

23-9 <u>Don't</u> **let** the child be left unattended.

23-10 **Let** the child <u>not</u> **be left** unattended.

또 한 가지 관점은 <u>실제적인 동작을 나타내는 'be + -ed'의 앞에 부정어를 연결하는 방법</u>입니다. 23-10이 바로 그런 관점이 투영된 결과물입니다. 이 문장의 be는 to가 없는 원형 부정사이기 때문에 부정문이 된다고 해도, 별도로 보조동사가 결합되지는 않는 것입니다. 23-10보다는 23-9가 일반적인 표현으로 사용 빈도가 더 높습니다.

23-11   Don't **touch** this side of the picture.

   사진의 이쪽 면은 손대지 마세요.

23-12   Don't **let** this side of the picture **be touched**.

23-13   **Let** this side of the picture <u>not</u> **be touched**.

의문문과 수동태가 만날 때

　의문문의 수동태 표현도 역시 의문문과 수동태의 두 가지 특성이 결합한 경우라고 생각하면 복잡하게 생각할 일은 없습니다. 일단 의문문은 크게 의문사가 없는 경우와 의문사가 있는 경우, 두 가지가 있습니다. 우선 의문사가 없는 유형부터 알아보겠습니다.

24-1   <u>Do</u> they **sell** *flour* by the pound?

   밀가루를 파운드 단위로 판매하나요?

24-2   <u>Is</u> *flour* **sold** by the pound?

　의문문의 특징은 주어와 동사가 도치된다는 것인데, 이 규칙을 정확하게 이해할 필요가 있습니다. 사실 동사가 도치된다는 말을 정확하게 표현하면 보조 동사가 먼저 등장하는 것이기 때문입니다. 따라서 의문문의 기본 어순은 '보조 동사 + 주어 + 동사'라는 배열이 되는 것입니다.

　이런 보조 동사에는 먼저 will, would, may, should, must 등과 같은 조동사, 완료형을 만드는 have 동사, 진행형이나 수동태를 만드는 be 동사가 포함됩니다. 부정문이나 의문문, 도치문을 만드는 경우에는 이 보조 동사들 가운데 어느 하나를 반드시 사용해야 하는 것이 영어의 원칙입니다.

그리고 만일 이런 보조 동사가 없는 경우라면, do 동사를 대신 활용해야 합니다. 하지만 수동태를 나타내는 동사의 형태가 'be + -ed'이기 때문에 의문 수동태에서 do 동사가 활용될 기회는 현실적으로 없습니다.

결국 <u>의문문의 수동태는 보통 수동태의 문장에서 보조 동사만 문장의 앞에 배치함으로써 의문문의 요건을 충족시키면 된다는 점만 고려하면 충분합니다.</u>

24-3 <u>Is</u> the committee **investigating** *the bribe scandal*?
위원회에서 뇌물 스캔들을 조사하고 있습니까?

24-4 <u>Is</u> *the bribe scandal* **being investigated** by the committee?

24-5 <u>Has</u> Joshua **completed** *the report*?
죠슈아가 보고서를 완성했나요?

24-6 <u>Has</u> *the report* **been completed** by Joshua?

24-7 <u>Will</u> the delivery company **refund** *the product broken in transit*?
배송 중에 파손된 물품을 택배 회사에서 환불해줄까요?

24-8 <u>Will</u> *the product broken in transit* **be refunded** by the delivery company?

24-3 Is the committee investigating the bribe scandal?
24-4 Is the bribe scandal being investigated by the committee?
24-5 Has Joshua completed the report?
24-6 Has the report been completed by Joshua?
24-7 Will the delivery company refund the product broken in transit?
24-8 Will the product broken in transit be refunded by the delivery company?

24-3은 현재 진행형의 is가, 24-5는 현재 완료형의 has가 문장의 앞에 오면서 의문문의 형식을 보여주고 있습니다. 그리고 24-7은 미래 시점을 나타내는 조동사인 will이 문장의 앞에 와서 역시 의문문의 요건을 충족시키고 있습니다.

이런 문장들의 수동태도 역시 보조 동사에 해당하는 24-4의 is, 24-6의 has, 24-8의 will이 각각 문장의 처음에 등장하면서 의문문의 형식을 유지하고 있습니다. 그러면서 24-4에서는 being investigated, 24-6에선 been completed, 그리고 24-8은 be refunded가 각각 수동태의 형식을 보여주고 있습니다. 바로 이렇게 일반 의문문의 수동태가 성립되는 것입니다.

그리고 의문문의 또 한 가지 유형은 바로 의문사가 결합되는 경우입니다. 단순히 상대에게 사실 여부를 물어보는 경우에는 방금 확인한 경우처럼 의문사가 없습니다. 하지만 그에 대한 1차 정보가 확보된 이후에는 구체적인 2차 정보가 필요하기도 합니다. 그래서 어떤 행동이 발생한 시점이나 장소, 이유, 방법, 대상, 행위자 등에 대한 구체적인 정보를 요구할 때, when, where, why, how, what, who와 같은 의문사를 사용하는 것입니다.

그렇다면 의문사의 위치는 문장의 어디쯤일까요? <u>의문사는 말하는 사람이 알고자 하는 가장 중요한 정보, 즉 대화의 초점이 되는 부분이기 때문에 의문의 제일 앞에 옵니다.</u> 의문문의 이 형식이 수동태라고 달라질 이유는 없지요. 그래서 <u>수동태에서도 의문사는 문장의 처음에 있어야 합니다.</u>

결국 의문문의 수동태에서는 보조 동사의 앞에 의문사가 있느냐, 없느냐의 차이만 있을 뿐입니다. 수동태는 주어와 동사와 관계를 나타내는 것이지, 의문문이냐 아니냐, 또는 의문사의 존재나 종류와는 사실 아무런 상관이 없기 때문입니다.

24-9   What **do** you **call** this kind of dog in Mexico?
   멕시코에서는 이런 종류의 개를 뭐라고 부르죠?

24-10   What **is** this kind of dog **called** in Mexico?

24-11   What **did** Sylvia **teach** at the university?
   실비아는 대학에서 무엇을 가르쳤나요?

24-12   What **was taught** at the university by Sylvia?

24-13   What *have* you **purchased** at the department?
   백화점에서 무엇을 구입했나요?

24-14   What *has* **been purchased** at the department?

<u>이렇게 의문사가 있는 경우에는 대화의 초점이 되는 의문사를 먼저 쓰면 됩니다. 나머지는 의문사가 없는 의문문의 수동태와 다를 것이 없습니다.</u> 결국 의문사에 대해서만 이해하고, 의문문 자체에 대해서만 익숙해지는 것이 핵심이라는 말입니다.

다만 24-9, 24-11, 24-13의 능동 의문문에서 의문 대명사인 what은 명사 역할을 합니다. 그래서 의문 대명사인 what이 24-9에서는 목적 보어로

24-11과 24-13에서는 동사의 목적어로 쓰였습니다. 다만 의문문에서 의문사가 먼저 배치되기 때문에 문장의 처음에 있는 것입니다. 반면에 24-10, 24-12, 24-14의 수동태 문장에서는 이 what이 능동태 문장일 때와 위치는 같지만 수동태의 주어 혹은 주격 보어 역할을 하고 있습니다.

의문 대명사 who, 의문 부사, 그리고 수동태

의문사를 품사로 구분하면 의문 대명사와 의문 부사, 그리고 의문 형용사로 나눌 수 있습니다. 의문 대명사로는 who, what, which가 있는데, what과 which는 주격, 목적격에 따른 형태의 구별이 없습니다. 반면에 의문 대명사 who는 주격일 때는 who, 그리고 목적격일 때는 whom으로 형태가 다르기 때문에 적절한 형태를 선택하는 것이 원칙입니다.

25-1 **Who** will **give** the presentation of the new product?
    누가 신제품 프리젠테이션을 하나요?

25-2 **By whom** will the presentation of the new product **be given**?

능동태의 주어가 수동태에서는 행위자를 뜻하는 by와 함께 쓰이니까, 주격인 who에도 역시 전치사인 by가 연결됩니다. 그리고 전치사에 연결되는 명사는 전치사의 목적어라는 점에서 목적격인 whom을 사용합니다. 그리고 물론 의문사라는 점에서 문장의 앞에 와야 마땅합니다.

그런데 전치사와 목적어는 긴밀하게 연결되는 어구인지라, 25-2처럼 전치사가 문장의 앞에 와서 by whom을 형성하기도 한다는 것이 다를 뿐, 나머지는 의문문의 기본 규칙을 따르면 됩니다. 물론 이 전치사는 문장의 뒤에 둘 수도 있습니다.

25-3 <u>Whom</u> will the presentation **be given** b<u>y</u>?
25-4 <u>Who</u> will the presentation **be given** b<u>y</u>?

그런데 25-4의 문장은 뭔가 좀 이상하지 않은가요? 전치사의 목적어라면 당연히 whom이 되어야 하는데, who로 표현하고 있습니다. 25-4처럼 전치사가 문장의 뒤에 오는 경우에는 이처럼 whom 대신 who라는 주격을 활용하기도 합니다.

정통 문법 규칙에는 어긋나지만 문장의 처음에 목적격보다는 주격을 선호하는 경향에 따른 것이고, 현대 영어에서는 보편적인 현상으로 굳어져 있습니다. 물론 전치사는 반드시 문장의 뒤에 두어야 합니다. 시대의 흐름을 반영하고는 있지만 by who라는 문법적으로 명백히 잘못된 표현을 버젓이 쓸 수는 없으니까 말입니다.

25-5 <u>Who</u> **violated** the regulation?
   누가 규정을 위반했나요?
25-6 <u>By whom</u> **was** the regulation **violated**?
25-7 <u>Who</u> **was** the regulation **violated** b<u>y</u>?

이른바 '6하 원칙'이라고 하는 '누가, 무엇을, 언제, 어디서, 왜, 어떻게' 중에서 '언제, 어디서, 왜, 어떻게'는 모두 동작과 관련된 정보를 물어보는 표현들입니다. 그래서 when, where, why, how를 '의문 부사'라고 합니다. 의문 부사란 문장에서 부사로 활용되는데, 문장의 태와 상관없이 의문사는 의문문의 처음에 배치한다는 규칙만 기억한다면 특별한 것은 없습니다.

25-8 <u>When</u> **did** Jeremy **make** the revision of the design of the car?

제레미가 언제 그 차의 설계를 수정했나요?

25-9 <u>When</u> **was** the revision of the design of the car **made** by Jeremy?

25-10 <u>Where</u> **will** the police **evacuate** the townspeople?

경찰은 주민들을 어디로 대피시킬까요?

25-11 <u>Where</u> **will** the townspeople **be evacuated by** the police?

25-12 <u>Why</u> **did** Wilson **correct** the contract?

윌슨이 왜 계약서를 수정했나요?

25-13 <u>Why</u> **was** the contract **corrected by** Wilson?

25-14 <u>How</u> **did** Bridget **solve** the difficult equations?

브리짓은 그 어려운 방정식들을 어떻게 풀었나요?

25-15 <u>How</u> **were** the difficult equations **solved** by Bridget?

수동태의 특징

1. 수동태는 동작의 대상을 주어로 해서, 그에게 어떤 일이 발생하는지에 대한 정보를 진술하는 표현 방식이다.

2. 'be - ed'의 수동태는 '동작'과 '상태'가 문맥에 따라 적용되지만, 'get - ed'는 '동작'에 초점을 맞추는 표현이다.

3. 수동태는 행위자가 일반적인 사람이거나, 구체적으로 밝힐 수가 없을 때, 혹은 밝히고 싶지 않을 때 주로 사용한다.

동사의 종류와 수동태

1. say, think 같은 전달 동사의 목적어로 that절이 연결되면 가주어 it을 사용해서 'It is said [thought] that ~'으로 표현하는 것이 원칙이다.

2. give처럼 목적어가 두 개인 문장에서는 간접 목적어와 직접 목적어를 주어로 활용해서 두 가지 유형의 수동태가 모두 가능하다.

3. 직접 목적어가 수동문의 주어가 되면 남은 간접 목적어에는 to를 붙이는 것이 일반적이다.

수동태와 전치사

1. 수동태에서 과거 분사 뒤에 있는 by는 행위자를 나타내는 기호로 이해해야 한다.

2. 수동태의 과거 분사 다음에 to가 연결되는 경우에는 대부분 특정한 표현이 아니라, 목적어의 다음에 to가 연결되는 동사들이 수동태가 된 경우들이다.

3. 사물 명사가 주어로 제시되는 경우에 감정 형용사는 사람에게 감정을 발생시키는 행위자라는 관점에서 - ing가 결합된 형태가 된다.

4. 사람 명사가 주어라면 감정 형용사에 - ed가 결합된다. 이때 감정 형용사의 의미가 '놀람'을 나타내는 경우는 at이, '만족, 기쁨, 불만, 실망'일 때는 with가, 그리고 '걱정, 불안'일 때는 about이 과거 분사 다음에 주로 연결된다.

5. be known for는 뒤에 '활동이나 업적'이, be known as에는 '직업이나 지위'가, 그리고 be known to의 다음에는 '지역이나 집단'에 대한 정보가 연결된다.

수동태가 어울리지 않는 표현들

1. become, befall, elude, escape, flee, get, have, hold, lack, let, meet, race, resemble, suit, survive처럼 '상태'를 나타내는 타동사들은 수동태로 활용하지 않는다.

2. 목적어가 대명사인 경우에는 수동태로 쓰지 않는 것이 원칙이다. 선행사가 없는데 대명사가 주어가 되어 먼저 등장하는 상황이 되기 때문이다.

3. to 부정사나 동명사가 목적어인 경우에는 일반적으로 수동태로 표현하지 않는다.

자동사와 구동사, 그리고 수동태

1. 자동사가 수동의 의미를 나타내는 '중간태'에서 주어는 동작의 대상이고, 동작의 행위자는 생략되며, 부사가 수식하는 특징을 보인다.

2. ask for, deal with, look for처럼 자동사와 전치사가 결합하거나, give up처럼 동사와 부사가 결합하거나, take care of처럼 '타동사 + 목적어 + 전치사'로 구성되는 구동사들도 하나의 타동사로 활용된다는 점에서 수동태 표현이 가능하다.

명령문과 의문문, 그리고 수동태

1. 명령문의 수동태는 'Let + 능동문의 목적어 + be - ed'라는 구조가 된다. 3인칭의 명령문은 let을 사용하고, 사역 동사 let의 뒤에는 동사의 원형이 연결된다는 점에서 be가 쓰이기 때문이다.

2. 의문사가 없는 의문문의 수동태는 수동태의 문장에서 주어와 동사가 도치된다는 의문문의 특성만 적용하면 된다. 반면에 의문사가 있는 의문문의 수동태에서는 의문사가 먼저 제시된다는 점만 다를 뿐이다.

시제, 동사를 만나다!

결국 문제는 '시제 일치'다! 140

시제, 현재와 과거의 긴장 151

진행, 끝나지 않은 이야기 192

완료, 두 점의 연결 225

완료 진행, 완료와 진행의 만남 265

결국 문제는 '시제 일치'다!

시제는 너무 복잡해요!

사실 영어 문법을 공부하면서 복잡하고 어렵다는 생각을 갖는 일이 비단 시제에만 국한된 것은 아닙니다. 그렇지만 시제는 다른 문법 조항들보다 그런 부정적인 느낌을 갖게 하는 측면이 있는 것도 엄연한 사실입니다. 시제는 그 종류도 다양하고, 용법도 명확하게 구별하기 쉽지 않은 경우도 있기 때문에 보니 만만치 않다는 느낌이 드는 것도 충분히 납득할 수 있습니다.

그럼에도 불구하고 시제를 이해하려는 시도를 접을 수는 없습니다. 시제란 동사의 형태를 통해서 표현되는데, 문장에서 동사가 없을 수는 없는 일이기 때문입니다. 비록 어려운 점은 있지만, 시제를 이해해야 동사를 제대로 활용할 수 있고, 또 그래야 문장을 표현할 수 있습니다. 그래서 대체 시제의 어떤 점이 우리를 그렇게 힘들게 만들었는지 꼼꼼하게 살펴볼 필요가 있습니다. 결국 공부의 목적이란 어려움과 혼란스러운 상태를 벗어나는 것이니까요.

동사를 사용할 때 '태'와 더불어 항상 드러나는 문법적 관점이 바로 '시제' 입니다. 구체적인 행위를 표현하는 품사가 바로 동사이기 때문에, 동사에는 그 행위가 발생한 시점을 나타내는 정보가 필연적으로 개입되게 됩니다. 그래서 <u>어떤 동작이 발생한 시점을 동사의 형태로 표현을 하는데, 이것을 바로 시제라고 합니다.</u>

이때 시간^{Time}과 시제^{Tense}를 혼동하지 않도록 경계를 명확하게 설정해야 합니다. 우리가 익숙하게 알고 있는 '현재, 과거, 미래'라는 절대적 시간 개념이 아니라, 진술하는 시점에서 동작이 발생한 상대적 시점을 표현하는 것을 시제라고 합니다.

　언어마다 약간의 차이는 있지만, '시제'라는 개념과 그것을 표현하는 장치가 없다면 언어는 존재할 수 없습니다. 예를 들어 "점심 먹었니?"라는 질문에도 "예"나 "아니요"로 대답하기도 합니다. 간단한 대답이지만, 그런 반응은 그 질문이 이미 완료된 과거의 동작을 대상으로 한다는 서로의 합의가 있기 때문에 가능한 것입니다.

　만일 동일한 상황에서 "점심 먹을 거니?"라고 질문했다면 "예" 혹은 "아니오"라는 대답이 아까와는 달라질 수도 있을 겁니다. "먹었니?"와 "먹을 거니?"라는 표현이 서로 형태가 다르다는 것과 그 차이에 대한 이해가 없다면 이런 간단한 대화조차도 성립될 수 없는 일입니다. 그래서 시제라는 개념과 그에 어울리는 약속된 표현 방식이 없이는 언어도 성립될 수 없습니다. 그뿐만 아니라 언어를 매개로 한 인간의 사회, 그 어떤 조직도 존재할 수가 없는 것입니다.

　만일 '먹겠다'와 '먹었다'라는 <u>표현의 차이를 이해하고 있다면, 그것은 이미 '시제'를 이해하고 있는 것이라는 뜻이 아닐까요?</u> 즉 시제에 대한 개념은 우리가 모르거나, 생소한 존재가 아니라는 말입니다. 언어에 따라, 문화에 따라, 그 차이를 전달하는 방식이 약간 다를 뿐이지요.

　'사랑한다'는 표현이 언어마다 다르다고 하지만, 그 표현으로 전달하고자 하는 감정은 크게 다르지 않은 것처럼 말입니다. 다른 언어를 사용하는 집단이 '사랑한다'는 우리말 표현을 활용하지 않는다고 해서 사랑의 감정을 모른다고 단정할 수는 없지 않겠습니까?

우리말에도 시제가 있나요?

문법 용어란 문법 개념의 이해를 돕기 위한 보조 장치인데, 우리의 문법 공부는 용어에 집착하고 있는 것은 아닌지 모르겠습니다. 용어는 현상이나 개념을 규정하는 도구일 뿐, 본질 자체는 아닌데 말입니다.

외국어를 공부하는 과정에서 외적 장치인 용어 자체에 몰입하다 보면, 그 용어의 특수성에 매몰되어 버리는 경우가 있습니다. 즉 그 용어가 갖는 고유성에 함몰되어, 그 용어가 가리키는 개념도 역시 그 언어에만 존재하는 고유한 개념으로 인식하기 쉽다는 것입니다.

하지만 어떤 개념을 대변하는 용어가 독특하다고 해서, 그 개념 자체가 독특하다고 단정할 수는 없는 것이죠. 어떤 언어에 존재하는 개념이 그 언어에만 존재하는 특별한 경우일 수도, 다른 여러 언어에도 일반적으로 등장하는 보편 개념일 수도 있으니까요.

따라서 영어 문법의 생소한 용어를 만나면 영어에만 적용되는 것으로 사고를 국한시키지 않도록 주의해야 합니다. 그러면 이미 자신에게 내재된 언어 지식을 활용하지 못하는, 그래서 자신이 얼마나 많은 것을 알고 있는지 모르는 결과가 생길 수도 있기 때문입니다. 그리하여 그 용어가 나타내는 개념 자체를 이해하고, 확인하려는 시도를 끊임없이 해야만 하는 것입니다.

잠깐 언급했듯이 '시제'라는 용어와 개념은 한국어에도 물론 있습니다. 방금 들었던 예처럼 '먹는다'라고 하면 '현재' 시점의 동작을, 반면에 '먹었다'는 '과거' 시점에, 즉 그 진술이 있기 전에 그 동작이 발생했다는 것을 각각 표현하는 것이니까요. 물론 '먹겠다'라고 하면 '미래' 시점을 의미하는 것입니다.

결국 이 세 가지 표현은 '먹는다'는 동작에는 변화가 없고, 다만 그 동작이 발생한 시점을 구별하는 것입니다. 그 표현들이 서로 어떻게 의미가 다른지를 이해한다면 그 개념을 이해하고 있는 것으로 판단해야 마땅하지 않을까요? 그 각각의 경우를 지칭하는 용어를 알고 있느냐는 이와 별개의 문제인 것입니다.

1-1 팀은 어제 공원에서 개를 산책 **시켰다**.
1-2 팀은 매일 30분 동안 공원에서 개를 산책 **시킨다**.
1-3 팀은 내일 아침에 공원에서 개를 산책 **시킬 것이다**.

이 세 개의 우리말 예문을 접하면, 한국어로 소통하는 사람들은 문법 용어를 떠올리는 것이 아니라, 곧장 그 말의 의미를 이해하고 받아들입니다. 그렇게 이 예문들의 차이를 이해하도록 하는 것이 바로 문법의 역할입니다. 다만 문법 용어를 통해서가 아니라, 어떻게 표현하는 것이 옳다는 식으로 훈련했던 것입니다.

일상 생활 속에서 지속적이고, 반복적으로 언어를 사용하면서 그 언어의 체계, 즉 문법 규칙이 자연스럽게 몸에 스며들게 됩니다. 이런 것을 '내화된 문법'이라고 합니다. 이런 문법적인 이해를 바탕으로 문장이 성립되고, 정확한 의사 소통이 가능해지는 것입니다.

따라서 문법을 몰라도 대화가 가능하다는 말은 실로 무지하기 짝이 없는 말입니다. 다른 사람과 정상적인 대화가 가능하다면, 그것은 자신이 이미 문법 체계를 이해하고 있다는 증거인 셈이기 때문입니다. 문법적인 판단이 없이는 정상적인 문장을 구성할 수 없습니다. 비록 어떤 용어나 규칙을 정확하게 암기하거나 정의하지는 못한다고 하더라도 말입니다.

예를 들어 '파랑'이 어떤 색인지는 누구나 알고 있지만, 그것을 말로 설명하기에는 쉽지 않습니다. 하지만 '파랑'을 정의하지 못한다고 해서 '파란색'을 모른다고 단정할 수는 없는 것입니다.

'시제'라는 개념이 보편성을 갖는다면 영어를 비롯한 다른 언어에도 그것을 구별하고, 표현하는 나름대로의 방법이 있지 않을까요? 방금 자연스럽게 우리가 받아들였던 이 동사들의 시제를 표현하는 체계와 유사한 방식이 영어에도 역시 존재하지 않을까요?

1-4 Tim walk**ed** his dog in the park yesterday.
1-5 Tim walk**s** his dog in the park for a half hour every day.
1-6 Tim **will** walk his dog in the park tomorrow morning.

이 예문들에서 1-4의 walked는 -ed라는 어미를 통해, 산책하는 동작이 과거 시점에 발생했음을, 그리고 1-6에서는 will이라는 조동사의 도움을 받아 그 동작이 tomorrow morning이라는 미래 시점에 발생할 것이라는 사실을 각각 전달하고 있는 것입니다.

1-5의 walks에 결합된 -s는 시제를 표시하는 것이 아니라, 주어가 단수라는 것을 명확하게 전달하는 장치입니다. 하지만 이 -s라는 기호는 현재 시제에서만 적용된다는 점에서 현재 시제의 동작임을 분명하게 드러내고 있습니다.

우리는 '산책했다 / 산책한다 / 산책할 것이다'의 차이를 구별할 수 있습니다. 마찬가지로 'walked / walks / will walk'의 차이도 이해할 수 있습니다. 그것을 구별하는 기준을 설명한 것이 바로 문법입니다. 문법은 용어로 존재하는 것이 아니라, 그 언어를 사용하는 사람들의 합의를 바탕으로 해서 개념과 표현으로 존재하는 것입니다. 용어 자체에 기계적으로, 암기 위주로 접근하기보다는 그 개념을 이해하는 것이 문법 공부의 올바른 방향입니다. 너무나 오랫동안 이 평범한 이치가 배척당했던 것입니다.

시제에 대해 우리가 이해해야 하는 것은 본질적인 인식의 차이라기보다는 표현하는 방식과 체계의 차이입니다. 다르다는 사실 자체에 위축되지 말고, 서로의 차이를 정확하게 인지하고, 상대적인 가치를 인정하는 객관적인 시각을 갖는다면 훨씬 더 쉽게 이해할 수 있을 것입니다.

시제의 일치가 중요한가요?

물론 시제의 일치는 상당히 중요합니다! 시제를 활용할 때 가장 기본이 되는 규칙이 바로 '시제의 일치'입니다. 시험 위주의 공부를 하면서, 이 '시제 일치'라는 규칙은 귀에 못이 박히도록 들어봤을 겁니다. 하지만 자신이 소외된 공부에서는 이렇게 반복해서 들었던 규정들이 익숙해지는 것이 아니라, 지겨운 대상으로 전락해버리는 결과를 종종 목격합니다.

사실 '시제 일치'라는 이 원칙 자체는 상당히 간단합니다. 바로 과거 시점에 발생한 행위에 대해서는 동사의 과거형을, 그리고 현재 시점의 행위에 대해서는 현재 시제를 사용하라는 규칙이니까요!

즉 어떤 행위가 발생하는 시점과 그를 전달하는 동사의 형태를 서로 호응하도록 표현하라는 규칙을 말하는 것입니다. 전달하려는 의미와 형식이 동일하게 표현해야 글을 읽는 사람이 정확하게 이해할 수 있다는 것은 지극히 당연한 말이 아니겠습니까? 이렇게 매우 소박하고, 지극히 상식적인 약속을 바로 '시제의 일치'라고 합니다.

아주 단순하게 말하면, 시제를 공부하는 목적도 결국 시제 일치를 익히는 것이라고 할 수 있습니다. 그 또한 자신의 의사를 온전하게 전달하려는 노력이고, 방법일 테니까 말입니다.

만일 누군가 "나 내일 피자를 먹었어"라고 말하는 것을 듣는다면 어떤 반응을 보이겠습니까? 우선 고개를 갸우뚱하지 않을까요? 무슨 말인지 언뜻 이해가 되지 않을 테니까 말입니다. 그런 반응을 보였던 것은 시간 어구는 '내일'이라는 미래의 시점을 나타내는데, 동사의 형태는 과거를 나타내고 있기 때문입니다. 즉 발생 시점을 나타내는 동사의 형태와 동작의 시점을 객관적으로 입증해주는 시점 어구가 서로 일치하지 않기 때문입니다. 바로 그 지점에서 자연스러운 사고의 흐름이 방해를 받았던 것입니다.

2-1 The river which **flows** through Seoul **is** called the Han River.
서울을 가로질러 흐르는 강을 한강이라 한다

2-2 The capital of Korea, Seoul, **was named** Hanyang *in the past*.
한국의 수도인 서울을 과거에는 한양이라고 불렀다.

2-3 After I **returned** from work, my son **served** dinner.
내가 퇴근하고 돌아오자, 내 아들이 저녁을 차려주었다.

2-4 *Yesterday* our teacher **told** us that the earth **is** round like a ball.
어제 우리 선생님께서는 지구는 공처럼 둥글다고 말씀하셨다.

2-1에서 나타나는 동사 flows와 is의 시제는 모두 현재형입니다. 현재 시제란 그 진술을 하는 현재 시점에도 그 진술의 내용이 사실이라는 뜻을 전달하는 것입니다. 그러니까 이 문장은 지금 서울을 가로지르는 강이 존재하고, 그

강의 이름이 '한강'이라는 의미를 전달하고 있는 것입니다.

반면 2-2에서는 과거의 시점을 나타내는 in the past라는 시점 어구가 있습니다. 그리고 그 시점에 맞게 동사의 형태는 was라는 과거형으로 표현되었습니다. 그럼으로써 서울이 예전에는 한양이라는 이름이었다는 과거의 사실이 진술의 정당성을 확보할 수 있는 것이죠.

그리고 2-3에서는 앞의 두 예문과는 달리 특정한 시점을 나타내는 어구는 없습니다. 하지만 두 동작의 상대적인 시점을 나타내는 after라는 접속사가 있습니다. 과거 시점으로 표현된 returned라는 동작이 있은 다음에 served라는 동작이 발생했다는 것을 접속사의 존재를 통해 명확하게 전달하고 있는 것입니다. 이렇게 두 동작이 모두 과거 시점에 일어난 동작이기 때문에 각각 -ed라는 과거를 나타내는 어미가 결합되어 시제의 일치라는 규칙을 실천하고 있습니다.

그러면 2-4는 시제의 일치가 된 문장일까요? 왼쪽 절에 제시된 told는 과거 동사인데, that의 뒤에 있는 동사는 is라는 현재형입니다. 두 문장의 시제가 서로 다른데, 그렇다면 이 문장은 시제의 일치가 된 것일까요?

먼저 '시제 일치가 되지 않았다'라는 의견부터 검토해 볼까요. 이 문장이 시제 일치가 되지 않았다고 대답한다면, 아마도 동사의 시제가 서로 다르다는 점에 주목한 결과일 것입니다. 하지만 <u>시제의 일치란 두 문장의 시제를 기계적으로 동일하게 맞추는 것이 아닙니다.</u>

실제로 동사의 시제가 서로 동일한 경우를 시제의 일치로 설명하는 교재들을 만나기도 하는데, 이 대목은 근본적인 허점을 안고 있습니다. 그렇게 이해한다면 시제가 일치한다는 것을 확인하려면 동사가 최소한 두 개 등장한다는 것이 전제가 되어야 하지 않을까요?

그런데 어떤 문장에서 동사가 항상 두 개 등장하는 것은 아닙니다. 그렇다면 동사가 하나인 문장에서는 시제의 일치를 어떻게 확인할 수 있겠습니까?

동사가 두 개인 경우에 접속사의 논리적 연결 방식에 따라 차이가 있기는 하지만, 대체로 시제가 서로 동일한 경우가 시험에서는 일반적으로 다뤄지는 것이 현실입니다. 문법 시험이란 객관적으로 입증될 수 있는 경우를 대상으로 할 수밖에 없다는 실제적인 제약이 있기 때문입니다. 그러다 보니 동사의 시제를 서로 동일하게 일치시켜야 한다는 식으로 시제 일치를 설명하는 방식이 널리 퍼진 것인지도 모르겠습니다.

일단 '일치'라는 이 말의 의미부터 먼저 생각해 볼까요. '일치'란 '서로 같다'는 뜻인데, 시제의 일치란 과연 무엇과 무엇이 같다는 말이겠습니까? 동사 두 개의 시제가 일치된다는 것이 아니라, 예문에서 확인했듯이 동작이 발생한 시점과 동사의 형태가 서로 일관성을 유지하고 있다는 말입니다. 그러니까 <u>시제의 일치란 각각의 동사에 투영되는 동작의 시점이 동사의 형태와 타당한 관계를 유지해야 한다는 규정입니다.</u>

그래서 2-4에서 told라는 동사가 과거 시제인 것은 yesterday라는 과거의 시점을 나타내는 어구와 타당한 관계를 형성하고 있는 것입니다. 그렇다면 오른쪽에 있는 동사는 왜 is라는 현재 시제인 것일까요?

불변의 진리니까 현재다?

'지구는 둥글다'라는 진술이 왜 현재 시제냐고 물어보면, 대부분이 '불변의 진리'라고 대답을 합니다. 돌이켜 보면 문법 공부를 할 때마다 이 공식이 항상 등장하고, 열심히 암기하곤 했습니다. 그런데 항상 마음 한 구석에는 해결되지 않는 궁금증이 있었습니다. 대체 불변의 진리를 현재 시제로 써야 하는 이유에 대해서는 설명이 없었으니까요.

사실 우리 문법책의 대부분이 이렇게 규정을 소개할 뿐, 그 이유에 대해서는 설명이 없습니다. 영어가 모국어가 아닌 사람들에게 이런 일방적인 태도는 참으로 곤혹스럽고, 일방적이고, 불친절하고, 때로는 억압적이기까지 합니다.

문법이란 그 언어를 사용하는 사람들이 의사를 전달할 때 지키기로 약속한 체계입니다. 그렇다면 사고 방식, 종교, 경제적 수준, 교육 정도, 지역 등과 같은 실로 다양한 차이점을 가진 사람들이 동일한 언어를 사용함에 있어서 서로 납득하고, 동의할 수 있는 어느 정도의 근거는 있어야 하지 않을까요?

인간이 만든 규정이라면 그것에는 나름대로의 이유가 있기 마련이고, 그 근거를 진지하게 생각해 보는 것이 능동적이고 창조적으로 수용하는 과정입니다. 우리가 영어를 못하는 이유는 '문법 공부만 해서'가 아니라, 문법을 제대로 공부하지 않은 탓도 있는지 생각해 봐야 합니다.

이런 점에서 마땅히 어떤 문법 사항이 존재하는 이유에 대해 질문을 던지고, 그 원리를 이해하려고 시도해야 합니다. 질문을 통해 사유하고, 그에 대한 대답을 모색하는 과정이 바로 공부이기 때문입니다.

'불변의 진리는 현재 시제로 쓴다'는 이 문법에 이렇게 공을 들이는 이유는 이 규정이야말로 우리의 뒤틀린 문법 공부의 현주소를 오롯이 보여주는 것이라는 판단 때문입니다. '불변의 진리'가 문법 체계에서 어떤 맥락에서 현재 시제로 표현하는지 그 근거에 대한 이해는 실종되고, 그저 암기하면 그만인 공식으로 전락시켜버리는 것은 아닐까요? 혹은 '불변의 진리'라는 말의 무게에 압도당해 있는 것은 아닐까요?

냉정하게 생각해봅시다. 문법이란 표현된 문장의 구성과 의미에 대한 체계이지, 그 내용의 진리 여부에 대한 가치 판단을 하는 것은 아닙니다. 사실 '불변의 진리'라는 개념 자체도 모호하기 짝이 없지만, 인간의 인식 체계에서 불변이라는 개념의 한계를 어떻게 객관적으로 설정할 수 있을 것인가도 난감한 문제입니다. 일단 과학 분야로 범위를 좁힌다고 하더라도, 도대체 천문학, 물리학, 수학 분야의 진리가 영어의 문법과 무슨 연관성이 있다는 말입니까?

<u>불변의 진리냐 아니냐라는 성격이 핵심인 것이 아니라, 그 행위가 발생하는 시점을 어떻게 파악하기에 현재라는 특정한 시제로 표현하는지에 초점을 맞춰서 이해해야 하는 것입니다.</u> 문장이란 어떤 정보를 전달하는 것이고, 시제는 동작의 시점을 표시하는 기호이지, 절대로 그 문장의 내용적 가치를 표현하는 장치가 아니기 때문입니다. 즉 '불변의 진리'라는 엄숙하고 모호한 이름을 달고 있지만, 문장으로 표현된 이상은 문법 규칙을 기준으로 이해해야 하는 것입니다.

시제, 현재와 과거의 긴장

현재는 현재가 아니다!

'불변의 진리는 현재다'라는 문법 규칙에 대한 이유를 알아보기에 앞서 먼저 확인하고 넘어갈 일이 있습니다. 우리가 현재라는 시제를 정말로 이해하고 있는 것일까요? 과거, 현재, 미래란 개념이 익숙하기에 오히려 함정에 빠져 있는 것은 아닐까요? 편하고 익숙하다는 것이 곧바로 옳다는 의미는 아닙니다. 오히려 익숙할수록 선입견이 작용하기 때문에, 객관적으로 판단할 가능성이 멀어질 가능성도 배제하지는 말아야 합니다.

일차적으로 드러나는 오류는 시점으로서의 '현재'와 시제 형태로서의 '현재'를 구분하지 않는 것에서 비롯됩니다. 즉 <u>인식론적 차원에서 우리에게 익숙한 '현재'라는 시점은 과거, 현재, 미래라는 시간 개념에 근거한 것으로, 현실 세계에서 지금 우리의 눈 앞에서 어떤 상황이 벌어지고 있는 순간을 의미합니다</u>.

반면에 문법 개념으로 제시되는 현재 시제는 이런 물리적 시간 개념과는 차이가 있습니다. 일단 <u>현재 시제를 규정하면 '특정하지 않은 과거 시점부터 역시 특정하지 않은 미래 시점까지 지속되는 동작이나 상태</u>'라고 할 수 있습니다. 그러니까 현재 시제는 진술이 일어나는 현재 시점만을 의미하는 것이 아니라, 과거부터 미래 시점까지를 포괄하는 것이라는 말입니다.

이렇게 말하면 영어 문법에서 말하는 현재 시제는 우리가 인식하는 현재 시제와 다르다고 생각하기 쉽습니다. 하지만 현재 시제를 이처럼 연속성의 개념으로 이해하는 것이 생소하지는 않습니다.

　만일 어떤 모임에서 "지금 분당에서 살고 있다"라고 상대방이 자신을 소개했을 때, "그럼 과거에는 어디에서 사셨나요?" 혹은 "앞으로는 어디에서 사실 건가요?"라고 물어보거나, 생각해 본 적이 단 한 번도 없을 것입니다. 특정한 맥락이 제시되지 않은 경우라면 이런 말을 들었을 때, 그 사람이 지금 현재 시점에서만 그 지역에 거주한다고 생각하지는 않기 때문입니다.

　일반적으로는 그 사람이 그 지역에 살기 시작한 시점이 과거 언제인지, 그리고 미래의 어느 시점까지 그 곳에 거주할 것인지는 일차적으로 고려하는 대상이 아닙니다. 다만 그 지역에 거주한다는 사실이 과거의 어느 시점부터 미래의 어느 시점까지 지속될 것이라는 점을 받아들이는 것이죠.

　또 누군가를 만나서 자신의 이름을 밝혔을 때, 만일 상대방이 "그럼 예전에는 이름이 뭐였나요"라든가, "그럼 그 이름은 언제 고칠 건가요"라고 질문한다면 어떻게 반응하겠습니까? 너무나 당혹스러운 표정으로, 상대를 이상한 사람이라는 눈빛으로 쳐다보지 않겠습니까? 자신의 이름을 밝힐 때, 진술을 하는 바로 그 시점에만 그 이름을 사용하고 있다는 의도로 말하는 것은 아니기 때문입니다.

　현재 시제란 현재라는 시점만을 의미하는 것이 아니라, 이렇게 과거부터 미래까지 포괄적인 시간대에 걸친 사실을 의미하는 것입니다. 이런 상황을 나타내기 위해 사용하는 시제가 바로 현재입니다. 아까 했던 말을 다시 반복하면, <u>현재는 바로 지금 진행 중인 상황을 나타내는 것이 아니라, 과거의 어떤 시점부터 미래의 어떤 시점까지 지속되거나 반복되는 동작이나 상태를 나타내는 것입니다</u>. 따라서 현재의 기본 개념은 항상성^{constancy}이라고 할 수 있습니다. 어느 시점에나 일정한 모습을 보인다는 의미인 것이죠.

때로는 이 경우를 단순 현재^{simple present}라고 부르기도 합니다. 그리고 어떤 학자들은 '지금'이라는 시점의 개념이 없다는 점에서 '절대 현재'라는 용어를 쓰기도 합니다.

한국어를 통해 잠깐 확인했듯이 현재 시제가 지금 이 순간만을 의미하는 것이 아닙니다. 현재 시제가 나타내는 지속성이라는 개념으로 볼 때, 현재 시제로 진술되는 내용은 그 정보가 과거부터 미래 시점까지 적용되는 사실이라는 점을 전달하는 것입니다.

영어의 현재 시제도 동일한 관점에서 이해할 수 있습니다. 'He is a student.'라는 간단한 문장을 예를 들어보죠. '그는 학생이다'현재'라는 뜻의 이 문장에서 어떤 정보를 얻을 수 있나요? 학생이라는 신분이 지금 이 순간에만 적용되는 것이라고 생각하지는 않을 것입니다.

너무나도 자연스럽게 받아들였던 의미를 조금 천천히 곱씹어보면, 언제부터인지는 모르지만 어쨌든 이 대화를 나누기 이전, 즉 과거에도, 그리고 이 대화가 끝난 이후에도, 그러니까 미래의 어느 시점까지는 그 상태가 유지될 것이라고 생각하고 있는 것입니다. 학생이라는 신분의 변화가 아니라, 그 상태가 지속적이라는 사실, 그 정보가 과거와 미래까지 유효하다는 맥락이 바로 현재 시제라는 약속을 통해 서로에게 전달되는 것입니다.

3-1 His name **is** Tom.

3-2 His name **was** Tom.

3-1과 3-2의 차이는 길게 설명할 필요가 없을 정도로 명백합니다. 3-1은 이런 말을 하기 이전에도, 그리고 이후로도 그 사람은 Tom이라는 이름을 사용

3-2　His name was Tom.　한다는 정보를 전달하고 있습니다. 반면에 3-2처럼 과거 시제가 되면 말 그대로 지금은 그 사람이 Tom이 아닌 다른 이름으로 통용된다는 의미가 되는 것입니다. 이렇게 과거 시제가 되면 그 사람의 현재 이름이 무엇인지에 대해서는 정보의 초점을 두고 있지 않습니다.

3-3　*Eric plays the guitar this morning.
3-4　Eric **plays** the guitar *every morning*.

이런 점에서 3-3의 문장을 생각해 볼까요. 예문의 앞에 있는 *표는 이 문장이 문법적으로 틀렸다는 표시입니다. 그렇다면 이 문장은 어떤 점에서 오류가 발생한 것일까요?

plays라는 현재 시제는 지속성을 의미한다고 했습니다. 그리고 지속성이라는 점은 그 행동이 일회적인 사건으로 그치는 것이 아니라, 반복적이라는 점을 암시합니다. 그런데 그 동작의 시간적 근거를 보여주는 시간 어구로는 this morning이 등장했습니다. '오늘 아침에'라는 이 시간 어구는 일회적인 시점을 뜻한다는 점에서 현재 시제의 동사가 나타내는 반복성을 충분히 담아낼 수 없기 때문에 서로 어울리지 않는 것입니다.

반면에 3-4의 예문에서는 시간어구가 every morning이 제시되었습니다. '매일 아침'이라는 이 어구가 제시하는 의미는 일회적이 아니라, 반복적인 동작이 발생하는 시점을 나타내기 때문에 현재 시제인 동사와 적절한 관계를 형성 할 수 있습니다.

그러면 현재 시제가 갖는 이런 속성을 바탕으로 해서 '불변의 진리는 현재로 표현한다'라는 문법 규칙을 차분하게, '객관적으로' 생각을 해보세요. 간단하게 'The sun sets in the west.'라는 문장을 보죠.

'해가 서쪽으로 진다'는 이 말은 어느 시점의 상황을 전달하고 있는 것일까요? 그 진술이 있기 전, 즉 과거 시점에도 그랬고, 지금도 역시 그렇고, 또 미래 시점에도 여전히 반복되는 것입니다. 그렇다면 이 문장의 정보는 과거, 현재, 미래에 걸쳐서 동일하게 반복되는 상황이라는 말입니다.

과거란 현재에는 지속되지 않는 이전의 상황을 나타내니까, 만일 이 문장을 과거형으로 쓴다면 그런 상황이 이제는 존재하지 않는다는 말이 되기에 이 경우에는 적절하지 않습니다. 그리고 미래 시제는 '지금과는 다른 앞으로의 상황'을 나타낸다는 점에서 미래 시제로 쓴다면 지금은 태양이 서쪽이 아닌 다른 방위로 지고 있다는 사실을 의미하게 된다는 점에서 역시 어울리지 않습니다.

이제 생각을 정리해보면, '해는 서쪽으로 진다'와 같은 진술의 시제가 현재가 되는 것은 그것이 불변의 진리이기 때문이 아닙니다. 그 동작은 과거와 현재, 그리고 미래에 걸쳐 반복되는 상황이고, 바로 그런 경우를 '현재'라고 하는 것입니다. <u>'불변의 진리'라서 현재인 것이 아니라, 그런 정보를 담은 진술들이 현재 시제의 기준에 어울리기 때문일 뿐이라는 말입니다.</u> 따라서 불변의 진리를 규정하기 전에 현재 시제의 개념이 무엇인지를 정확하게 이해하면 되는 간단한 문제입니다.

항상 현재로 쓰는 예외적인 경우?

문법책을 보면 현재 시제를 사용하는 세 가지 경우에 대한 설명이 나옵니다. 구체적으로는 '불변의 진리, 현재의 습관, 현재의 일반적인 사실'이 바로 그것들입니다. 이 세 가지 경우를 때로는 '시제의 일치와 상관없이 항상 현재 시제를 쓰는 세 가지 예외적인 경우'라고 소개하는 책도 있습니다.

예외적인 경우란 자신이 이해하고 있는 범위를 벗어난 경우라는 뜻이기 때문에 공부하는 사람의 입장에서는 혼동하지 않아야 한다는 부담을 갖기 마련입니다. 그래서 문법책을 보면 '예외'라고 분류하는 경우가 많은 것은 유감스럽기 짝이 없습니다.

사실 어떤 정보가 다소 일반적이지 않은 양상을 보이는 경우도 있을 수는 있습니다. 하지만 그런 경우들을 어떻게 기존의 설명 체계로 이해할 것인지를 적극적으로 고민하고, 그 방법을 모색하는 것이 글을 쓰고, 강의를 하는 사람들의 의무가 아닐까요? 그런 노력을 게을리하고 예외적인 경우라고 쉽게 분류하는 것은 무책임한 태도라는 생각까지 들기도 합니다.

그런데 예외적인 경우가 그렇게 많다면, 어떤 언어가 일정한 체계를 형성할 수 있을까요? 적용되지 않는 예외적인 경우가 많다면, 어떤 이론이 그 정당성을 확보할 수 있겠습니까? 규칙을 동일하게 적용 받지 않는 예외적인 구성 요소들이 많다면 어떤 언어도, 이론도, 조직이나 단체도 존립 근거를 갖기는 힘들 수밖에 없습니다.

그래서 문법책에서 얘기하는 이 세 가지 경우들이 정말 예외적인 사례에 해당되는지 차분하게 살펴볼 필요가 있습니다. 그럼 '불변의 진리'라는 규정이 갖는 허구성에 대해서는 이미 봤으니까, 다른 두 가지 유형을 역시 현재 시제의 기본 개념을 기준점으로 해서 접근해 보겠습니다.

4-1 나는 오늘 아침에 공원에서 산책을 **했다**.

I **walked** in the park this morning.

4-2 나는 내일 아침에 공원에서 산책을 **할 거야**.

  I **will walk** in the park tomorrow morning.

4-3 나는 매일 아침 공원에서 산책을 **한다**.

  I **walk** in the park every morning.

4-4 나는 매일 아침 공원에서 산책을 **하곤 했었다**.

  I **would walk** in the park every morning.

4-1, 4-2에서 각각 동사가 walked라는 과거 시제, 그리고 will walk라는 미래 시제입니다. 이것은 '산책을 한다'는 행위가 각각 과거와 미래의 특정 시점에서 발생했고, 또 발생할 것이라는 의미를 나타냅니다. 이 두 가지 경우에는 모두 이 행동이 여러 차례 반복된다는 맥락은 드러나지 않습니다. 단지 this morning이라는 과거 시점과 tomorrow morning이라는 미래 시점에 일회적으로 이루어지는 행동이라는 정보만 전달하고 있습니다.

반면에 4-3처럼 현재 시제로 표현된다면, 그것은 이 행위가 this morning이라는 과거 시점에도, 오늘 아침에도, 그리고 tomorrow morning이라는 미래 시점에도 반복되고 있다는 의미를 나타낸다는 차이가 발생합니다.

4-4에 있는 조동사 would는 '과거의 습관'을 나타냅니다. 따라서 would walk는 4-3의 현재 시제처럼 그 행동이 습관적이라는 의미는 전달하지만, 말 그대로 과거 시점에만 적용되는 습관이라는 말이 됩니다. 즉 현재의 상태와는 단절되거나, 혹은 과거의 모습에만 정보의 초점이 맞춰진 것입니다.

결국 '현재의 습관적인 행동'이라는 말은 현재 시점에서만 반복되는 습관이라는 의미가 아니라, 과거와 현재 그리고 미래의 어느 시점까지 일관된 습관적 행위라는 의미입니다. 그렇다면 '습관'이라는 색채가 가미되었을 뿐, 결국 그 행동의 발생 시점은 고스란히 현재 시제의 모습을 띠고 있는 것이 아닌가요? 그러니 이런 정보를 현재 시제라는 틀에 담아서 전달하는 것이 당연할 수밖에 없는 것입니다.

4-5 Rosario **goes** to the museum *on Sundays*.
　　로사리오는 일요일마다 미술관에 간다.

4-6 Joshua **gets** up at 8 o'clock *every morning*.
　　조슈아는 매일 아침 8시면 일어난다.

　4-5에서 Rosario가 미술관에 가는 것은 '일요일마다' 하는 반복적 행동입니다. 그 행동은 구체적으로는 모르겠지만 과거의 어느 시점부터, 단정할 수는 없지만 미래의 어느 시점까지 지속되는 습관입니다. 이번 일요일에만 적용되는 행동이 아니라 과거에도, 현재에도, 그리고 미래에도 그와 동일한 행위가 반복될 것이라는 사실을 전달하는 데 초점이 맞춰져 있습니다.

　예를 들어 "저는 일요일마다 사회인 야구를 합니다"라는 말을 들었을 때, 대뜸 "언제까지 사회인 야구를 할 것이냐"고 물어보지는 않을 것입니다. 그 진술에 맞게 대화가 진행된 다음에야 "언제부터 시작했느냐?"와 같은 특정 시점에 대한 정보가 교환되는 것이 자연스러운 것이니까요.

　4-6에서 gets라는 현재 시제는 every morning이라는 반복 개념의 시간 어구를 만나 그 동작이 오늘 아침이라는 현재 시점에만 국한된 일회적인 동작이 아니라는 것을 분명하게 전달하는 것입니다. 그런 까닭에 만일 이 문장의 시간 어구가 this morning으로 표현됐다면, 현재 동사가 갖는 반복성의 의미와 this morning이 갖는 일회적 시점의 의미가 서로 충돌하는 어색한 상황이 발

생하고 맙니다.

결국 '현재의 습관'이란 현재 시점에만 발생하는 습관적 행동을 의미하는 것이 아닙니다. 그것은 그 습관적 행위가 발생하는 시점이 과거, 현재, 미래를 통괄하는 시간 대역이라는 의미입니다. 그리고 그렇게 무시간적으로 발생하는 동작을 담아내는 시제가 바로 현재인 것입니다.

물론 어떤 행동을 습관적으로 한다고 해서, 한 번의 예외도 없다는 것은 아닙니다. 습관적이라는 말은 반복적으로 발생하는 사건을 총체적으로 일컫는 것이지, 진술하는 그 순간에도 적용되어야만, 즉 그 동작이 반복되어야만 한다는 것은 아닙니다. 그래서 4-5에서 Rosario가 이번 주, 혹은 지난주 일요일에 미술관에 가지 않았어도, 그 습관이 단절되지만 않는다면 그 진술은 여전히 유효한 것입니다.

그럼 같은 맥락에서 '현재의 일반적인 사실'도 이해할 수 있지 않을까요? '현재의 사실'이라는 경우도 역시 현재 시점에만 통용되는 사실을 말하는 것이 아닙니다. '현재의 사실'이란 현재 시제에 적용되는, 즉 과거, 현재, 미래의 어느 시점까지 유효한 사실을 의미하는 것으로 이해해야 마땅합니다.

만일 현재에는 통용되지 않는 과거의 사실이라면 말 그대로 과거 시제, 그리고 미래 시점에만 유효한 사실이라면 미래 시제로 표현하는 것이 마땅하지 않을까요? 그게 바로 '시제의 일치'니까 말입니다.

4-7 The World Cup **is** held ***every four years***.

　　　월드컵은 4년마다 열린다.

4-8 The literary magazine **is** issued ***monthly***.

　　　그 문학 잡지는 매달 발간된다.

> 4-7 The World Cup is held every four years.
> 4-8 The literary magazine is issued monthly.

현재 시제가 현재 시점만을 의미하는 것이 아니라는 점은 4-7의 예문으로 확연히 드러납니다. 문장의 시제가 현재라고 해서 이 진술을 하는 시점이 4년 만에 월드컵 대회가 열리는 순간을 의미하지는 않습니다. 이 문장에서 현재 시제를 사용함으로써 전달하고자 하는 것은 지금 이 순간의 상황이 아니라, 월드컵이 4년마다 열린다는 사실입니다.

월드컵 대회가 언제까지 지속될 지는 모르겠지만, 그 순간까지는 이 문장은 현재 시제로 표현하는 것이 타당합니다. 물론 이 대회가 폐지되어 더 이상 열리지 않는다면, 그때는 당연히 과거 시제로 전달해야 마땅합니다.

4-8에서도 역시 초점이 맞춰진 정보는 그 문학 잡지가 현재 매주 발간되고 있으며, 그 사실은 일정한 미래 시점까지도 유지될 것이라는 점입니다. 이런 점에서 현재 시제는 현재라는 명칭을 갖고 있지만, 그 진술이 이루어지는 현재 시점에만 해당되는 것은 아니기에 현재로 국한시킬 수 없는 것입니다. 현재 시제의 이러한 '탈 현재성'은 뒤에 현재 시제로 미래를 표현하는 경우로 확장된다는 점에서 명확하게 이해하고 넘어가야 합니다.

4-7과 4-8의 경우에는 전달하는 내용이 반복적인 상황이기는 하지만, 주어가 습관적, 의도적으로 행동하는 생명체가 아니라는 점에서 '개체의 습관'과는 조금 다른 맥락으로 '주기적 행위'로 분류하기도 합니다.

<u>포괄적 관점에서 보면, '습관'이나 '주기적 행위'는 어쨌든 이처럼 반복적인 행동을 의미한다는 공통점이 있습니다. 그래서 on Sundays, every morning, every four years, monthly 등과 같은 동작이 반복되는 주기를 나타내는 빈도 부사와 쓰이는 경우가 많은 것입니다.</u>

물론 현재 시제와 빈도 부사가 절대적으로 함께 쓰이는 것은 아닙니다.

4-9 Nurses **look** after patients in hospitals.

　　간호사들은 병원에서 환자들을 돌본다.

4-10 Teo **speaks** Spanish fluently.

　　테오는 스페인어를 유창하게 한다.

　　4-9는 현재 시제이지만, 빈도 부사는 없습니다. 그것은 일정한 간격을 두고 규칙적으로 반복되는 행위가 아니라, 일반적으로 이루어지는 행위를 나타내기 때문입니다. 이 경우에도 현재 시제로 표현된 것은 간호사라는 직업을 가진 사람들에게 일반적으로 적용되는 사실을 나타내는 것이지, 그것이 지금이라는 현재 시점에만 적용된다는 맥락은 아닙니다.

　　만일 세상의 변화에 맞춰 간호사라는 직업이 수행하는 역할이 언젠가 달라진다면 그 속성이 단절된다는 점에서 과거 시제로 표현해야 마땅합니다. 그리하여 현재 시제는 미래의 어느 시점까지는 동일하게 통용되는 보편적 사실을 전달하는 것입니다.

　　물론 습관의 경우와 마찬가지로 모든 간호사들이 이런 범주에 어울리는 것이 아닐 수도 있습니다. 하지만 현재 시제로 전달하고자 하는 것은 일정 부분의 예외적인 경우에도 손상되지 않을 정도로 단정적이고, 확정적인 정보라는 사고가 저변에 깔려 있는 것입니다.

　　지금까지 살펴본 것을 종합하면 '불변의 진리'와 마찬가지로 '<u>현재의 습관</u>'이나 '<u>현재의 일반적인 사실</u>'이라는 범주도 결국은 <u>과거의 어떤 시점부터 미래의 어떤 시점까지 지속되는 상황을 담아낸다는 공통점을 추출할 수 있습니다.</u>

　　그러니까 이 세 가지 유형은 항상 현재 시제로 표현하는 예외적인 경우가 아니라, 현재 시제가 담아내는 상황을 보여준 것으로 이해해야 마땅합니다. 하나의 관점이 적용되는 구체적인 세 가지의 사례에 불과하다는 말입니다.

사실 이 얘기는 현재 시점과 현재 시제를 혼동하지 않고, 구분하기만 하면 충분히 이해할 수 있습니다. 게다가 현재 시제에 담기는 '항상성, 반복성'의 의미를 이미 한국어를 사용하면서 충분히 이해하고 있는 성인의 입장에서는 더욱 다가서기 쉬운 일입니다. 하지만 이러한 인식을 마치 모르는 것처럼 생각하도록 강요하고, <u>스스로</u>를 마취시키도록 유도하는 설명들은 참으로 납득하기 어렵습니다.

현재는 현재다!

'불변의 진리, 현재의 습관, 현재의 일반적 사실'이라는 개념을 통해 현재 시제는 현재라는 이름을 달고 있으되 현재에만 국한되지 않는다는 사실을 확인했습니다. 그런데 이와 비슷하지만 약간 다른 맥락으로 쓰이는 용법들도 있습니다.

<u>첫 번째 유형은 현재 시점의 상태에 초점이 맞춰진 경우입니다.</u> 이런 경우에도 그 상태가 현재에만 적용된다는 의미는 물론 아니지만, 미래의 시점까지 연결되는 <u>포괄적 시간 개념을 나타내기보다는 현재의 상태를 전달하는 것이 표현의 목적입니다.</u>

5-1   It **is** cold outside.
   바깥 날씨가 춥다.

5-2   There **stand** many trees on the either side of the road.
   길의 양쪽으로 나무들이 많이 서있다.

5-1에서는 추운 날씨가 미래의 어느 시점까지 지속될 것이라는 정보를 암시하기보다는 현재의 날씨에 대한 정보를 전달하는 데 중점을 두고 있습니다. 5-2도 나무들이 많이 서 있다는 사실의 지속성보다는 현재 상태를 설명하는 데 충실한 문장입니다.

5-3 This book **belongs** to the math teacher.
    이 책은 수학 선생님 것이다.

5-4 Silvio **resembles** his father.
    실비오는 자기 아버지와 닮았다.

5-5 I **see** a flower in the vase.
    꽃병에 꽃 한 송이가 있다.

5-3에서도 이 책이 앞으로도 수학 선생님의 소유일 것이라는 사실보다는 현재 소유주가 누구인지를 밝히는 중점을 두고 있습니다. 5-4의 문장에 사용된 현재 시제도 실비오가 자기 아버지를 닮은 모습이 앞으로도 변함없이 유지될 것이라는 정보를 의미하고 있는 것이 아닙니다. resembles라는 현재 시제의 동사는 지금 그의 모습이 아버지를 닮은 상태라는 사실을 전달하는 의도입니다.

이런 표현들이 현재 상황에 주목한다는 점에서 현재 시제보다는 현재 진행형으로 표현하는 것이 더 적절하다고 생각할 수도 있습니다. 그런 의문은 이럴 때 belong, have, resemble, seem처럼 상태를 나타내는 동사들이 사용되는 경우가 많다는 점에서 단서를 찾을 수 있습니다.

진행형이란 '진행 중인 동작'을 나타내는 것을 목적으로 하는 표현 방식입

> 5-5 I see a flower in the vase.

니다. 따라서 동사의 종류도 '동작 동사'가 사용되는 것이 그 의도에 어울립니다. 하지만 '상태 동사'는 변화를 담아내는 '동작'이 아니라, 상태의 지속을 나타낸다는 점에서 진행형으로 표현하기에는 적절하지 않습니다. 그래서 어쩔 수 없이 단순 현재 시제로 표현할 수밖에 없는 것입니다.

5-5에 제시된 see도 이런 맥락에서 이해할 수 있습니다. see라는 동사는 어떤 의도나 목적을 가지고 대상을 바라보는 동작이 아니라, 눈을 뜨고 있으면 자연스럽게 시야에 들어오는 상태를 의미하기 때문에 진행형으로 표현하지 않은 것입니다. feel, smell과 같은 감각 동사들도 이런 관점의 연결선상에 있습니다.

그리고 이와는 조금 다른 맥락에서 현재 시제를 활용하는 경우도 있습니다. <u>정확하게는 현재 시점에서 발생한 동작이 아닌데도 현재 시제로 표현하는 경우입니다. hear, say, tell 등과 같은 전달 동사를 사용하는 문장에서 전형적으로 이런 표현을 찾아볼 수 있습니다.</u>

5-6 **I hear that you are considering dropping out of college.**
　　네가 대학을 그만둘 생각을 하고 있다는 말을 들었어.

5-7 **The weather forecast says that it's going to snow tonight.**
　　일기 예보에서는 오늘 밤에 눈이 올 거라고 하던데.

5-8 **The manager tells me that the graveyard shift is still short-handed.**
　　야간 근무조는 여전히 인원이 부족하다고 매니저가 내게 말했다.

5-6에서 that절의 내용을 들은 것은 분명 과거 시점입니다. 저런 정보를 전달하려면 이미 그 정보를 들은 이후에나 가능한 것이니까요. 그런데도 동사는

과거가 아니라, 현재로 표현되고 있습니다. 시제 일치의 규칙을 지키지 않은 틀린 문장이라고 생각하기 쉽지만, 아무 문제가 없습니다.

이렇게 원칙에 맞지 않아 보이는 경우를 일단 예외적인, 혹은 종잡을 수 없는 것으로 분류하는 순간 표현의 의도는 증발되어 버리고 맙니다. 과거 시점에 발생한 동작인 것이 명백한데 왜 굳이 현재 시제로 썼는지 그 의도를 생각해 볼까요. 물론 현재 시제가 갖는 기본 개념을 바탕에 깔고 이해하려고 시도해야 합니다.

현재 시제는 현재의 상황을 전달하는 것이 표현의 기본 목적입니다. 그렇다면 5-6에서 말을 하는 사람은 어떤 의도에서 hear라는 현재 시제를 사용한 것일까요? 그것은 바로 that절의 정보를 들은 것은 과거 시점이지만, 그 정보가 현재 시점에도 유효하다는 것을 나타내는 것입니다. 이런 맥락에서 현재 상황을 나타내는 데 초점이 맞춰지는 현재 완료형을 사용해서 have heard라고 표현하는 것도 가능하게 됩니다.

물론 동작이 발생한 시점에 맞게 heard라는 과거형으로 표현하는 것도 가능합니다. 다만 과거형으로 표현했다면, 내가 그 정보를 들었던 시점이 과거라는 것을 나타내는 것에 좀 더 초점이 맞춰지게 됩니다. 따라서 그 정보가 유효성이 현재에도 적용된다는 사실을 나타내는 데는 미흡하다고 이해할 수 있는 것이죠.

그리고 의도적인 시제 비틀기라고 할 수 있는 경우가 또 하나 있습니다. 방금 소개한 용법과 다른 방식인데요, 바로 역사적 현재historical present라는 유형입니다.

5-9 Xiang Yu **refuses** the plea to cross the Wu River and **makes** a last stand against Han forces.
항우는 오강을 건너라는 간청을 거절하고, 한나라 군대와 최후의 결전을 벌인다.

5-9에 등장하는 항우의 마지막 전투는 기원전 202년에 일어난 역사적 사실입니다. 역사란 이미 과거 시점에 벌어진 일이므로 역사적 사실은 과거 시제로 쓰는 것이 원칙입니다. 그런데 이 문장에서는 refuses, makes라는 현재 시제로 표현되고 있습니다. 따라서 이 예문은 '시제 일치'라는 중요한 규칙을 정면으로 위반한 것이라고 할 수도 있습니다.

하지만 이 경우에도 역시 비판보다는 왜 굳이 그런 일탈적인 표현을 썼는지 그 의도를 이해하려고 시도하면 어떨까요? 과거의 사실이 명백한데도 현재 시제를 썼다는 것은 현재 시제만이 전달할 수 있는 어떤 효과를 노린 것이라고 볼 수는 없을까요?

<u>이미 벌어진 과거의 행위를 현재 시제로 묘사함으로써, 그 행위가 마치 지금 눈앞에서 일어나는 상황과도 같은 느낌을 전달하고자 하는 것입니다.</u> 즉 과거의 행위에 생동감을 불어넣으려는 목적으로 현재 시제라는 형식을 차용한 것입니다. 마을을 돌아다니던 이야기꾼이 실감나게 이야기를 하고, 주변의 사람들이 몰두해서 이 이야기를 듣는 장면을 연상하면 쉽게 이해할 수 있을 것입니다. 물론 이런 양식이 영어에서만 활용되는 독특한 것은 아니라서, 판소리의 적벽가를 열창하는 소리꾼에게서도 찾아볼 수 있는 것이기도 합니다.

이런 표현 방식은 문어체에서 주로 활용되는데, 역사적 사실에만 국한되어 쓰이는 것은 아닙니다. 때로는 소설과 같은 문학 양식에서 활용되기도 한다는 점에서 극적 현재$^{dramatic\ present}$라는 용어로 그 성격을 규정하기도 합니다.

5-10 The messenger **storms** into the church, and **cries**, "My fellow citizens, we are victorious."

전령이 교회로 뛰어 들어와서 외친다. "시민 여러분, 우리가 이겼습니다."

5-10에서도 전령이 뛰어 들어와서 외치는 일련의 동작은 과거 시점에 이루어진 것이 명백합니다. 따라서 stormed, cried라는 과거 시제를 활용하는 것이 타당합니다. 하지만 이 예문에서는 storms, cries라는 현재 시제 형태로 표현했던 것도 역시 같은 맥락에서 이해할 수 있습니다.

과거는 지나갔다!

<u>과거 시제란 말 그대로 과거 시점, 즉 진술이 있기 이전에 일어났던 행위나 상태를 나타내고자 할 때 활용하는 형태입니다. 그래서 문장에 과거 시점을 나타내 주는 부사어구나 형용사구 또는 역사적 사실이 나오면 동사의 시제는 당연히 과거로 표현됩니다.</u>

6-1 I **wrote** a letter to my biology teacher *last Monday*.

나는 지난 월요일에 생물 선생님께 편지를 썼다.

6-2 Joan **downloaded** Adele's new album from Amazon *this morning*.

조안은 오늘 아침에 아델의 신작 앨범을 아마존에서 다운 받았다.

6-3 This is the house where we **lived** *three years ago*.

여기가 우리가 3년 전에 살았던 집이다.

6-4 In order not to fall into enemy's hands, General Hannibal **took** his own life by drinking poison.

적의 수중에 넘어가지 않으려고, 한니발 장군은 독약을 마시고 자결했다.

6-1 I wrote a letter to my biology teacher last Monday.
6-2 Joan downloaded Adele's new album from Amazon this morning.
6-3 This is the house where we lived three years ago.

6-1에서는 wrote라는 과거의 행위가 객관적이라는 것을 뒷받침해줄 수 있는 근거로 바로 last Monday라는 명백한 과거 시점을 나타내는 표현이 있습니다. 6-2도 역시 this morning이라는 과거 시점과 downloaded라는 동사의 과거형이 서로 호응하고 있습니다. 과거의 일회적인 동작이 발생한 구체적인 과거의 시점을 밝혀주는 것입니다.

바로 이렇게 동사의 시제 형태와 시간어구의 통일성을 확보하려는 노력을 '시제 일치'라고 합니다. 그렇게 함으로써 적어도 시제라는 관점에서는 진술의 타당성이 확보될 수 있는 것입니다. 6-1과 6-2처럼 일회적인 동작이 제시되는 경우에 그 동작은 과거에 완료된, 그래서 현재에는 행해지는 것이 아니라는 의미를 기본적으로 내포하게 됩니다. 이때 제시되는 시간 어구는 이렇게 과거의 고정 시점을 드러내는 경우가 많습니다.

그런데 기본적으로 과거 시점이라는 것은 어떤 문장에 대한 진술을 하는 것을 기준으로 그 이전에 발생한 사실을 의미합니다. 과거 시점이 갖는 이런 맥락을 잘 보여주는 단어가 바로 6-3의 ago입니다. ago는 '(진술하는 현재 시점을 기준으로 할 때) ~ 전'이라는 의미를 지니는 부사입니다. 따라서 <u>ago가 제시되면 현재를 기준으로 해서 일정 기간 이전의 상황을 나타내기 때문에 동사의 시제는 항상 과거 시제가 됩니다.</u> 그래서 이 문장에서도 lived라는 과거 시제로 표시된 것입니다.

그런데 This의 다음에 연결된 동사는 is라는 현재 시제입니다. 그렇다면 그 현재 시제를 통해 그 집이 지금도 존재한다는 사실을 끌어낼 수 있는 것입니다. 물론 lived라는 과거 동사로 보아 우리가 그 집에 살았던 것은 과거의 사실임을 알 수 있습니다. 이렇게 각각 동사가 전달하는 내용의 시점에 맞게 동사의 형태를 표시하는 것이 바로 시제의 일치인 것입니다!

그리고 과거 시제에서 구체적인 시간 어구가 항상 등장하는 것은 아닙니다. 6-4처럼 과거의 역사적 사실인 경우에 구체적인 시간 어구가 제시되지 않는 경우도 가능합니다. 물론 그만큼 객관성이 확보된 경우라는 전제 조건이 필요합니다.

그런데 앞의 예문들에서 드러나는 것처럼 과거를 나타내는 어구로 일시적인 시점만 가능한 것은 아닙니다. 실제로 동작이 발생한 구체적인 시점을 포함하는 보다 큰 개념의 '과거의 기간'을 나타내는 어구가 제시될 수도 있습니다.

6-5 America **was 'found'** by Christopher Columbus *in 1492*.
크리스토퍼 콜럼버스가 1492년에 미 대륙을 찾았다.

6-6 Rail transport **emerged** *in the 1800's* as a new means of conveyance of passengers and goods.
1800년대에 철도 수송이 승객과 화물을 수송하는 새로운 수단으로 출현했다.

6-5에서는 콜럼버스가 신대륙을 찾았던 구체적인 시점이 아니라, 그 행위가 일어난 1492년이라는 다소 범위가 넓은 시간 어구가 제시됐습니다. 물론 이렇게 과거의 기간이 제시되었다고 해도 1492년 전체에 걸쳐 그 행위가 반복되

> 6-5 America was 'found' by Christopher Columbus in 1492.
> 6-6 Rail transport emerged in the 1800's as a new means of conveyance of passengers and goods.

었다는 의미는 아닙니다. 이 기간의 범위에 대한 제한은 없어서, 6-6에 제시된 in the 1800's처럼 상당히 포괄적인 시간 어구도 가능합니다.

그런데 6-5와 6-6에서는 was found와 emerged라는 일시적인 행위를 나타내는 동사가 사용되었는데, 과거 시제로 표현되는 사실이 항상 이렇게 과거 시점에 발생한 일회적인 동작에만 적용되는 것은 아닙니다. 그래서 과거의 기간을 나타내는 시간 어구와 결합한 과거 시제는 그 기간에 지속된 상태를 표현하는 경우도 있습니다.

6-7 Gauguin **lived** in Tahiti *for the rest of his life*.
   고갱은 여생을 타히티에서 보냈다.

6-8 The Black Death *of the fourteenth century* **claimed** 30-60% of Europe's total population.
   14세기의 흑사병은 유럽 전체 인구 중 30-60%의 생명을 앗아갔다.

6-7에서 for the rest of his life라는 시간 어구가 쓰여서 그 과거의 기간에 고갱이 타히티에서 거주하는 상태가 지속되었다는 의미를 전달하고 있습니다. 6-8의 문장에서도 흑사병으로 사람들이 희생되는 상황이 14세기라는 과거의 기간에 지속되었다는 정보가 과거 동사와 시간 어구의 긴장감을 통해 드러나는 것입니다. 6-6과 6-8에 제시된 과거의 기간은 동일하게 100년이지만, 사용된 동사의 문맥에 따라 지속성이 드러나기도, 그렇지 않기도 합니다.

<u>과거 시제에 대해 알아둘 또 한 가지 중요한 점은 바로 '습관적인 행동'을</u>

의미하지 않는다는 것입니다. 이미 설명했듯이 현재 시제는 특정하지 않은 과거 시점부터 현재, 그리고 어떤 미래 시점까지 지속되거나 반복되는 행동을 의미합니다. 그런 점에서 this morning처럼 일회적인 시점이 아니라, every morning처럼 반복성을 갖는 시간 어구와 어울리는 특성을 형성합니다.

하지만 과거 시제는 과거의 어떤 시점이나 기간에 완료된 상황을 전달하기 때문에 yesterday, last Thursday, in 2015처럼 고정된 과거 시점을 나타내는 어구와 친화적 관계를 갖습니다.

이렇게 과거 시제는 과거 시점에 완료되거나 지속된 상태나 동작, 또는 사실을 나타내는 데 주목합니다. 그래서 일회적인 사건을 나타내는 과거 시제만으로는 '과거의 습관'을 표현하기 힘든 경우가 발생합니다. '습관'이라는 것은 '일정한 빈도를 갖고 반복적으로 발생하는 행동'을 의미하기 때문입니다.

6-9 My father ***often*** took me to the ball park when I was young.
내가 어릴 때 아버지께서는 나를 야구장에 자주 데려가곤 하셨다.

6-10 Josephine **would play** the piano after dinner **while in Prague**.
조세핀은 프라하에 있을 때 저녁을 먹고 나서 피아노를 연주하곤 했었다.

따라서 '과거의 습관적인 동작'을 표현하려면 부득이 반복성의 의미를 나타내는 보조 장치의 도움을 받아야 합니다. 주로 활용되는 장치는 두 가지입니다. 첫번째는 바로 6-9처럼 often이나 every Sunday, on Sundays처럼 빈도를 나타내는 부사 어구를 함께 쓰는 것입니다. 빈도란 '어떤 행동이 반복되는 정도'를 나타내기 때문에, 습관이 내포하는 '반복성'의 의미와 어울리는 것입니다.

하지만 어떤 행동이 반복되는 정도에 대한 정보가 제시되지 않는 경우도 있지 않겠습니까? 그럴 때는 6-10처럼 would나 used to와 같은 보조 동사의 도움을 받아서 습관적 행동이라는 의미를 담아낼 수 있습니다. would와 used to의 의미와 용법의 차이점에 대해서는 조동사에서 구체적으로 설명하기로 하고, 지금은 과거의 습관을 나타낸다는 기본 개념만 확인하고 넘어가겠습니다.

그리고 과거 시제는 과거의 완료된 동작이나 상태를 의미한다는 점에서 현재에는 통용되지 않는, 즉 '현재에는 그렇지 않다'는 단절의 의미를 내포할 수도 있습니다.

6-11 Bill: **Does** Todd still work for the telecommunications company?
토드가 지금도 그 통신회사에 다니니?

Sally: He **did**.
그랬었지.

Bill: What? He **did**?
뭐? 그랬다니?

Sally: In fact, he **quit** *last year*.
작년에 그만 뒀거든.

6-11의 대화문에서 처음에 제시된 질문에는 Does라는 현재 시제가 사용되었습니다. 반면에 그에 대한 대답에서는 did라는 과거 시제가 등장했습니다. 현재 시점의 상황에 대한 질문에 과거 시점으로 대답을 했다는 것은 상대가 요구하는 정보가 아닌 동문서답일 수도 있을 것입니다.

하지만 그렇게 엉뚱한 맥락의 대답이 아니라면 대부분 두 시점의 정보를 함축하고 있는 것으로 이해할 수 있습니다. 그래서 과거 시제를 활용한 이 대답은 토드가 그 회사에 다녔던 것은 과거 사실이고, 현재에는 그렇지 않다는 의미를 함축하고 있는 것입니다. 이렇게 과거는 과거에 통용될 뿐, 현재에는 적용되지는 않는 '과거'의 사실을 의미하는 것입니다.

하지만 이처럼 과거 시제가 항상 과거와 달라진 현재의 상황을 암시하는 것은 아닙니다. 이 대화처럼 문맥이 형성되지 않으면, 현재의 상황이 과거와 단절된 것인지는 확인되지 않을 수도 있습니다. 과거 시제는 어쨌든 과거의 동작이나 상태를 전달하는 것에만 초점이 맞춰질 뿐, 현재의 상태에 대해서는 크게 관심을 두지 않기 때문입니다.

그래서 <u>과거 시제로 표현된 경우에 그 내용은 현재에는 유지되지 않을 수도 있고, 굳이 확인되지 않을 수도 있다는 가능성을 열어두어야 합니다.</u> 우리말로 쉽게 예를 들면, '그 사람은 멋졌었지'라고 하는 경우에, , '그런데 지금은 그렇지 않다'라는 현재의 상황을 암시하는 경우도 있겠지만, , '그런데 지금은 어떤지 모르겠다'라는 확인되지 않은 맥락으로 이해할 수도 있다는 말입니다.

미래의 일정은 현재

현재 시점과 현재 시제를 혼동하지 말자고 했었는데, <u>미래 시점과 미래 시제도 구별해서 이해해야 합니다.</u> 엄밀히 말해 영어의 문법 체계에서 시제란 현재와 과거, 두 가지뿐이기 때문입니다. 어떤 진술 이후의 상황을 나타내는 미래라는 시점은 당연히 존재합니다. 다만 그 시점의 사실을 전달하는 방법으로 미래 시제가 존재하는 것은 아니라는 말입니다.

혹시라도 오해하지 않도록 좀 더 정확하게 말해보겠습니다. 과거의 사실을 표현할 때는 대부분 동사의 원형에 −ed라는 어미를 결합시킵니다. 그리고 이런 일정한 형태를 갖지 않는 소위 '불규칙 동사'들은 동사마다 각기 고유한 형태로 과거형을 표시합니다. 이렇게 함으로써 과거 시제라는 형태적 약속이 성립하게 됩니다.

그리고 현재 시제에서는 동사의 원형과 동일한 형태이거나, 주어가 3인칭 단수인 경우에 한해 −(e)s라는 어미가 결합하기도 합니다. 현재 시제 역시 이렇게 고유한 형태를 활용함으로써 현재 시제라는 정체성을 간직하게 됩니다.

하지만 미래 시제를 표시하는 동사의 독립적인 형태는 존재하지 않습니다. 그동안 흔히 미래 시제라고 알고 있던 'will/shall + 동사 원형'이라는 구조는 서법 조동사인 will이나 shall의 도움을 받아 표시한 것일 뿐, 동사 자체의 변화는 아닙니다. 이런 형태적 차원에서 미래 시제는 없고, 단지 미래 시점을 나타내는 표현들이 존재한다고 보는 것입니다.

이런 관점을 지향하는 사람들은 will이나 shall을 현재 시제로 분류하기도 합니다. 미래 시제를 인정하지 않는 그들의 입장을 고려하면 지극히 당연한 결론이기도 합니다. 실제로 will과 shall은 원래 동사에서 출발했기 때문에 과거형도 존재하고, 현재 시점을 나타내는 용법도 있기도 하니까 말입니다. 하지만 이 조동사들은 미래의 상황을 전달하는 기능도 엄연히 존재하기 때문에, 무작정 현재의 틀에 가둬놓는 것도 적절하지 않다고 생각합니다.

그래서 타당한 측면이 있기는 하지만 영어의 시제를 현재와 과거라는 두 가지로만 규정하는 형식 논리에 지나치게 얽매일 필요는 없다고 봅니다. 보이지 않아도 별이 존재하듯이 미래 시제로 분류되지 않는다고 해서, 미래 시점을 나타내는 표현이 존재하지 않는 것은 아니기 때문입니다.

하지만 그런 관점이 절대적으로 타당한 것은 아니라고 하면서도 굳이 미래 시제라는 형태는 없다고 설명했습니다. 그것은 미래 상황을 표현하는 과정에서 will/shall이 갖는 독점적인 지위를 해체하면 미래 사실을 표현하는 다른 다채로운 방법들을 객관적으로 이해할 수 있는 계기가 될 수 있을 것이라고 생각하기 때문입니다. 그래서 will과 현재 시제의 표현들을 좀 더 공정하게 자리매김할 수 있으면 좋겠습니다.

영어에서 미래의 사실을 나타내는 방법으로는 크게 다섯 가지로 나눌 수 있습니다. 조동사 will 혹은 shall을 활용하는 것이 그 첫째이고, 동사의 현재 시제로 표현하는 것이 두 번째입니다. 그리고 셋째는 현재 진행형을 쓰는 것, 넷째는 be going to라는 표현을 이용하는 것, 그리고 미래 진행형이 그 마지막 방법입니다.

물론 이 외에도 to 부정사와 같은 준동사를 활용하는 경우도 있고, be about to와 같은 구체적인 표현을 이용하는 방법도 있습니다.

그런데 이런 여러 가지 방법 가운데 대부분이 현재 시제나 현재 진행형의 형태로 활용되고 있습니다. 현재 시제로 미래를 표현한다는 점에서 시제 일치라는 규칙의 엄밀함에 의문을 품을지도 모르겠습니다. 이 역시 간단하게 예외적인 경우라고 하면 마음이 편할지도 모르겠지만, 그렇게 회피하고 넘어갈 일은 아니라고 생각합니다.

현재로 미래를 표현한다는 사실이 특이하다는 생각이 든다는 것은 will은 미래라는 시각이 고정되어 있는 탓입니다. 즉 미래 시제를 will의 전유물로 배웠기 때문에 will이 아닌 형태가 미래를 표현한다는 사실은 정도에서 벗어난 특이한 용법으로 인식되는 것입니다.

그리고 어떤 대상을 특별한 존재로 인식할수록, 그 대상을 자연스럽게 이해하는 일은 그에 비례해서 어려워지게 됩니다. 특별한 존재로 규정한다는 것은 곧 기존의 보편적인 논리가 적용되지 않는 경우라고 인정하는 것이기 때문입니다.

'현재가 미래를 대신한다'라는 식의 관계 설정은 will이 미래 시제를 대표한다는 고착화된 사고에서 비롯된 것이 아닐까 합니다. 따라서 will과 미래 시제에 대한 이 고정 관념에서 벗어난다면, 현재 시제가 미래를 나타낸다는 사실도 그만큼 납득할 여지가 생길 수 있을 겁니다.

7-1 Terence **will move** to Santiago next month.
테렌스는 다음달에 산티아고로 이사할 것이다.

7-2 This room with a view **will bring** complete satisfaction during your stay.
이 객실은 전망이 좋아 머무시는 동안 매우 만족하실 것입니다.

7-3 This room with a view **brings** complete satisfaction during your stay.
이 객실은 전망이 좋아 머무시는 동안 모두들 매우 만족하십니다.

will과 shall의 여러 가지 용법에 대한 자세한 설명은 조동사라는 큰 틀에서 다루기로 하고, 일단 will의 존재가 진술하는 미래 상황에 어떤 영향을 미치는지부터 확인하겠습니다. 7-1에서 will을 사용해서 다음 달이라는 미래 시점의 상황을 표현하고 있습니다. 미래의 그 시점에 테렌스가 이사할 것이라는 예측을 하고 있는 것이죠.

7-2에서도 역시 will을 사용함으로써 그 객실에 투숙하는 사람들이 앞으로 느낄 감정에 대한 예측을 제시하고 있습니다. will로 미래 시점을 표현하는 것을 원칙으로 배웠기 때문에 이런 경우가 익숙할 수도 있습니다. 하지만 미래의 사실을 표현하는 방법이 오직 will만 가능한 것은 아닙니다.

7-3의 현재 시제도 바로 그런 맥락에서 이해할 수 있습니다. 현재 시제는 현재 시점에만 적용되는 상황이 아니라, 어떤 과거 시점부터 어떤 미래 시점까지 지속되는 동작이나 상태를 의미한다고 설명했었습니다. 따라서 현재 시제는 근본적으로 미래 상황에 대한 판단까지 포함하는 것으로 이해해야 합니다. 그런 점에서 현재 시제로도 미래의 상황을 담아낼 수 있는 것입니다.

그럼 7-2의 will로 전달되는 미래 상황과 7-3의 현재 시제가 그려내는 미래 상황은 차이점이 없을까요? 기본적으로 현재 시제는 미래까지 그 사실이 지속된다는 바탕에서 진술하기 때문에, 전달하는 그 사실이 그만큼 단정적이고, 확정적인 의미를 전달합니다. 그것은 미래에도 분명히 발생하고, 적용되고, 통용될 사실이니까요. 그래서 7-3에서는 이 객실에 투숙하는 사람들은 으레 만족할 것이라는 단정적인 어감을 느끼게 합니다.

반면 7-2에 사용된 will은 미래 사실에 대한 예측을 전달합니다. 그러니까 이 객실에 묵는 손님들은 만족감을 느낄 것이라는 짐작, 즉 확정되지 않은 진술이기에 7-3의 현재 시제가 전해주는 단정적인 어감은 약해지게 됩니다.

이처럼 미래의 사실을 나타내는 방법이 오직 will을 통해서만 존재하는 것은 아닙니다. 즉 will이 있어야만 미래 시제인 것이 아니라, will은 미래의 상황을 서술하는 방식의 하나라는 말입니다. 미래라는 상위 개념을 설정했을 때, will은 그 미래의 부분 중에서 '예측'이라는 하위 개념을 나타내는 것입니다. 그래서 독립적인 형태를 갖는 미래 시제는 존재하지 않는다고 했던 것입니다.

> 7-3 This room with a view brings complete satisfaction during your stay.

현재 시제로 미래를 표현하는 가장 대표적인 경우가 바로 소위 '일정'을 나타낼 때입니다. 장차 수행할 일정이란 미래의 어떤 기간에 해야 할 일, 즉 미래의 상황을 의미합니다. 하지만 이런 경우에 will이 아니라, 현재 또는 현재 진행형을 사용해서 그 미래 상황을 표현합니다.

7-3에서 설명했듯이 미래를 will의 전유물로 고정시키면 현재 동사가 미래를 담아낸다는 이 표현도 현재 시제의 특별한 용법인 것처럼 설명할 수밖에 없습니다. 하지만 현재 시제가 갖는 확정적이고 단정적인 사실이라는 기본 개념을 이해하면 지극히 당연한 결과가 됩니다.

그런데 일정은 다시 고정된^{fixed} 일정과 변동 가능한^{unfixed} 일정, 두 가지로 구분할 수 있습니다. 이 구분이 바로 현재 시제와 현재 진행형을 선택하는 기준이 됩니다. 하지만 현재 진행형을 사용하는 원리에 대해서는 뒤에 진행형의 개념을 살펴본 뒤에 이해하는 것이 효율적이므로 일단은 현재 시제에 초점을 맞추겠습니다.

'고정된' 일정이란 개인적으로 변경할 수 없는 일정이라고 이해할 수 있습니다. 기차나 비행기의 운행 일정표, 또는 영화, 연주회, 공식 행사의 진행 일정 등은 개인적으로 조정할 수 없기 때문입니다. 그와 같은 명백함을 근거로 이런 일정을 표현할 때에는 현재형으로 미래를 의미하는 것입니다.

7-4 My plane **lands** at Incheon International Airport at 10 o'clock in the morning.
> 내가 탄 비행기는 오전 10시에 인천 국제 공항에 착륙할 것이다.

7-5 The 7th Book Festival **opens** on Oct. 3 and **closes** on Oct. 13.
> 7회 도서 축제는 10월 3일부터 10월 13일까지 열릴 예정이다.

7-6 **The benefit concert starts at 8 o'clock.**

자선 음악회는 8시에 시작될 예정이다.

    7-4에서 제시된 상황을 단순히 미래의 사실이라는 넓은 관점에서 접근하지 말고, 그 동작의 의미를 좀 더 세밀하게 파악해볼까요. 그 비행기에 탑승할 것인지 아닐지는 개인적으로 변경할 수 있는 일정입니다. 하지만 자신이 탑승한 비행기가 미래의 일정한 시간에 착륙하는 일정은 개인적인 차원에서 변경 가능한 것이 아닙니다. 이렇게 고정된 일정을 나타내는 경우에는 will이 아니라, 현재 시제를 활용하는 것이 적절합니다.

    그런데 왜 굳이 현재 시제를 쓰라는 것일까요? 예외적인 경우라고 단정하기 전에 현재 시제에 담겨 있는 기본 개념을 정확하게 이해하는 것이 올바른 순서일 것 같습니다. 현재 시제가 미래에도 지속되는 동작이나 상태를 담아낸다는 원칙의 바탕에서 접근하자는 말입니다. 내가 탑승한 비행기가 오전 10시에 착륙할 것이라는 사실은 항공사의 비행 일정에 따른 것입니다. 그리고 그런 일정은 그 비행기가 착륙하는 미래 시점에만 적용되는 것이 아니라, 과거의 어느 시점부터 반복되는 상황이라 할 수 있습니다.

    이렇게 지속적인 상황을 표현하는 시제가 바로 현재 시제라고 규정했습니다. 바로 이 원칙을 감안한다면, 고정된 일정에 대한 이 규칙도 실제로는 예외적인 조항이 아니라, 현재 시제의 개념이 정확하게 적용된 결과물로 보아야 마땅한 것입니다. 즉 <u>미래 시제 대신 현재 시제를 쓰는 것이 아니라, 현재 시제로 담아내야 하는 상황인 것입니다</u>!

    또 고정된 일정이라면 미래의 특정한 시점에도 그 상황이 발생할 가능성은 거의 확실하다고 봐도 좋지 않을까요? 그리고 7-3에서 확인했듯이 그렇게

> 7-5 The 7th Book Festival opens on Oct. 3 and closes on Oct. 13.
> 7-6 The benefit concert starts at 8 o'clock.

확정적이고, 단정적인 상황이라는 점을 나타내는 시제도 역시 현재 시제였습니다.

7-5와 7-6에 나타난 내용도 역시 미래의 사실입니다. 도서 축제나 자선 음악회의 일정도 역시 정해진 미래 시점이 되면 발생할 것이 거의 확실한 상황을 전달하고 있습니다. 물론 미래의 일은 어떤 상황이 발생할지 모르지만, 적어도 개인적인 사유로 인해 변경될 가능성이 매우 낮은 일정으로 이해할 수 있습니다. 그래서 역시 opens, closes, starts와 같은 현재 시제로 표현하는 것이 적절합니다.

그리고 미래의 고정된 일정이 보여주는 확정적인 사실이라는 의미와 현재 시제가 갖는 단정적인 어감이 서로 어우러지는 관계도 명백하게 이해해두어야 합니다. 이런 이해가 중심을 잡아주면, 현재 진행형으로 일정을 나타내는 경우와 구별되는 변별점도 납득할 토대가 마련됩니다. 무엇보다 중요한 것은 현재 시제가 사용되었다면, 그것이 어떤 경우이건 간에 현재 시제의 원칙을 적용하려는 입장이 기본이 되어야 합니다.

시간 부사절의 미래는!

현재 시제를 통해서 미래 시점을 나타내는 방법으로 가장 많이 알려진 것이 아마 '시간이나 조건의 부사절에서는 미래 대신 현재를 쓴다'라는 조항일 것입니다. 각종 문법 시험에도 자주 출제되기 때문에 익숙함과 괴로움을 함께 느끼는 사람도 많을 것입니다. 그런데 왜 그렇게 해야 하는지에 대한 이유는 설명이 없고, 일단 암기하라고 강요당했던 대표적인 문법 조항이기도 합니다.

시험에 출제된다는 것은 그만큼 그 표현을 익혀둘 필요가 있다는 것이지, 무작정 외워야 한다는 것은 분명 아닐 것입니다.

　사용자의 동의를 구하는 것이 아니라, 따지지 말라는 일방적인 공부를 통해 과연 우리가 무엇을 얻을 수 있을지, 그렇게 해서 얻은 지식이 과연 자신과 사회를 위해 어떤 역할을 할 수 있을지 모르겠습니다. 소통이 아니라 일방통행을 위한 공부를 통해 괴물이 만들어지는 것은 아닌지 모르겠습니다.

　물론 언어를 비롯해 인간의 모든 행동이 합리적인 근거를 갖는 것은 아닙니다. 하지만 어떤 규정이 널리 통용되고 있다면 그에 합당한 설득력을 갖는다는 말이겠고, 그렇다면 그 근거가 무엇인지를 찾아보려는 노력은 일단 해야 하는 것이 아닐까 합니다.

　그리고 '시간이나 조건의 부사절에서는 미래 대신 현재로 표현'하는 경우에 '주절의 동사는 그대로 미래 시제를 쓴다'고 합니다. 이런 설명의 맥락에는 미래 사실을 표현할 때 현재 시제를 사용하는 시간 부사절은 특이한 경우고, 주절의 시제는 정상적이라는 느낌을 받게 됩니다. 그래서 부사절에만 초점을 맞추는 것이 아니라, 주절은 왜 will로 표현하는지, 그 이유에 대해서도 고민해야 총체적으로 이해할 수 있습니다.

8-1　**When** the news of the merger **comes out**, the stock price of the company ***will skyrocket*** .
　　　합병 소식이 전해지면, 그 회사의 주가는 급등할 것이다.

8-2　He ***will phone*** you **when** Felix **gets** an e-mail from Jane.
　　　펠릭스가 제인에게 이메일을 받으면, 너에게 전화할 거야.

> 8-1 When the news of the merger comes out, the stock price of the company will skyrocket.
> 8-2 He will phone you when Felix gets an e-mail from Jane.

8-1에서 comes라는 when절의 동사는 현재형이지만 실제로는 미래의 사실을 의미하고 있습니다. 이렇게 when과 같은 시간의 접속사로 연결되는 문장에서는 의미상 미래 사실을 나타내지만, will을 활용하지 않고 그냥 현재 시제로 표현하라고 규정하고 있습니다.

그런데 시제 일치의 규칙이 그토록 중요하다면 명백히 미래의 사실인데, 왜 현재 시제로 표현해야 하는 것인지 납득하기 어렵지 않을까요? 그렇게 원칙에서 벗어난 특이한 상황이라면 사용자들이 동의할 수 있도록 설명해야 마땅한 일입니다.

어떤 대상이 보편적인 유형에서 벗어난 경우에는 원칙의 외연을 확장하든가, 아니면 원칙이 적용되지 않는 예외적인 경우로 인정해야 할 것입니다. 그리고 그런 판단을 하기 위해서는 기준이 되는 원칙을 정확하게 이해하고 있는지 점검하는 것이 순서입니다. 따라서 이 문법 사항을 특수한 경우로 단정하기 전에 현재 시제의 기본 개념부터 다시 확인하는 것이 타당하다고 생각합니다.

미래의 상황이 어떻게 전개될 지는 누구도 정확하게 예측할 수는 없는 일입니다. 따라서 <u>미래에 대한 진술이란 본질적으로 미래의 그 시점에 그 일이 실제로 벌어질 가능성에 대한 판단이라고 할 수 있습니다.</u>

그러면 앞서 미래의 일정을 표현하는 경우를 통해 확인했던 현재 시제의 관점을 다시 살펴보겠습니다. 현재 시제란 진술하는 정보가 미래의 어떤 시점에도 여전히 유효할 것이라는 판단을 담고 있었습니다. 미래의 고정된 일정이란 앞으로 그 사실이 발생할 가능성을 거의 확실한 것으로 이해하고 있는 것이고, 이런 맥락에서 현재 시제로 표현하는 것이 타당했던 것입니다.

그러면 시간의 부사절에서 미래의 사실을 표현할 때 현재 시제를 활용하라는 이 규칙도 역시 현재 시제가 갖는 이런 개념에서 이해의 실마리를 찾을 수 있지 않을까요?

그래서 8-1의 경우에 합병에 관한 소식이 전해지는 시점은 미래인데, 현재형으로 표현한 것은 그 상황이 발생할 가능성이 확실하다는 판단을 드러내는 것으로 읽어낼 수 있습니다. 또 8-2의 부사절도 역시 제인이 펠릭스에게 이메일을 보낼 것이 분명하다는 전제가 바탕에 있는 것으로 이해할 수 있습니다.

반면에 역시 미래 사실을 나타내는 주절의 동사는 미래 시점을 나타내는 will을 사용해서 표현했습니다. 부사절에 현재 시제의 동사가 활용되는 것을 예외적인 경우가 아니라, 현재 시제의 원칙을 충실하게 적용한 것으로 받아들인다면 주절의 표현도 역시 will의 원칙에서 접근할 수 있을 것입니다. 즉 <u>미래 사실의 확실성에 기반하고 있는 현재 시제와 달리, will은 미래 사실의 예측에 바탕을 두고 있다는 점에서 단정적인 어감이 약해지게 됩니다.</u>

그래서 8-1의 주절에서 그 회사의 주가가 급등할 것이라는 정보는 단정적인 것이 아니라, 미래 사실에 대한 예측인 것입니다. 즉 그런 상황이 실제로 일어나지 않을 수도 있다는 여지가 담겨 있는 것입니다. 8-2에서도 주절에 will이 사용된 것은 같은 맥락으로 이해할 수 있습니다. 펠릭스가 반드시 전화할 것이라는 의미가 아니라, 그럴 가능성이 있다는 완화된 어감을 전달하는 것입니다.

그런데 현재 시제와 will이 보여주는 이런 차이점을 고려할 때, 생각할 점이 하나 있습니다. 경우에 따라서는 시간이나 조건의 부사절로 전달되는 미래의 사실이 확정적이지 않은 경우도 가능하지 않겠습니까? 시간 부사절을 현재 시제로 쓴다는 것은 전달된 상황이 발생할 것이라는 단정적인 판단인데, 불확실한 미래의 사실이라면 현재 시제로 표현하는 것은 어색하지 않을까요?

사실 많은 문법책들이 시간 부사절에서는 현재 시제를 '반드시' 사용해야 한다고 말하고 있습니다. 하지만 시간이나 조건의 부사절에 현재형이 아니라, will을 쓰는 것도 가능합니다.

8-3 **When** any incidents of this kind **happen** again,
  we *will be forced* to reconsider our theory.
  이런 일이 또 발생할 때는, 우리의 이론을 재고해야만 할 것이다.

8-4 **When** any incidents of this kind **will happen** again,
  we *will be forced* to reconsider our theory.
  이런 일이 또 발생한다면, 우리의 이론을 재고해야만 할 것이다.

8-5 **If** you **accept** my request,
  I *will take* a chance to participate in the audition.
  만일 제 청을 들어주면, 저는 오디션에 참가할 수 있을 것입니다.

8-6 **If** you **will accept** my request,
  I *will take* a chance to participate in the audition.
  만일 제 청을 들어주실 수 있다면, 저는 오디션에 참가할 수 있을 것입니다.

복잡하다는 느낌을 받을지도 모르겠습니다. 하지만 이런 혼란은 미래 시제를 '대신해서' 현재 시제를 쓴다고 규정한 것에서 비롯된 것입니다. 미래 시제 표현을 will의 용법으로 국한시키고, 현재 시제의 개념을 편협하게 받아들이도록 했던 문법 교재들이 이런 문제를 야기했던 것입니다. 현재 시제와 will을 왜곡된 모습으로 전달했기 때문에 이들의 활용 또한 올바른 모습을 파악할 수 없었던 것입니다.

현재 시제와 will을 그처럼 잘못 이해했기 때문에, 부사절에서 will이 아니라 현재를 쓰는 경우는 '미래를 대신하는 예외적인' 상황으로 받아들일 수밖에 없었던 것입니다. 그런데 '반드시' 지키라고 강조했던 이 조항도 부사절에 will이 등장하는 8-4와 같은 '예외적인' 문장을 접하면 난감하기 짝이 없게 됩니다.

8-3에서 happen이라는 현재 시제가 제시된 것은 그런 일이 다시 일어날 가능성이 분명하다는 판단을 암시하고 있습니다. 반면 will을 활용한 8-4는 그런 단정적인 어감이 약해지게 됩니다. 당연히 얘기를 듣는 입장에서는 8-4의 경우가 훨씬 마음의 부담이 덜해지겠죠.

마찬가지로 8-5에서는 상대가 자신의 요청을 들어줄 것이라고 확신을 갖고 말하는 맥락입니다. accept라는 현재 동사를 사용한 것은 그 상황이 미래에 반드시 발생한다는 점을 가정하는 것이니까 말입니다. 그래서 경우에 따라서는 상대의 입장을 배려하지 않는 일방적인 태도라는 느낌을 받을 수도 있습니다.

하지만 8-6처럼 will을 활용하는 경우에는 그런 단정적인 입장에서 벗어나게 됩니다. will은 현재 시제보다 불확실성이 가미되는 예측이기 때문에 상대가 받는 압박감은 줄어들게 됩니다. 이런 점에서 정중한 요청을 하거나, 공손한 어감을 주고자 할 때 if절에 will을 사용하기도 합니다.

결국 부사절과 주절의 미래 사실에 대한 이 표현들은 예외적인 용법이 아니라, 현재 시제와 will의 기본 개념이 적용된 지극히 원칙적인 현상으로 받아들이는 것이 타당합니다. 기준이 왜곡되었기 때문에 정상이 비정상으로 오인된 것이니까요.

이 논의를 조금 더 확장하겠습니다. 일단 when에 초점을 맞춰서 용법을 확인했지만, 시점을 나타내는 접속사는 다양합니다. 따라서 <u>when뿐만 아니라 after, as soon as, before, by the time, until처럼 시점을 나타내는 다른 접속사들도 이와 같은 기준이 적용됩니다.</u>

8-7 I ***will transmit*** the money **as soon as** I **come** back from the trip.
   내가 여행에서 돌아오는 대로 곧바로 돈을 보내줄게.

8-8 **When** the ship **comes** in, I'***ll buy*** a brand-new car for you.
   형편이 좋아지면 너에게 새 차를 한 대 뽑아줄 거야.

8-9 **Before** I **go** back on Sunday, I'***d like*** to visit the palace.
   일요일에 돌아가기 전에, 그 궁전을 방문하고 싶다.

8-10 **While** I **am traveling** in France next year, I ***will visit*** a lot of famous museums.
   내년에 프랑스를 여행하는 동안, 유명한 여러 미술관들을 가 볼 거야.

8-11 ***Wait*** there **until** I **contact** you.
   내가 연락할 때까지 거기에서 기다려.

8-10에서는 현재가 아니라, 현재 진행형이 쓰였는데, '~하는 동안'이라는 의미를 갖는 접속사 while의 영향을 받은 것으로 이해하면 됩니다. 또 주절의 동사는 대체로 will을 사용하지만, 때로는 주절에 will이 아니라, 8-11처럼 명령문이 제시되는 경우도 있습니다.

그리고 조건을 나타내는 부사절에서도 이렇게 will이 아니라, 현재 시제를 사용해 미래 사실을 전달하는 경우를 흔히 볼 수 있습니다.

8-12 **If** it **rains** tomorrow, we **will postpone** our monthly picnic.

　　　만일 내일 비가 온다면 월례 야유회를 연기할 것이다.

8-13 **If** you **have** any questions, **contact** our customer service center.

　　　궁금한 점이 있으면 고객 서비스 센터로 연락해주세요.

　　조건을 나타내는 부사절의 경우에도 8-13처럼 주절에 명령문이 제시되는 경우가 있습니다. 그리고 <u>as far as, if only, in case (that), provided (that), providing (that), so [as] long as, unless</u> 등과 같은 어구들이 조건의 맥락으로 문장을 연결하는 접속사로 쓰입니다. 하지만 '조건'이라는 공통 분모를 갖고 있다는 점에서 역시 동일한 기준이 적용됩니다.

8-14 **As far as** I **know**, the motor company **will release** its brand-new model next week.

　　　내가 아는 한, 그 자동차 회사에서는 다음 주에 신모델을 출시할 것이다.

8-15 **As long as** Mike **meets** the deadline for the report, he **will be** able to participate in the contest.

　　　보고서의 마감 시간을 맞추기만 하면, 마이크는 대회에 참가할 수 있을 것이다.

8-16 We **will refund** your money, **provided (that)** you **are** not delighted with your purchase.

　　　구입하신 물품에 만족하지 못하시면, 환불해드리겠습니다.

　　이제는 시간이나 조건의 부사절의 경우에 '미래 대신 현재를 쓴다' 혹은 '미래의 일이라도 현재 시제를 쓴다'는 설명에서 벗어날 때가 됐습니다. '미래 대신'이나 '미래의 일이라도'라는 표현에는 현재 시제를 쓰는 것이 그만큼 예외적이고, 보편적이지 않다는 전제가 깔려 있는 것이기 때문입니다.

하지만 미래의 사실을 표현하는 것도 현재 시제의 용법 가운데 하나이고, 미래 사실을 나타내는 방법이 will만 있는 것도 아닙니다.

현재 시제는 미래 사실에 대한 단정적인 판단으로, 그리고 will은 미래 상황에 대한 유보적인 예측으로 각각의 자리를 찾아주어야 합니다. 그럼으로써 불필요한 조항과 예외적 상황이라는 감옥에서 벗어나서 자유롭게 사고할 수 있을 것입니다.

미래 사실이 명사절을 만나다

앞에서 부사절을 대상으로 미래 사실을 표현할 때, 현재 시제와 will을 사용하는 기준을 설명했습니다. 그런데 종속절에는 부사절 외에도 명사절과 형용사절이 있습니다. 그렇다면 형용사절과 명사절에서 미래 사실을 전달하는 경우에도 부사절과 동일한 규칙이 적용될까요?

문법 교재에서는 일반적으로 시간이나 조건의 부사절에서는 반드시 will 대신 현재 시제를 쓰라고 규정하고 있다고 했습니다. 그런데 명사절이나 형용사절에서는 이와 반대로 반드시 will을 쓰라고 말하고 있습니다.

명사절이란 that이나 의문사와 같은 접속사로 연결되는 절이 문장에서 명사의 역할, 즉 주어나 목적어로 쓰이는 경우를 말합니다. 그래서 주어의 자리인 문장의 처음이나 목적어가 등장하는 자리인 동사나 전치사의 다음에 나타나게 됩니다.

9-1 I *hope* that the parcel **will come** in time.

<small>소포가 늦지 않게 도착하면 좋겠다.</small>

9-2 Nobody *knows* when J. D. Salinger **will publish** his new novel.

<small>J.D. 샐린저가 새 소설을 언제 출판할 지는 아무도 모른다.</small>

9-1에서는 hope라는 타동사의 뒤에 that으로 연결되는 절이 등장합니다. 이렇게 목적어로 쓰인 명사절이고, 소포가 도착한다는 미래 사실은 will로 표현하는 것이 타당하다는 규정입니다. 9-2에서는 when이라는 의문사절이 knows의 목적어로 연결되고 있습니다. 역시 명사절이라는 점에서 그 내용은 will publish로 표현되어야 마땅하다는 것입니다. 문법책을 보면 '주의' 혹은 '조심'이라는 무서운 제목을 달고 이렇게 명사절일 때는 반드시 will로 써야 한다고 압박하고 있습니다.

그런데 명사절과 형용사절에는 will을 써야만 하는 어떤 구조적인, 혹은 태생적인 이유라도 있는 것일까요? 물론 이 경우에도 납득할 수 있는 설명은 없고, 그저 지시만 있습니다. 부사절의 경우에 미래 시제 대신 현재 시제를 쓰는 것이 비정상적이고, 예외적인 경우니까, 반대로 명사절과 형용사절에서 will을 쓰는 것은 당연하고, 정상을 되찾은 것이라고 여기는 것일까요?

하지만 시간이나 조건의 부사절에서 미래 사실을 표현할 때, will이나 현재 시제가 모두 가능하고, 이것은 부사절이어서가 아니라 will과 현재 시제의 구분에 따른 선택일 뿐이라는 점을 이미 설명했습니다.

그렇다면 명사절과 형용사절에서도 이와 동일한 논리가 적용되어야 하지 않을까요? 시제를 결정하는 것은 진술되는 정보가 드러내는 시점과 가능성 등에 대한 판단이라는 점을 인정한다면, 문장의 구조가 시제의 형태를 결정한다고 보는 것은 무리가 있지 않을까요? 그래서 종속절의 종류가 미래 사실의 표현을 결정하는 명백한 요인이 되는 것이 아니라면, 부사절이냐 혹은 명사절이냐를 구분하는 것은 의미가 없는 일이 아닐까요?

그래서 명사절이나 형용사절에서도 미래 사실을 표현할 때 will로 대변되는 조동사뿐만 아니라, 현재 시제도 가능합니다.

9-3 Nobody *knows* when another earthquake **strikes** the coastal area.
9-4 Nobody *knows* when another earthquake **will strike** the coastal area.
또 다른 지진이 언제 그 해안 지역을 덮칠지 아무도 모른다.

9-3처럼 명사절의 동사에 현재 동사를 사용하면 그만큼 그 진술이 발생할 가능성이 실제적이고, 현실적이고, 단정적이라는 어감을 전달합니다. 그러니까 지진이 또 발생할 것은 분명한데, 그 시점을 모른다는 말이 되는 것이지요.

반면에 9-4처럼 will을 사용하게 되면 가능성에 대한 예측이라는 will의 의미가 부여되기 때문에 9-3보다는 단정적인 어감이 약화되게 됩니다. 그러니까 다음 지진이 발생할 가능성이 있기는 한데, 그것이 언제일지는 모른다는 정도의 의미가 되는 것입니다. 단정적인 진술을 함으로써 갖는 부담감을 상쇄시킬 수 있는 표현이 됩니다.

시험에는 주로 will을 쓰는 경우를 다루고, 그러다 보니 그런 유형의 문장으로 훈련할 수밖에 없다는 고충은 인정합니다. 하지만 정확하게 말해서 명사절이라고 해서 현재 시제를 쓰면 틀리는 것이 아닙니다. 현재 시제와 will을 선택하는 기준은 종속절의 종류가 아니라, 종속절의 내용이 주는 확실성에 대한 판단입니다. 결국 미래의 일정에서부터 이어진 현재 시제와 will의 변별점이 동일하게 적용되는 것입니다.

그리고 이런 관점은 형용사절의 경우에도 당연히 고스란히 적용됩니다. 형용사절이란 형용사라는 명칭 그대로 선행사인 명사를 설명하는 역할을 하는 종속절의 갈래로, 관계 대명사나 관계 부사절이 이에 해당됩니다.

9-5   You **will find** something **which will interest** you there.

9-6   You **will find** something **that interests** you there.
거기서 네가 관심을 가질 만한 것을 찾을 수 있을 거야.

9-7   I'**ll pay** for the books on the day **when** you **deliver** them.
배달해 주는 날 책 값을 지불하겠습니다.

9-5의 형용사절에 쓰인 동사는 will interest입니다. 반면에 9-6에서는 interests라는 현재 시제가 사용되었습니다. 이 둘의 차이는 어느 것이 맞고 틀리다는 것이 아니라, 서로 전달하는 의미가 다르다는 점에서 접근하세요. 즉 will을 사용한 9-5에서는 그곳에 가면 흥미를 가질 만한 대상이 있을 것이라는 예측이지만, 9-6에서는 현재 시제를 씀으로써 그럴 가능성이 분명하고, 확실하다는 어감을 전달하고 있는 것입니다.

진행 - 끝나지 않은 이야기

시제와 상

영어의 시제를 보통 12가지로 구분하는 경우가 많습니다. 우선 과거, 현재, 미래라는 세 가지 기본 시제를 바탕으로 해서, 진행형과 완료형, 그리고 완료 진행형이라는 세 가지 확장형이 시제마다 결합합니다. 그래서 과거 시점을 나타내는 시제 형태로는 과거, 과거 진행, 과거 완료, 그리고 과거 완료 진행이라는 네 가지가 가능하게 됩니다. 현재와 미래도 각각 이런 네 가지 형태가 존재해서 모두 12가지가 되는 것입니다.

그런데 영어에서 시제는 현재와 과거라는 두 가지라는 점을 앞서 살펴봤습니다. 물론 관점에 따라서는 미래까지 포함해서 세 가지라고 할 수도 있습니다. 하지만 12와 2의 차이는 그 숫자들의 간격만큼이나 깊은 인식적 단절을 느끼게 합니다.

시제의 개수에 대한 이런 견해 차이는 시제^{Tense}와 상^{Aspect}을 구별하는 관점에서 비롯된 것입니다. 시제는 어떤 동작이나 사건 또는 상태가 어느 시점에서 발생하는 지를 동사의 형태로 표현하는 것입니다. 반면에 <u>상은 동사로 표현되는 어떤 동작이나 사건 혹은 상태가 특정한 시간 영역 안에서 어떻게 의미가 확장되는 지를 설명하는 방식입니다.</u>

<u>영어에 등장하는 두 가지 상이 바로 진행상과 완료상입니다.</u> 아마 진행형과 완료형이라는 용어를 통해 공부했던 기억이 있을 겁니다. 진행상과 완료상은 사실 어떤 시점 혹은 기간에 동작이나 상태가 어떻게 진행되고, 변화하고,

유지되는 지를 설명하는 장치이지, 그 동작이 어느 시점에 일어나는 지를 밝히는 것이 목적이 아닙니다. 이런 점에서 현대 영문법에서는 이 두 가지를 상이라는 개념으로 규정해서 시제와 구별하고 있는 것입니다.

하지만 진행상과 완료상으로 대표되는 상이라는 이 개념이 동사가 나타내는 시점과 분리해서 존재할 수 있는 것은 아닙니다. 진행상과 완료상도 결국 동사의 시제가 나타내는 시점을 기준으로 해서 드러나는 것이기 때문에 시제와 별개의 개념으로 받아들일 필요는 없다고 생각합니다.

진행상과 완료상의 기본 개념을 이해하고, 과거, 현재, 미래에 각각 그 기본 구조를 적용하면 됩니다. 그래서 12가지나 되는 시제를 공부하는 기존의 학습보다는 쉽게 이해할 수 있을 것입니다.

사실 상이라는 이 용어가 그리 익숙하지 않을 수도 있을 것입니다. 하지만 기존의 존재를 다른 관점에서 나누었을 뿐, 그 본질이 달라지는 것은 아닙니다. 그래서 진행상, 완료상이라는 용어 대신 앞으로는 진행형, 완료형이라는 익숙한 용어로 표현하겠습니다.

진행형의 개념

진행형의 기본적인 형태는 be 동사와 '-ing'라는 동사의 현재 분사를 결합시킨 'be + -ing'입니다. 문법적인 형태란 일정한 의미를 전달하는 기호라는 점에서 진행형이라는 이 기호로 담아내고자 하는 의미가 무엇인지를 정확하게 이해할 필요가 있습니다.

<u>진행형이란 '과거나 현재 또는 미래의 특정한 시점에 진행 중인 동작'을 나타내는 도구입니다.</u> '진행 중인 동작'이라는 이 말에서 진행형이라는 형태가

기본적으로 담고 있는 의미들을 끌어낼 수 있습니다.

10-1 The patient infected with an unknown virus **is** dead.
　　　알려지지 않은 바이러스에 감염된 환자가 죽었다.

10-2 The patient infected with an unknown virus **is dying**.
　　　알려지지 않은 바이러스에 감염된 환자가 죽어가고 있다.

10-3 Bruce **played** the harpsichord at the concert.
　　　브루스는 음악회에서 하프시코드를 연주했다.

10-4 Bruce **was playing** the harpsichord at the concert.
　　　브루스는 음악회에서 하프시코드를 연주하고 있었다.

<u>진행형에 내재된 일차적인 의미는 바로 '미완성인 동작'이라는 것입니다.</u> '진행 중'이라는 말은 곧 그 행위가 아직 끝나지 않았다는 말과 사실 다를 바가 없는 것이니까 이해하기 어렵지는 않을 것입니다. 진행형이란 진술을 하는 그 시점의 전에 시작했던 행동이 아직 끝나지 않았으며, 진술을 한 뒤에도 일정 시점까지 지속될 것이라는 점을 암시하고 있는 것입니다. 이런 점에서 상황의 완료를 의미하는 과거나 현재와는 다른 의미를 전달합니다.

10-1의 현재 시제는 현재 시점에서 그 환자의 상태에 대한 사실을 전달하고 있습니다. 반면에 진행형인 10-2는 아직 '완료되지 않은 상황'을 나타내고 있습니다. 또 10-3의 played는 현재 시점에서 볼 때, <u>브루스가 하프시코드를 연주하는 동작이 과거 시점에 완료되었다는 사실을 전달합니다.</u> 반면에 10-4의 was playing은 이 사람이 목격한 과거의 특정 시점에 그 사람이 연주하고

있던, 즉 완료되지 않은 그 순간의 동작을 진술하는 것입니다.

'동작의 미완성'이라는 이 의미는 어찌 보면 굳이 설명할 필요도 없는 지극히 당연하고, 평이한 것으로 생각할 수 있습니다. 그런데 이 진행 중이라는 의미에서 미래 시점의 동작을 표현하는 용법으로 확장되는 근거가 마련된다는 점에서 다시 점검할 가치가 있습니다.

그리고 진행형에 담겨 있는 또 하나의 의미는 '일시적인 동작'입니다. 현재 시제는 현재 시점에 얽매이지 않는 지속적인 동작이나 상태를 의미합니다. 이에 비해, <u>진행형은 특정한 시점에만 진행중인, 즉 지속성이 결여된 일시적인 동작이라는 의미를 내포하는 차이를 갖습니다.</u>

이런 맥락에서 현재 진행형으로 동사를 표현하면 현재 시제가 갖고 있던 습관적 동작이라는 향기는 증발하게 됩니다. 진행형이란 어떤 행동이 반복되는 것이 아니라, 어느 특정한 순간에 일시적으로 이루어지는 행동이라는 것을 암시하기 때문입니다.

10-5 Kathleen **talks** gracefully.

    캐슬린은 말을 고상하게 한다.

10-6 Kathleen **is talking** gracefully.

    캐슬린은 말을 고상하게 하고 있다.

10-5처럼 현재 시제를 활용하면 캐슬린의 그런 행동은 '현재의 일반적인 사실'이라는 맥락이 형성됩니다. 즉 현재 시제의 용법에 대한 약속을 기반으로 해서 그런 사실이 현재 시점만이 아니라, 이 진술을 하기 전에도, 그리고 이후에도 지속되는 행위라는 의미를 공유하게 되는 것입니다.

하지만 진행형을 사용한 10-6의 문장은 형태적인 차이만큼 전달하는 의미도 다릅니다. 현재 진행형으로 전달하고자 하는 정보는 캐슬린의 그런 태도는 진술하는 현재 시점에만 적용된다는 것입니다. 곧 일상적이고 반복적인 행동이 아니라, 지금 이 순간에만 이루어지는 일시적인 행동이라는 것입니다. '지금 당장은 ~하고 있다'라는 우리말 표현을 생각하면 쉽게 이해할 수 있을 것입니다.

10-7 My sisters **reside** in Boston.
내 누이들은 보스턴에 거주하고 있다.

10-8 I **am residing** with Kane because I cannot find an affordable apartment.
감당할 수 있는 아파트를 구할 수가 없어서 나는 케인과 함께 지내고 있다.

그런데 이 '일시적 동작'이 적용되는 시점을 더 확장할 수 있습니다. '일시적'이라는 말이 고정된 시점을 의미할 수도 있지만, '기간'을 나타내는 시간 어구와 함께 쓰일 수도 있기 때문입니다.

10-7에서는 reside라는 현재 시제를 사용함으로써, 현재 거주하고 있는 보스턴이 일정한 거주지라는 점을 제시하고 있습니다. 반면 현재 진행형으로 표현한 10-8에서는 그와 같은 지속적인 의미는 없습니다. 즉 일시적인 거주지라는 것을 나타냅니다. 물론 그 일시적인 기간을 한정하는 시간 어구가 제시되지 않았기 때문에 그 장소에 거주하는 행위가 언제까지 지속될 것인지는 알 수 없습니다. 하지만 지금 당장의 일시적인 동작이 아니라, 진술하는 현재 시점을 포함해서 제한된 기간 동안 유지되는 상황을 전달하고 있습니다.

이런 맥락에서 미래까지 장기간 반복되는 동작을 나타내는 현재 시제와 달리 현재 진행형은 한정된 기간에 반복되고, 유지되는 일반적 동작을 의미하게 됩니다.

10-9   Sarah **works** for the computer company as a bus driver.
       사라는 그 컴퓨터 회사에서 버스 운전 기사로 근무하고 있다.

10-10 Sarah **is working** for the computer company as a bus driver.
       사라는 그 컴퓨터 회사에서 버스 운전 기사로 근무하고 있는 중이다.

10-9에서 버스 운전 기사는 그 기간을 단정할 수는 없겠지만, 이 사람의 고정된 직업이라는 의미가 담겨 있습니다. 하지만 10-10처럼 문장의 다른 정보들을 동일하게 하고, 동사만 현재 진행형으로 표현하면 그 직업은 일시적인 직업이라는 의미가 담기게 되는 것입니다.

진행형에 빈도 부사를?

원칙적으로 진행형에 빈도 부사를 사용하는 것은 자연스럽지 않다고 합니다. 빈도^{frequency}란 '같은 현상이나 동작이 반복되는 정도'라는 말입니다. 그리고 부사는 동사를 수식하는 품사입니다. 그러니까 우리가 무심코 받아들이는 빈도 부사라는 말은 '어떤 행위가 반복되는 정도를 나타내는 부사'라는 뜻이 되는 것입니다. 습관의 빈도, 즉 어떤 행동이 반복되는 주기를 나타내는 표현을 바로 빈도 부사라고 합니다.

이렇듯 빈도 부사의 수식을 받으면 그 동사는 반복적인 행위라는 의미가 된다는 점에, 습관의 의미를 담아내는 현재 시제와 함께 쓰는 것이 일반적입니다. 그런데 진행형으로 표현되는 동작은 일시적인 행동일 뿐, 반복적인 의미는 없습니다. 따라서 진행형과 빈도 부사는 서로 지향하는 지점이 다르기 때문에 함께 사용하는 것은 어색할 수밖에 없습니다.

  이 문법 조항도 역시 무작정 공식으로 암기할 대상이 아닙니다. 그보다는 빈도 부사와 진행형이 갖는 원칙적인 개념을 이해하면 충분히 납득할 수 있는 것이기 때문에 암기하려고 애쓸 필요가 없습니다.

11-1 Kevin *always* **leaves** the bedroom window open.

11-2 Kevin **is** *always* **leaving** the bedroom window open.

11-3 Kevin **was** *always* **leaving** the bedroom window open last week.
     지난 주에 케빈은 늘 침실 창문을 열어 두곤 했다.

  현재 시제에 빈도 부사를 결합한 11-1에서는 침실의 창문을 열어두는 행위가 어느 정도로 반복되는 지에 대한 추가적인 정보까지 제시하고 있습니다.

  그런데 분명 반복의 의미를 갖는 빈도 부사와 일시적 행위를 나타내는 진행형은 서로 어울리지 않는데, 11-2에서는 always라는 빈도 부사가 엄연히 쓰였습니다.

  이렇게 금방 확인했던 문법 조항과 어긋나는 경우를 마주하게 되면, 혼란스러워지는 것은 자연스러운 결과일 것입니다. 하지만 성급하게 예외로 규정하기보다는, 굳이 그런 원칙에 어긋나게 활용한다면 그럴 수밖에 없는 이유가 있을 수도 있는 것이 아닐까요? 즉 그렇게 함으로써 나타낼 수 있는 조금 다른 의미가 숨어 있는 것은 아닌지 확인해 볼 필요는 있습니다.

모든 빈도 부사가 진행형에 사용되는 것은 아닙니다. 빈도 부사와 진행형은 서로 융화되기 힘든 이질적 관계이기 때문입니다. 그래서 always, constantly, continually, forever, perpetually처럼 지속성과 유지의 의미가 강한 부사들, 즉 반복의 빈도가 상당히 높은 의미를 갖는 표현들이 진행형 문장에서 활용되는 빈도 부사들입니다.

<u>일시적인 행위를 의미한다는 점에서 진행형을 사용하면 현재 시제가 갖고 있던 단정적인 어감은 상당히 희석됩니다. 이런 어감의 진행형과 빈도의 강도가 높은 부사가 결합하면 역시 단정적인 어감이 약해지면서 말하는 사람의 감정적 측면을 담아냅니다.</u>

현재 시제와 always가 결합한 11-1은 '케빈은 침실 창문을 늘 열어 둔다'는 뜻으로 지속적인 사실만 전달할 뿐, 말하는 사람의 감정, 혹은 감정적 판단은 담겨 있지 않습니다. 하지만 현재 진행형과 always가 함께 쓰인 11-2는 말하는 사람의 감정 상태까지 엮어내고 있는 것입니다. 그리고 그 감정은 '짜증, 못마땅함, 혹은 불만'과 같은 부정적인 감정을 담고 있는 경우가 많습니다. 그러니까 11-2는 '케빈은 걸핏하면 침실 창문을 열어 둬서 짜증이 난다'는 의미가 되는 것입니다.

또한 과거 진행형에도 역시 습관의 의미는 없습니다. 진행형이 갖는 개념이 고스란히 과거 시점에 적용된 것일 뿐이니까 말입니다. 그래서 11-3처럼 과거 진행형에 always를 사용하면 역시 그 이질적인 결합을 통해 감정을 담아낼 수 있게 됩니다.

주의할 점은 이때 개입되는 감정이 항상 부정적인 것만은 아니라는 점입니다. 긍정적인 감정도 얼마든지 담길 수 있으니까, 문맥을 확인하는 것이 바람직합니다!

11-4   He **is *continually* picking** holes in my coat.
      그는 줄곧 나의 흠을 잡고 있다.

11-5   Revolutionists **are *constantly* dreaming** a better world.
      혁명가들은 끊임없이 더 나은 세상을 꿈꾸고 있다.

이 대목은 빈도 부사와 진행형의 타협이라고 생각합니다. 즉 습관의 의미가 없는 진행형에 빈도 부사가 결합함으로써 반복적인 행동이라는 어감을 줍니다. 반면에 빈도가 매우 높은 의미의 빈도 부사들이 진행형과 결합함으로써 그 부사들의 단정적인 어감이 약화되기 때문입니다.

상태 동사는 진행형을 쓸 수 없다!

앞서 보았듯이 진행형에는 습관의 의미가 없다는 점에서 원칙적으로 반복성을 나타내는 빈도 부사가 결합하는 것은 어색합니다. 그래서 굳이 감정을 담아내고자 하는 의도가 아니라면, 진행형에 빈도 부사를 연결해서 표현하는 것은 피해야 합니다.

그리고 진행형을 쓸 때 주의해야 하는 점이 또 하나 있는데, 이것도 역시 진행형이 갖는 기본 개념을 이해하면 충분히 납득할 수 있는 대목입니다. 다만 '상태'와 '동작'이라는 두 가지 범주의 의미를 먼저 파악하고, 접근하는 것이 올바른 순서일 것 같습니다.

영어의 동사를 크게 나누면 '동작 동사'와 '상태 동사'로 구분할 수 있습니다. 동작 동사로 분류되는 동사들은 그 행위자가 동작의 지속과 중단을 조절할 수 있고, 변화의 의미를 담고 있다는 일반적인 특성을 가집니다. 반면에 '상태 동사'는 변화가 없이 유지되는 상황을 전달하는 동사들입니다.

그런데 진행형이라는 표현 방식은 특정한 시점에 진행되고 있는 동작을 담아내는 틀입니다. 따라서 진행형이라는 그릇에 담기는 동사는 '동작 동사'가 되는 것이 마땅합니다.

그렇기에 그런 그릇에 동작이 아니라, 상태를 나타내는 동사를 대입한다면 진행형이라는 형태가 갖는 맛을 제대로 구현하기 힘들 수밖에 없습니다. 진행형이 기반하는 약속을 지키지 않은 것이니까 말입니다. 그래서 '상태를 나타내는 동사들은 원칙적으로 진행형을 쓰지 않는다'는 규칙이 합리적 사고의 결과로 생겨난 것입니다.

상태를 나타내는 동사, 그러니까 진행형으로 표현할 수 없는 동사들은 크게 나누면 세 가지가 있습니다. 첫째는 존재의 의미와 관련된 동사들, 조금 세분하면 '존재하다, 소유하다'와 같은 의미의 동사들이 있습니다. appear, be, belong to, consist, contain, depend, differ, equal, exist, have, lie, possess, resemble, seem 등이 이 범주에 속하는 '상태' 동사들입니다. 어떤 대상이 존재하거나, 어떤 대상을 소유하고 있는 것은 그런 상태가 지속되고 있음을 표현하는 것이지, 상태의 변화를 나타내는 의미는 아닌 것입니다. 경우에 따라서는 이 둘을 다시 '존재'와 '소유'로 나누기도 합니다.

상태 동사의 두 번째 부류는 자연스러운 사고 작용을 나타내는 동사들이 차지하고 있습니다. 바로 '생각하다, 알고 있다'의 부류의 동사들로 believe, care, forget, know, mean, mind, need, realize, recognize, remember, suppose, think, understand, want 등 인지 상태와 관련된 의미의 동사들입니다.

know라는 동사도 '어떤 대상에 대한 정보를 보유하고 있다'는 상태를 나타내는 것이지, 행위를 의미하는 것이 아닙니다. believe도 역시 어떤 대상을 믿는 동작, 즉 상태의 변화를 표현하는 것이 아닙니다. 오히려 그 대상에 대한 믿음을 유지하고 있는 상태를 나타낸다는 점에서 진행형으로 표현하기는 적절하지 않은 것입니다.

그리고 감각이나 감정에 관련된 동사들이 상태 동사의 세 번째 집단을 차지하고 있습니다. 바로 desire, envy, fear, feel, hate, hear, like, love, prefer, see, smell, taste와 같은 동사들입니다.

물론 이 중에는 쉽게 동의하기 힘든 동사들도 있을 것입니다. 그런 의문을 품게 하는 대표적인 동사들이 hear나 see와 같은 감각 동사들입니다. hear는 우리말로 하면 '~을 듣다'라는 뜻인데, 이런 의미의 단어로는 listen도 있습니다. 그런데 hear는 상태 동사의 목록에 있지만, listen은 없기 때문에 의아하다는 생각을 가질 수도 있습니다.

이 두 동사가 우리말로는 둘 다 '듣다'라는 비슷한 뜻으로 이해되지만, 영어에서 그 둘의 의미는 완전히 다르기 때문입니다. 사람은 의도하지 않아도 자연스럽게 주변에서 발생하는 여러 가지 소리를 듣게 됩니다. hear는 이렇듯 태어나면서 갖고 있는 청력으로 소리가 감각 기관에 포착되는 상태를 의미합니다. 우리의 의지대로 어떻게 할 수 있는 것이 아닌 그냥 자연스럽고 무의지적인 감각인 것입니다. 그래서 원하지 않는 소리를 듣고 싶지 않을 때는 귀를 막고 감각을 차단하려고 시도하는 것이죠. 듣지 않겠다는 내 의지만으로 변화를 줄 수는 없는 상황이니까요. 그래서 hear의 대상이 되는 것은 특정하지 않은 소리 정보들입니다.

반면에 어떤 특정한 소리에 귀를 기울이는 상황은 어떤 차이가 있을까요? 청각 기관에 수집되는 서로 다른 여러 가지 소리들 가운데, 특정한 소리에 신경을 집중하는 것은 의식적인 행동이 됩니다. 이렇게 의도적인 행위를 바로 listen이라고 합니다.

결국 <u>hear는 선천적인 감각을 나타내는 상태 동사이지만, listen은 개인의 의지가 개입되는 동작 동사인 것입니다. 그런 이유에서 hear는 진행형으로 쓸 수 없지만, listen은 진행형 표현이 가능해지는 것입니다.</u>

이와 같은 맥락에서 눈을 뜨고 있으면 주변에 있는 사물의 모습들이 내 의도와는 상관없이 시야에 들어옵니다. 그렇게 자신의 의지가 개입되지 않은 시각적 인지 상태를 바로 see라고 합니다. 하지만 의식적으로 초점을 맞춰 어떤 대상을 쳐다본다면, 의지가 개입되는 동작이 되는 것이고, 이런 상황을 나타내는 표현들이 바로 watch, look at, gaze, stare와 같은 동사들입니다. 물론 이 단어들은 동작을 나타내는 것이니까 진행형으로 표현하는 것이 가능해집니다.

상태 동사도 진행형을 쓸 수 있다?

앞서 상태 동사는 원칙적으로 진행형으로 표현하기에는 적절하지 않다는 점을 설명했습니다. 그런데 이번에도 애써 형성했던 이해의 틀을 흔들어버리는 현상과 마주하는 경우가 있습니다.

12-1   Eric **is** polite.

12-2   Eric **is being** polite.

　12-2의 예문에서 뭔가 이상한 점을 찾았습니까? 분명히 be동사는 상태를 나타내는 동사이기 때문에 진행형을 쓸 수 없습니다. 하지만 이 문장에는 버젓이 'is being'이라는 진행형이 등장합니다. 원칙에 어긋나는 이런 경우를 어떻게 이해하면 좋을까요?

　이 난감한 상황을 문법책에는 간단하게 설명합니다. '상태를 나타내는 동사들도 진행형을 쓰는 예외적인 경우가 있다'고 말입니다. 하지만 왜 그런 현상이 발생하는지 그 이유에 대한 설명은 역시 없습니다.

　결국 언어를 통한 소통이란 상대의 진술을 객관적으로 이해하고, 자신의 의사를 정확하게 전달하는 과정입니다. 그런데 원칙에서 벗어난 예외적인 경우라면 일반적인 해석과는 다르다는 말인데, 그럼 어떻게 이해해야 하는 것일까요? 또 자신이 직접 활용하기 위해서는 원칙과 예외의 경계가 명확하게 설정되어야만 합니다. 그렇지 않으면 표현하고자 할 때, 선택의 갈등을 겪을 수밖에 없습니다.

　하지만 많은 문법 교재들이 이런 부분에 대해서는 적극적인 언급이 없는 것이 현실입니다. 사용자의 입장을 배려하지 않은 채, 규정을 일방적으로 소개하고, 수많은 예외 조항을 만드는 문법 교재들이 오히려 영어를 올바르게 이해하기 힘들게 하는 것은 아닌지 모르겠습니다.

　어렵게 이해했던 내용들을 송두리째 흔들어버리고는 그저 '예외적'이라는 말 한 마디로 넘어가 버리는 그 편리함은 누구를 위한 것일까요? '영어는 예외적인 경우가 너무 많아서 힘들다'는 생각을 하게 만드는 이유는 무엇일까요?

'상태 동사지만 진행형을 쓴다'고 설명하는 경우도 있는데, '~지만'이라는 말에 담긴 의미는 예외적인 경우라는 관점인 것은 여전합니다. 과연 그것을 예외로 단정하고, 그냥 혼돈의 영역에 머물게 해야만 하는 것일까요?

변칙과 예외는 원칙을 기준으로 설정된 개념이기 때문에 그것들을 제대로 판단하기 위해서는 오히려 원칙을 명확하게 이해해야 합니다. 원칙이 없다면 변칙 또한 존재할 수 없는 것이니까 말입니다. 그래서 다양한 변수들을 원칙의 틀 안으로 끌어 들여 동일한 기준을 적용할 때, 각각의 경우들을 올바르게 자리매김해야 합니다. 그 과정에서 원칙의 가치를 다시 확인하는 순환의 원심력을 형성하는 것도 가능해집니다.

상태 동사는 진행형으로 표현할 수 없는 것이 명백한 원칙입니다. 그렇다면 8-2와 같은 경우를 예외적인 경우로 분류할 것이 아니라, 발상을 전환해서 그 원칙에 맞춰서 이해하려고 시도하는 것은 어떨까요? 만일 이 동사들이 '상태'의 영향권에 있는 것이 아니라면, 진행형으로 표현하는 것도 가능해지는 것이 아닐까요? 혹시 '상태'의 맥락이 아니라, 진행형을 쓸 수 있는 '동작'의 의미로 읽어달라는 의도로 받아들일 수는 없을까요? '상태'의 의미라면 진행형으로 표현하지 않았을 테니까 말입니다.

12-1의 현재 시제는 물론 에릭이 평소에 공손하다는 정보를 전달하고 있습니다. 반면에 12-2에서는 진행형으로 표현함으로써 be 동사는 '상태'가 아니라, '동작'의 의미로 활용했다는 것을 명백하게 드러낸 것입니다. 그래서 이 경우에 be 동사는 '~이다'라는 주어의 상태가 아니라, '행동하다, 처신하다'라는 주어의 '행위'를 의미합니다. 그래서 유사한 의미인 behave로 표현하면, 'Eric is behaving politely.'라는 말이 되는 것입니다.

12-3 **I am thinking** of giving up my business.

  사업을 포기할까 지금 생각 중이야.

12-4 **I am seeing** the general manager tomorrow morning.

  나는 내일 아침에 총괄 지배인을 만날 거야.

  사고 작용과 관련된 동작들도 역시 상태 동사에 속합니다. 따라서 '~을 생각하다'라는 의미인 think는 진행형으로 표현하지 않는 것이 원칙입니다. 하지만 12-3처럼 진행형으로 표현되는 것도 가능합니다. 이런 형태를 취했다는 것은 그 단어의 의미가 더 이상은 상태의 맥락이 아니라, '진행형을 쓸 수 있는 동작의 의미로 쓰인 것'이라는 관점에서 받아들여달라는 의사 표시인 것입니다. 그래서 이 문장의 think는 consider처럼 '어떤 특정한 일을 고려하다'라는 '동작'의 의미입니다.

  그래서 12-4의 see도 역시 진행형이라는 형태의 의미에 초점을 맞춰보세요. see가 시각이라는 감각적 상태의 의미로 쓰였다면 당연히 진행형을 쓰지 않았을 것입니다. 그 원칙을 인정한다면, 그와 다른 방식의 표현은 이상하거나 예외적인 것이 아니라, 형태의 차이만큼이나 다른 의미로 활용했다는 표시인 것입니다. 즉 see가 동작의 의미로 쓰였다는 말이고, '~을 만나다'라는 의미인 것입니다. meet처럼 동작 동사로 쓰인 것이기 때문에 진행형이 가능한 것입니다.

12-5 This soup **smells** good.

  이 수프는 냄새가 좋다.

12-6 The chef **is smelling** the soup.

  요리사가 수프의 냄새를 맡고 있다.

이런 기준을 적용하면 smell의 의미도 동사의 형태에 맞춰서 이해할 수 있을 겁니다. 12-5처럼 smell이 자동사로 쓰일 때는 자기 의지와는 상관없이 후각 기관을 통해 냄새를 느끼는 상태를 나타냅니다. 당연히 진행형으로 표현할 수는 없습니다. 하지만 smell을 타동사로 활용하면, 어떤 대상의 냄새를 맡는 의식적인 동작을 나타내게 됩니다. 그래서 12-6처럼 진행형으로 표현할 수 있는 자격을 갖추게 되는 것입니다.

어떤 동사가 담아내는 의미는 여러 가지일 수 있습니다. 그러다 보니 동사에 따라서는 '동작'의 의미로도, 또 '상태'의 의미로도 모두 쓰일 수 있는 경우도 있습니다. 그렇다면 가능성을 열어두고 문맥을 고려해서 이해하고, 또 그 의미의 차이를 담아내는 적절한 동사 형태라는 약속 체계도 염두에 두어야 하지 않겠습니까? 그런데 어느 한 쪽의 의미로 단정하게 만들었기 때문에 유연해질 수 없었던 것입니다.

어떤 면에서는 영어가 복잡한 것도 아니고, 우리가 언어적 재능이 부족한 것도 아니라, 경직된 판단을 내리도록 유인한 쪽에게 책임을 물어야 하지 않을까요? 결국 '상태 동사지만 진행형으로 쓰기도 한다'는 규정은 예외적인 경우를 설명한 것이 아닙니다!

현재 진행형으로 미래를

현재 시제는 현재의 상황이 미래에도 역시 지속될 것이라는 판단에서 미래 사실을 암시하는데, 이때는 미래 시점을 나타내는 시간 어구가 동반되지 않습니다. 그런 정보가 결여되는 것은 그 상황이 종료될 미래 시점이 언제인지는 표현하고자 하는 핵심 정보가 아니라는 맥락을 제시하기 때문입니다. 어차피 미래에도 그 상황이 유지될 것이 확실하다고 판단하는 것이니까요. 바로 이런 관점에서 현재 시제는 상당히 단정적인 어감을 주는 진술이 되는 것입니다.

반면에 진행형은 기본적으로 '미완성의 동작'이라는 의미를 나타내는데, 이는 곧 진술을 한 이후에도 일정 기간 동안은 그 동작이 여전히 지속될 것이라는 의미를 바탕에 깔고 있는 것입니다. 하지만 현재 진행형은 그 동작이 지속되는 미래의 한계 시점을 설정하지는 않는다 하더라도, 한정된 기간에만 유지되는 동작이라는 인식을 전제하고 있습니다. 이렇게 상황이 변동할 가능성을 상정하는 만큼, 현재 진행형은 현재 시제보다 단정적인 어감이 약화된 정보를 전달하게 됩니다. 그래서 구어체에서는 부드러운 어감을 주고자 할 때 진행형을 쓰기도 합니다.

현재와 현재 진행형이 갖는 이런 어감의 차이는 미래의 일정을 나타내는 경우에도 고스란히 적용됩니다. 미래의 일정이 고정된^{fixed} 경우에는 현재 시제로 표현한다는 사실은 이미 확인했습니다. 그 일정이 고정되었다면 미래 시점에 그 일이 발생할 가능성은 거의 확실하겠죠. 바로 그런 확실성과 현재 시제가 갖는 단정적 진술이 어우러질 수 있는 접점이 생기는 것입니다.

반면에 개인적인 일정은 고정된 일정보다는 변수가 개입할 가능성이 높다는 점에서 미래에 그 일정이 이루어지지 않을 불확실성도 그만큼 커지게 됩니다. 이런 점에서 현재 진행형과 개인적인 일정은 각각 단정적인 어감이 약하다는 공약수를 갖게 됩니다. 그래서 고정된 미래의 일정을 나타낼 때 현재 시제를 활용하는 것과 달리, 현재 진행형은 고정되지 않은 일정을 나타내게 됩니다.

13-1 We **are throwing** a party *next Friday*.

　　　우리는 다음 금요일에 파티를 열 예정이다.

　　13-1에서 우리가 다음 금요일에 파티를 여는 것은 개인적인, 즉 고정되지 않은 일정입니다. 일정의 변경이 불가능하거나, 가능성이 매우 낮은 유형이라고 볼 수는 없습니다. 이렇게 변화의 가능성이 있는 미래의 일정은 현재 진행형으로 표현하는 것이 적절합니다.

　　그런데 13-1에서 미래 시점을 나타내는 next Friday가 있다는 점을 놓치지 말아야 합니다. 만일 이 시간 정보가 없다면 어떤 의미가 될까요? 파티를 여는 것은 어느 시점의 상황으로 이해해야 마땅할까요? 미래임을 확실하게 밝혀주는 이런 객관적인 장치가 없다면 현재 진행형으로 담아내는 정보는 당연히 현재 시점에 진행 중인 행위로 이해할 수밖에 없습니다.

　　그래서 현재 진행형으로 미래의 일정을 나타내고자 한다면, 객관적이고 명확하게 소통할 수 있는 객관적인 근거가 필요합니다. <u>현재 진행형이 현재의 동작이 아니라, 미래 사실을 대상으로 한다는 점을 명확하게 표시해주는 미래 시간 어구를 제시하는 것이 바로 그 전제 조건입니다.</u> 이런 안전 장치를 통해 의도가 왜곡될 가능성을 차단하는 것입니다.

13-2 What **are** you **doing** *tomorrow evening*?

　　　내일 저녁에 뭐할 거니?

13-3 I**'m** not **working** *tomorrow*, so what about going out for lunch?

　　　내일 출근하지 않으니까, 점심은 외식을 하는 게 어때?

13-4 We **are discussing** the project *later*.

　　　그 프로젝트는 나중에 토의할 것이다.

> 13-2 What are you doing tomorrow evening?
> 13-3 I'm not working tomorrow, so what about going out for lunch?
> 13-4 We are discussing the project later.

13-2의 예문에서는 진행형을 사용함으로써 단정적이고 딱딱한 어감을 약화시키고 있습니다. 그리고 tomorrow evening이라는 미래 시점의 어구를 배치해서 질문의 대상이 미래의 일정이라는 점을 분명하게 밝히고 있습니다. 13-3에서도 현재 시제가 아니라 현재 진행형을 등장시킴으로써 그 일정이 확정된 것이 아니라, 변동될 수도 있다는 점을 전제하고 있습니다.

그리고 개인적인 일정에 대해 진행형이 갖는 이런 의미 관계가 현재 시점에만 적용되는 것은 아닙니다. 현재 시점에서 판단한 미래의 사실이라는 개념과 같은 관점이 과거 시점에서도 성립하기 때문입니다. 즉 과거 시점에서 진술이 이루어진 뒤에 발생할 일을 서술할 수 있는 것입니다. 이렇게 '과거 시점에서 본 미래 사실'이 개인적인 일정을 나타내는 경우에는 역시 과거 진행형으로 표현합니다.

13-5 **I was meeting** Bill Foster in New York *the next day*.
나는 뉴욕에서 빌 포스터를 그다음날 만나기로 했었다.

13-5처럼 과거 진행형으로 '과거 시점에서 본 미래'를 표현하고자 할 때, 주의해야 할 점이 있습니다. 앞서 현재 진행형으로 미래의 사실을 전달할 때와 마찬가지로 역시 미래 시점에 대한 서술이라는 점을 분명하게 보여주는 미래 시간 어구도 제시해야 한다는 것입니다. 13-5에서 미래 시점이라는 점을 보여주는 the next day라는 객관적인 장치가 없다면 그야말로 과거의 특정 시점에 진행 중인 동작으로 이해할 수밖에 없기 때문입니다.

그리고 과거 진행형이 이처럼 미래의 예정을 표현할 때, 예정했던 그 일이 실제로는 이루어지지 않았다는 의미를 암시하는 경우도 종종 있으므로 문맥을 고려해서 판단하도록 해야 합니다.

그리고 현재 진행형으로 미래를 표현할 때 자주 언급되는 것이 이른바 '왕래발착^{往來發着} 동사'입니다. '오고, 가고, 도착하고, 출발하다'라는 의미를 갖는 arrive, come, drive, go, leave, move, start, stop과 같은 동사들이 이 집단으로 분류되는 동사들입니다.

'왕래발착 동사는 현재나 현재 진행형으로 가까운 미래를 나타낸다'고 소개하는 문법책들이 많습니다. 그런데 이런 문법 사항을 별도로 암기하려고 애쓸 필요는 없을 것 같습니다. '왕래발착'이라는 용어도 다소 억지스럽지만, 새로운 내용이 없기 때문이기도 합니다.

즉 이 부류에 있는 동사들은 기본적으로 '이동'이라는 개념을 공유하고 있습니다. 그래서 일정을 나타내는 표현들에서 가장 일반적으로 등장하는 동사들이기도 합니다. 그렇다면 미래의 일정을 표현하는 경우에 현재 시제와 현재 진행형이 드러내는 차이라는 관점에서 접근하면 충분하기 때문입니다. 물론 미래 시점을 확인할 수 있는 시간 어구와 함께 사용해야만 자신의 의사를 정확하게 전달할 수 있습니다.

13-6 Demian **leaves for Barcelona** tonight.
    데미안은 오늘 밤에 바르셀로나로 떠날 예정이다.

13-7 Demian **is leaving for Barcelona** tonight.
    데미안은 오늘 밤에 바르셀로나로 떠날 것이다.

> 13-6 Demian leaves for Barcelona tonight.
> 13-7 Demian is leaving for Barcelona tonight.

동일한 정보를 13-6은 현재 시제로, 그리고 13-7에서는 현재 진행형으로 각각 표현했습니다. tonight이라는 시간 어구를 통해 이 두 문장에서 전달하고자 하는 사실이 미래 시점에 해당한다는 점은 명백합니다.

다만 13-6에서는 현재 시제가 내포하는 기본 개념, 즉 절대성, 확실성의 어감을 전해줍니다. 따라서 오늘 밤에 떠나는 일정은 변동이 있을 가능성이 매우 낮다고 추론할 수 있는 것입니다.

반면에 13-7에서는 <u>현재 진행형을 썼으므로, 그 일정이 개인적인 차원에서 이루어지는, 다른 말로 하자면 자신의 의지로 조정할 수 있는 일이라는 의미가 됩니다</u>. 그렇게 변동의 여지가 있다는 점에서 단정적인 어감이 완화된 느낌을 주는 것입니다.

be going to와 will의 차이

현재 진행형이 현재의 상황을 전달하는 것에서 그치지 않고, 미래의 사실을 보여주는 유형의 대표적인 표현이 바로 be going to입니다. 하지만 'be going to는 가까운 미래를 나타낸다'는 말로 간단하게 처리하는 경우가 많아, 활용하는 입장에서는 will과 별다른 차이를 느끼지 못해 혼란스럽기도 합니다.

게다가 많은 문법교재들이 미래 시제는 will로 나타낸다는 고정 관념을 심어주었기 때문에, will을 활용하는 것이 기본이라고 생각하기 쉽습니다. 그렇게 되면 be going to는 그만큼 생소하고, 예외적인 표현으로 자리매김되기 때문에 실제로 빈번하게 사용되는 환경을 접하면 당혹감을 느끼기도 쉬워집니다.

두 가지 표현이 모두 미래를 나타낸다는 점까지만 언급을 하기 때문에 혼선이 발생하는 것은 아닐까요? 어떤 두 개의 대상이 혼동되는 경우에, 문제는 둘이 서로 유사한 부분에서 발생하기 마련입니다. 따라서 be going to와 will이 구별되는 지점을 정확하게 파악하면 그런 혼선은 해결할 수 있을 것입니다. 이때 가장 주목해야 할 요소는 바로 '행동의 의도성'이라는 관점입니다.

be going to라는 표현을 이해하기 위해서는 일단 진행형의 모습을 하고 있다는 형태상 특징에 주목해야 합니다. 진행형이란 지금 현재 진행 중인 동작이고, 미래 시점에도 그 동작이 여전히 진행될 것이라는 점을 바탕에 두고 있습니다. 그리고 그 행위는 물론 그 진술을 하기 전에도 이미 하고 있던 동작인 것이고요. 그래서 be going to는 말을 하기 이전 시점에 이미 예정되었거나 결정된 행위라는 의미를 나타냅니다.

반면에 기본적으로 '현재에서 본 미래'라는 의미를 담고 있는 will은 미래에 대한 예측을 나타냅니다. 그래서 will은 be going to가 보이는 것과 같은 의도성의 의미를 담고 있지 않습니다. 따라서 will은 진술을 하는 그 시점에 결정한, 그래서 앞으로 일어날 행동을 나타내는 것입니다.

14-1 **I will transmit** a copy of the contract to Oliver by fax.
14-2 **I am going to transmit** a copy of the contract to Oliver by fax.

14-1과 14-2에서 올리버에게 팩스로 계약서 사본을 전송하는 행동이 이루어지는 시점은 모두 미래입니다. will을 활용한 14-1에서는 이 말을 한 시점

시제 213

> 14-1 I will transmit a copy of the contract to Oliver by fax.
> 14-2 I am going to transmit a copy of the contract to Oliver by fax.

에 그런 결정을 했다는 의미인 반면, be going to로 표현한 14-2에서는 진술이 있기 이전에 이미 그런 행동을 하겠다는 의도를 갖고 있었다는 의미를 전달하고 있습니다. 그러니까 앞으로 일어날 상황은 동일하지만, 그런 행동을 하기로 결정한 시점이 서로 다른 것입니다.

> 14-3 I **will watch** the feature program on Led Zeppelin, the legendary rock group, on Channel 4 tonight.
> 14-4 I **am going to watch** the feature program on Led Zeppelin, the legendary rock group, on Channel 4 tonight.

14-3과 14-4도 역시 동일한 관점에서 이해할 수 있습니다. 레드 제플린 특집 프로그램을 시청하는 일이 미래 시점에 있을 행동이라는 점은 두 개의 예문에 공통된 정보입니다. 다만 14-3은 will을 활용함으로써 이 말을 하는 시점 이전에는 그런 생각을 갖고 있지 않았다는 의미를 읽어낼 수 있습니다.

반면에 be going to를 사용한 14-4는 바로 이런 생각을 품은 시점에 대해 다른 정보를 제공합니다. 이런 진술을 하기 이전에 이미 그런 결정을 했다는 점을 암시하고 있기 때문입니다.

때로는 be going to가 will보다 강한 의지를 나타낸다고 설명하는 경우도 있습니다. 그런 설명도 이런 맥락에서 이해할 수 있습니다. 즉 be going to는 will보다 행동을 결정한 시점이 앞선다는 점에서 그런 행동을 실행할 가능성이 더 높다고 볼 수도 있습니다. 그래서 be going to가 will보다 의도의 강도가 더 강하다는 느낌을 줄 수도 있는 것입니다.

14-5 Someone is at the door. I **will answer** the door.

    현관에 누가 왔네. 내가 나가볼게.

14-6 Stanley **is going to organize** the farewell party.

    스탠리가 송별 파티를 준비하려고 마음먹고 있다.

14-7 Ian **is going to repair** the bicycle tomorrow.

    이안은 내일 자전거를 고칠 생각이다.

의도의 시점이라는 관점에서 볼 때, 14-5에서 be going to가 아니라, will을 사용한 이유는 명백하게 이해할 수 있습니다. 문을 열어주겠다는 생각은 누군가 찾아온 것을 알고 나서야 하는 것이 당연하지 않을까요? 이성적인 판단의 영역을 넘어서는 예지력이 있지 않고서야 이런 행동을 미리부터 결정하고 있을 수는 없으니까요. 그래서 이 상황에서는 be going to가 어울리지 않는 것입니다.

반면 14-6과 14-7에서는 말하는 사람의 예정된 의도를 드러내고 있습니다. 그 진술이 있기 전에 그런 행동을 하기로 의도하고 있었다는 점을 be going to를 사용해서 분명하게 표시하고 있기 때문입니다. 물론 이렇게 의도된 행동을 하는 경우라면 주어는 반드시 행동의 주체가 될 수 있는 사람 명사가 되어야 하고, 동작 동사가 제시되어야 한다는 점도 충분히 납득할 수 있는 조건입니다.

그런데 '미래의 예측'을 나타내는 경우에는 be going to의 주어가 사람이 아닐 수도 있습니다. 그리고 이렇게 '미래의 예측'을 나타낼 때는 will과 큰 차이가 없다고 설명하는 경우도 있는데, 그렇지는 않습니다.

14-8 According to the weather forecast, it **will be** warm tomorrow.
14-9 It **is going to be** warm tomorrow.

　14-8과 14-9를 모두 '내일은 포근할 것이다'고 해석하고 표면적으로는 의미 차이가 없다고 생각할 수 있습니다. 하지만 미래 상황에 대한 예측을 나타내는 경우에도 will과 be going to는 지향점이 다릅니다.

　14-8의 will은 현재 상황과 상관없이 예측되는 미래 상황을 나타내고 있습니다. 즉 현재의 날씨가 그런 예측을 하기에는 적절하지 않은 경우일 수도 있는 것입니다.

　반면에 14-9의 be going to do는 현재의 상황을 근거로 해서 미래의 상황을 예측하고 있는 것입니다. 사전에 의도된 동작을 표현하던 be going to의 개념이 그대로 적용되기 때문입니다. 즉 그런 예측을 할 만한 판단의 근거가 현재 상황에도 있는 것이죠.

　현재 시제로 표현한 정보는 진술한 이후에도 그 상황이 지속될 것이라는 점을 담고 있습니다. 반면에 현재 진행형은 그 행동의 일시적 지속에 초점을 맞추고 있습니다. 즉 지금은 진행되고 있지만, 일정 기간이 지나면 그 동작이 끝날 것이라는 점을 전제하고 있는 것입니다.

　이런 맥락에서 보면 'I am going to the convention center.^{나는 컨벤션 센터로 가고 있다}'라는 문장은 어느 정도의 시간이 지나면 '가고 있는' 그 동작이 종결될 것이라는 점을 암시합니다. 이때 to라는 전치사는 '~로'라는 '이동의 방향'만을 의미하는 것이 아니라, '도착, 결과'의 의미도 내포하고 있습니다. 즉 진행 중인 동작의 다음 상황을 나타내는 것입니다.

　to 부정사에 사용되는 to는 본래 전치사로 쓰이던 그 시절의 의미에 뿌리를 두고 있습니다. 그래서 be going to는 진행 중인 상황이 지속되어 앞으로 그 행동이 실행될 것이라는 의미를 담고 있는 것이고, 그런 맥락에서 미래의 상황을 예측할 분명한 근거가 현재 존재한다는 맥락이 생성되는 것입니다.

14-10 Look at those black clouds. It's **going to rain**.
먹구름 좀 봐. 비가 오겠어.

14-11 The plastic bag **is going to break**.
비닐 봉지가 터질 것 같아.

흔히 be going to는 '가까운 미래'를 나타낸다고 규정하기도 하지만, 이것은 특정한 시간 어구가 없는 경우에 적용되는 말입니다. 구체적인 시간 어구를 동반하는 경우에는 be going to do가 '먼 미래'의 사실을 나타내는 것도 가능합니다. '가까운 미래'라는 말이 상당히 주관적인 판단이기는 하지만, be going to가 태생적으로 진행형의 모습을 갖고 있다는 점에서 이해할 수 있는 대목입니다.

앞에서 과거 진행형이 미래의 예정을 나타낼 때는 실제로 실행되지 못한 의도를 암시하는 경우가 있다고 설명했습니다. was/were going to라는 과거 시제도 이와 마찬가지로 과거에 의도했지만, 실제로 그 행동을 하지는 못했다는 의미를 나타내기도 합니다.

14-12 Last summer I **was going to travel** Naples but Timothy persuaded me to go to Machu Picchu with him.
나는 지난 여름에 나폴리를 여행하려고 했다. 그런데 함께 마추픽추에 가자는 티모시의 설득에 넘어가고 말았다.

14-13 It **was going to rain** but then the sky cleared up.
비가 올 것 같았는데, 그러다 하늘이 개였다.

'가까운 미래'를 나타내는 be going to와 유사한 표현으로 be about to가 있습니다. be about to는 일반적으로 미래를 나타내는 시간 어구를 동반하지 않고 쓰입니다. be about to do는 그 상황이 곧 발생할 것이라는 의미를 나타내는 경우가 많기 때문입니다. 때로는 be just about to의 형태로 더 강한 어감을 주기도 합니다.

14-14 The plane **is about to take** off.
비행기가 이제 금방 이륙할 거야.

14-15 The conference **is just about to start**.
회의가 곧 시작되겠습니다.

14-16 I **was about to leave** for the day when you phoned.
네가 전화했을 때 막 퇴근하려던 참이었어.

14-16처럼 과거 시제일 때는 역시 과거 시점에서 실현되지 않은 행위를 나타내기도 하므로 문맥을 고려해야 합니다.

과거 진행형과 과거의 경계

과거 진행형이란 그 이름에 담긴 뜻 그대로 진행형의 개념이 과거 시점에 적용된 것으로 이해할 수 있습니다. 그러니까 과거 진행형이란 '과거의 특정한 시점이나 기간에 완료되지 않고 지속되는 동작'을 나타내는 표현이라는 말입니다.

15-1　I **walked** home after the monthly convention last night.
　　　어젯밤에 월례 집회를 마치고 나는 걸어서 집에 갔다.

15-2　I **was walking** home when he texted me.
　　　그가 문자를 보냈을 때, 나는 집으로 걸어가던 중이었다.

　과거 진행형도 과거 시점을 기준으로 한다는 점에서는 단순 과거와 같습니다. 근본적인 차이점은 바로 동작의 완료에 대한 판단이라고 할 수 있습니다. 15-1에서 과거 시제 walked는 과거 시점에 집으로 걸어가는 동작이 완료되었음을 의미합니다. 과거 시제는 과거의 사실, 즉 그 정보를 서술하는 현재 시점에서 볼 때는 이미 완료된 사실을 의미하니까요.
　하지만 15-2에서는 was walking이라는 과거 진행형을 통해 과거의 특정한 시점에 그 동작이 진행 중이었다는 정보를 전달하고 있습니다. 그러니까 문자를 받기 전에 이미 걸어가는 동작이 시작되었고, 문자를 받은 후에도 걸어가는 동작을 일정 시점까지 지속했다는 의미를 담고 있습니다. 진행형의 속성을 고스란히 과거 시점으로 옮긴 것으로 이해하면 충분한 것입니다.
　물론 과거 진행형이 15-2처럼 '완료되지 않은 동작'만을 의미하는 것은 아닙니다. when이나 at과 같은 구체적인 시점이 제시되는 경우에는 미완성의 동작을 나타내지만, '과거의 기간'이 등장하는 문장에서는 '동작의 지속'이라는 측면에 초점이 맞춰집니다. 이 또한 현재 진행형을 통해서도 확인했던 진행형의 모습 그대로입니다.

15-3 **I was working** on a report about the new marketing strategy last week.

지난주에 나는 새로운 마케팅 전략에 대한 보고서를 작성하고 있었다.

15-4 **I was reporting** for work by bus in 2016.

2016년에는 내가 버스로 출근하고 그랬어.

15-3에서는 과거 진행형이 last week라는 과거의 기간을 나타내는 시간 어구와 함께 쓰이고 있습니다. 그리고 15-4의 in 2016처럼 상대적으로 긴 시점을 나타내는 어구가 등장할 수도 있습니다. 이렇게 기간이 제시되는 경우에 과거 진행형은 일시적인 동작이 아니라, 일정한 기간에 걸쳐 지속되는 동작을 의미하게 됩니다. 물론 진행형의 특성상 일정 기간 지속된 동작도 일시적이라는 맥락을 형성합니다.

이런 두 가지 측면에서 과거 시제와 과거 진행형의 의미가 구별되기도 합니다.

15-5 Last winter I **worked** for an ad company as an intern.

15-6 Last winter I **was working** for an ad company as an intern.

15-5와 15-6에서는 모두 last winter라는 과거의 기간을 나타내는 어구가 있습니다. 15-5에서는 과거 시제를 사용함으로써, 인턴으로 근무한 것은 지난 겨울이라는 기간 중에서 일정 기간에 이루어진 동작이라는 의미를 나타내고 있습니다. 그 기간 전체에 걸친 행위라는 점까지는 의미하지 않고 그 기간에 발생했다는 사실에 초점을 맞추는 것입니다.

반면에 15-6처럼 과거 진행형을 쓰면 그 동작이 그 기간에 진행 중이었다는 의미가 되는데, 이는 곧 '그 기간 내내'라는 그런 행동을 했다는 의미를 밝히고 있는 것입니다. 이는 진행형이 갖는 포괄적 성격이 한 시점이 아니라, 한 기간을 대상으로 했기에 생겨납니다. 즉 어떤 기간을 하나의 시점으로 이해한다면, 그 기간을 그 동작으로 채우고 있는 것으로 확산되는 것으로 이해할 수 있습니다. 마치 종이에 떨어진 잉크 한 방울이 확산되는 것처럼 말입니다.

이렇게 기간을 나타내는 어구가 등장할 때만이 아니라, 구체적인 시점을 나타내는 when과 함께 쓰일 때도 과거와 과거 진행형은 서로 다른 의미를 전달합니다. 이 또한 진행형이 갖는 시점의 포괄성에서 단서를 찾을 수 있습니다.

15-7 **When** the boat **overturned**, Tim **dived** in and **rescued** two ladies.

15-8 **When** Kate **finished** the report, we **had** lunch together.
  케이트가 보고서를 끝낸 뒤, 우리는 함께 점심을 먹었다.

15-9 **When** Kate **came**, we **were having** lunch.
  케이트가 왔을 때, 우리는 점심을 먹던 중이었다.

when이라는 접속사는 주절의 상황이 발생하는 시점과 동일한 시점을 의미하는 '~할 때'라는 의미도 있지만, '~하고 나서'라는 동작의 선후 관계를 의미하기도 합니다. 특히 15-7처럼 과거 시제를 연결할 때, 그런 경향이 강합니다. 그래서 이 문장은 '배가 전복되자, 팀은 뛰어들어서 여성 두 명을 구했다'라는 의미가 되고, when절에서 제시하는 동작이 먼저 일어난 것으로 이해할 수 있습니다.

동일한 기준을 적용하면, 주절이 과거 시제로 표현된 15-8에서는 when 절에 제시된 동작이 먼저이고, 점심을 함께 먹은 주절의 동작은 그 후에 발생한 상황이라는 점을 알 수 있습니다. 반면에 15-9에서는 주절의 형태가 과거 진행형이라는 점이 다릅니다. 그런데 이 경우에는 주절의 동작이 when절의 사실보다 먼저 발생했다는 의미가 됩니다.

15-8과 비슷한 구조지만 동작의 선후관계가 반대라는 점에 부담을 가질 필요는 전혀 없습니다. 진행형은 기본적으로 진술하는 그 시점에 진행 중인 동작을 의미합니다. 그런데 그러기 위해서는 그 진술이 있기 전에 이미 그 동작이 시작되었고, 미완성의 동작이라는 점에서 그 진술이 있은 다음에도 그 동작이 진행되고 있다는 의미를 내포할 수밖에 없습니다. 그렇기에 <u>과거 진행형으로 표현한 주절의 동작은 when절의 동작이 있기 전에 시작한 것이라는 의미가 됩니다</u>. 따라서 동작의 발생 시점은 when절보다 앞서게 되는 것입니다.

이런 점에서 과거의 동작을 나타낼 때, 짧은 동작은 과거 시제로, 긴 동작은 과거 진행형으로 쓴다고 규정하는 책들도 있습니다. 하지만 굳이 규칙으로 암기할 필요 없이, <u>진행형이 갖는 동작의 포괄성이라는 속성</u>을 이해하는 것으로 충분하지 않을까요?

15-10 Chris **was watching** a cliffhanger **when** the phone **rang**.
전화가 왔을 때, 크리스는 가슴을 졸이게 하는 영화를 보던 중이었다.

15-11 **When** Doyle **cut** his finger with a knife, he **was making** a stew.
칼에 손가락을 베었을 때, 도일은 스튜를 만들던 중이었다.

15-12 **While** he **was making** a stew, Doyle **cut** his finger with a knife.
스튜를 만들다가 도일은 칼에 손가락을 베었다.

15-10에서도 전화가 온 특정한 시점의 이전에 크리스가 영화를 보는 동작이 시작됐다는 점을 읽어낼 수 있습니다. 15-11의 경우에도 주절의 동작이 지속되고 있던 일정한 기간 중에 when절의 특정한 동작이 발생했다는 의미입니다. 진행형으로 나타내는 시간대역의 속에 when으로 제시되는 구체적 시점이 존재하는 것으로 이해할 수 있습니다.

그런데 15-10, 15-11에서 과거 진행형이 when절이 아니라, 주절에 적용되고 있다는 점을 발견할 수 있습니다. when은 이처럼 동작이 발생하는 특정한 시점을 제시한다는 점에서 when절에 과거 진행형을 쓰는 것은 적절하지 않기 때문입니다.

그래서 부사절의 동작에 진행의 의미를 부여할 때는 when이 아니라, 15-12에서 보듯이 while을 쓰는 것이 적절합니다. '~하는 중에'라는 의미를 갖기 때문에, while은 '다른 일이 발생하는 동시에 일어나는 동작'을 표현할 수 있기 때문입니다.

미래 진행형의 모습

그 동안 살펴봤던 진행형의 개념을 적용하면, 미래 진행형이란 '미래의 특정한 시점이나 기간에 진행 중인 동작을 표현하는 용법'이라는 점을 쉽게 이해할 수 있을 것입니다. 즉 미래 진행형은 진행형이 담고 있는 '진행 중인 동작'이라는 원칙이 미래라는 시점에 그대로 적용된 것입니다. 그래서 미래 진행형은 미래 시점을 나타내는 조동사인 will이나 shall의 다음에 'be + ~ing'가 결합된 형태가 됩니다.

16-1　I am going on vacation this afternoon. ***This time tomorrow*** **I'll be trekking** in a forest.

　　　오늘 오후에 휴가를 갈 거야. 내일 이때쯤이면 어느 숲에서 트레킹을 하고 있을 거야.

16-2　Don't phone me between 9 and 10 o'clock. **I'll be watching** *Walking Dead* **then**.

　　　9-10시 사이에는 전화하지 마. 그때는 『워킹 데드』를 보고 있을 거야.

　　　16-1에서는 this time tomorrow라는 미래의 특정한 시점에 진행되고 있을 동작을 표현하기 위해 will be trekking이라는 미래 진행형의 형태를 활용하고 있습니다. 물론 미래 진행형에서도 미래의 기간이 제시되기도 합니다. 16-2에서는 between 9 and 10 o'clock이라는 미래의 구체적인 기간을 제시하고, 그 시점에 진행되고 있을 동작을 미래 진행형으로 표현하고 있습니다.

16-3　*Adequate measures for preventing the catastrophic Avian Influenza disease **were not being taken** *in the past*.

　　　큰 피해를 입히는 조류 독감을 예방하기 위한 적절한 조치들이 과거에는 이루어지지 않고 있었다.

　　　진행형이라는 표현 도구로 전달되는 동작은 특정한 시점이나 기간을 전제로 형성됩니다. 그래서 과거 진행형이나 미래 진행형으로 표현할 때 막연한 시간 어구를 함께 쓰면 어울리지 않게 된다는 점을 주의해야 합니다. 16-3에서도 in the past라는 막연한 시간 어구와 과거 진행형이 서로 충돌을 일으킵니다. 그래서 were not taken이라는 단순 과거 시제로 표현하거나, 특정한 기간이나 시점을 나타내는 어구로 고치는 것이 적절합니다.

완료, 두 점의 연결

한국어에는 완료가 없다?

영어의 시제를 공부할 때 가장 어렵게 생각하는 부분이 어쩌면 완료형의 용법에 관한 것이 아닐까요? 대체 완료형은 왜 그렇게 난감한 모습으로 우리의 앞에 서 있는 것일까요? 완료형의 쓰임새는 본래 그토록 이해하기 어려운 것일까요? 혹시 완료형의 난해함이라는 외적 요소와는 별개로 우리 스스로 담을 높이 두르고, 가둬버린 내적 요인은 없는 것일까요?

어떤 문제이건 그 원인을 하나로 귀결시키는 것은 상당히 위험한 일이겠지만, 완료형의 용법이 그리도 이해하기 어려운 존재가 된 일차적인 이유는 '한국어에는 완료형이 없다'라는 단정적인 전제 때문일지도 모르겠습니다.

언어는 각자의 고유한 배경과 체계를 갖기 때문에 어떤 언어에서 발견되는 표현 방식이 다른 언어에 그대로 적용되기 힘들 수도 있습니다. 하지만 인간 의식의 보편성과 상호 교류의 역사를 고려할 때, 서로 유사한 양상을 보이는 경우 또한 부정할 수 없는 사실입니다. 그리고 이런 공통의 모습이 발현되는 과정에서 드러나는 형태적, 구조적 측면도 중요하지만, 개념과 의도라는 본질적인 요소를 고려하지 않으면 그런 유사성을 올바르게 이해하기는 어려워집니다.

어떤 문법 표현이나 형식이 다른 언어에도 그대로 존재하기를 바란다면 그것이 오히려 이상하지 않을까요? 하물며 한국어와 영어처럼 언어의 체계가 유사하지 않은 경우에는 더 말할 나위가 없을 것입니다. 그렇다면 완료라는 표현 방식이 우리말에는 없다고 너무 쉽게 단정해버리기보다는, 그 성격을 적극적으로 파악하고, 이해할 수 있는 방법을 찾아보려는 진지한 성찰과 노력이 필요하지 않겠습니까?

'사랑한다'는 감정은 문화와 언어의 차이를 넘어서는 보편적인 감정이라고 할 수 있지만, 그 감정을 나타내는 방식과 표현은 문화와 언어의 특성을 반영하는 것입니다. 우리말과 동일하거나 유사한 표현이 없다고 해서 그런 감정이 없다고 단정하는 태도는 정당성을 확보할 수 없다는 점은 쉽게 동의할 수 있을 것입니다.

게다가 완료시제가 한국어에 없다고 단정하면 잃는 것이 더 많지 않을까요? 우리말에 없는 개념이라면 이해하기도, 우리말로는 적절하게 표현하기도, 그리고 영어로 표현하기는 더 어려울 수밖에 없을 테니까요.

<u>완료형의 가장 핵심적인 개념은 점이 아니라, 두 점을 연결하는 선이라는 것입니다. 과거 시제가 과거의 한 시점에 대한 설명이라면, 완료형은 과거와 다른 과거, 혹은 그 과거와 현재라는 두 시점의 상황을 연결해서 표현하는 방식입니다.</u>

17-1   Tim **joined** the ad company ***24 years ago***.
       팀은 광고 회사에 24년 전에 입사했다.

17-2   Tim **works** for the ad company as sales director.
       팀은 광고 회사의 영업 이사로 재직하고 있다.

17-3   Tim **will retire** from the ad company ***next year***.
       팀은 내년에 광고 회사에서 은퇴할 것이다.

17-1은 24년 전에 있었던 과거의 일회적인 사실을, 17-2에서는 현재의 상황을, 그리고 17-3에서는 미래의 사실을 예측하고 있습니다. 이 문장들은 모두 특정 시점의 상황을 전달하고 있습니다.

17-4 Tim **had worked** for the ad company *for 20 years* when he was promoted as sales director.
팀은 광고 회사에서 20년을 근무하고, 영업 이사로 승진했다.

17-5 Tim **has worked** for the ad company as sales director *for 4 years*.
팀은 4년째 광고 회사의 영업 이사로 재직하고 있다.

17-6 Tim **will have worked** *for 28 years* by the time he will retire from the ad company.
팀이 광고 회사를 퇴직할 때면 입사한 지 28년이 된다.

이 세 개의 예문은 모두 완료형으로 표현되었고, 모두 '기간'을 나타내는 정보가 함께 있습니다. 물론 '기간'이 완료형의 전제 조건도 아니고, '기간'의 표현이 있으면 항상 완료형을 활용해야 하는 것은 아닙니다. 하지만 '기간'이라는 정보는 그 기간의 시작과 끝이라는 두 개의 점을 필요로 하고, 그 두 개의 점을 연결하는 선의 존재를 그려볼 수 있다는 점에서 선의 개념과 어울리는 성격을 갖습니다.

17-4에서 팀이 승진한 일은 과거의 어느 특정한 시점에 발생한 사실입니다. 그렇게 점에 해당하는 정보이기에 단순 과거 시제로 표현했습니다. 그런데 팀이 20년을 근무했다는 정보는 그가 승진했던 과거의 시점과 그로부터 20년 전이라는 두 개의 시점을 연결하는 기간을 의미합니다. 이때는 20년이라는

시제 **227**

> 17-4 Tim had worked for the ad company for 20 years when he was promoted as sales director.
> 17-5 Tim has worked for the ad company as sales director for 4 years.
> 17-6 Tim will have worked for 28 years by the time he will retire from the ad company.

기간을 판단하는 기준 시점이 과거입니다. 이렇게 과거와 또 다른 과거 시점을 연결하는 정보를 전달하는 동사 표현이 바로 과거 완료입니다.

현재 완료로 표현된 17-5는 현재 시제로 표현된 17-2와 당연히 전달하는 정보가 다릅니다. 17-2의 현재 시제가 현재 상태의 지속에 대한 정보만 제시하고 있는 것과 달리 17-5의 현재 완료형을 통해 다른 정보를 얻을 수 있습니다. 즉 팀이 4년 전에 승진했다는 과거 사실과 직위가 영업 이사라는 현재 사실에 대한 정보를 얻을 수 있는 것입니다. 이렇게 두 시점의 정보를 하나의 동사에 버무려 표현하는 방식이 바로 완료형입니다. 이 경우에는 4년이라는 기간을 판단하는 기준 시점이 현재라는 점에서 현재 완료로 표현한 것입니다. 다만 문장을 서술하는 시점은 현재를 전제로 하는 것이 원칙이라는 점에서 17-4나 17-6과 달리 기준 시점이 생략된 것입니다.

그러면 17-6에서 제시되는 for 28 years라는 어구의 기간은 어떻게 설정하면 좋을까요? 그가 은퇴하는 미래의 시점과 그로부터 28년 전이라는 시점을 연결하는 선으로 이해할 수 있지 않을까요? 이렇게 과거와 미래라는 두 개의 시점을 연결하고 있다는 점에서 미래 완료로 표현한 것입니다. 역시 그 기간이 완성되는 기준 시점은 미래이기 때문인 것입니다.

<u>하나의 시점에서 발생한 사실을 언급하는 단순 시제와 달리, 완료 시제는 두 시점을 연결하는 것이 핵심입니다.</u> 그리고 이런 관점은 보편적인 인식이기 때문에 영어에만 존재하는 '저 분들의 표현'이 아닙니다. <u>형태와 활용 빈도는 다르지만 한국어에도 엄연히 널리 쓰이는 표현 방식입니다.</u>

'대리 3년 차'라는 우리말 표현에서는 어떤 정보를 얻을 수 있을까요? 이 말에서는 '현재 직급이 대리'라는 현재 상태와 '3년 전에 대리로 진급했다'는 과거 사실에 대한 정보를 함께 얻을 수 있습니다. 하나 더 예를 들어보면 '다 먹고 없다'라는 표현에서는 '다 먹었다'라는 과거 행위에 대한 정보와 '그래서 지금은 남아 있지 않다'라는 현재 상황에 대한 정보가 한 어구에 통합되어 전달되고 있습니다. 또 '벌써 세 번째 부탁하는 거야'라든가 '그때도 이미 너를 사랑하고 있었어'라는 표현도 역시 하나의 시점이 아니라, 두 시점을 연결하는 선의 개념으로 이해할 수 있습니다.

두 개의 시점을 연결해서 표현하는 방식을 완료형이라고 정의한다면 이런 우리말 표현들은 완료형에 해당될 수도 있고, 또 해당되지 않을 수도 있습니다. '완료형'이라는 문법적인 형태와 용어로 규정할 생각이라면 한국어에 없는 것이기에 해당되지 않습니다. 하지만 영어에서 '완료형'이라는 장치로 담아내고자 하는 의미를 기준으로 한다면 완료형이라고 할 수 있습니다.

<u>한국어에는 완료형의 개념이 없는 것이 아니라, 완료형이라고 이름 붙이지 않을 뿐입니다.</u> 한국어에서는 주로 과거나 현재로 그 의미를 담아내기 때문에 굳이 완료형이라는 용어로 분류할 필요가 없을 뿐입니다. 어떤 표현이 발달하고, 세밀해지는 것은 그 문화 나름대로의 특성일 뿐, 우열을 가늠하는 기준은 분명 아닐 것입니다.

판단은 각자의 몫이겠지만 우리의 마음 속에도, 언어에도 완료의 개념은 다른 이름으로 살아 있다고 봐야 옳지 않을까요? 내 안에 버젓이 존재하는 가능성에 애써 눈감으며, 자신의 능력을 방치하는 공부를 할 필요가 과연 있을까요? 그렇게 자신이 소외되어 버리면, 그 공간은 걸러지지 않은 타자의 이야기로 채워지고, 종국에는 종속될 가능성이 높아지는 데도 말입니다.

현재 완료의 진실과 오해

시제의 중심이 현재 시제이듯, 완료형도 현재 완료를 이해하는 것에서 출발해야 효율적입니다. 근데 현재 완료라는 말과 함께 엄습하는 느낌은 그리 유쾌하지 않습니다. 현재 완료와 함께 떠오르는 말이 소위 '현재 완료의 네 가지 용법'이라고 열심히 암기했던 조항들입니다. 바로 '경험, 결과, 계속, 완료'라는 네 가지 소제목들입니다.

현재 완료 문장들을 이 네 가지로 분류하고, 제목을 달고, 제시문과 동일한 용법으로 쓰인 문장을 찾아야 하는 시험에 시달려 본 기억들은 거의 누구나 있을 겁니다. 현재 완료의 의미와 개념을 이해하기보다는 문제의 정답을 찾아야 하는 강박적인 공부에서 과연 무엇을 배울 수 있었는지 아직도 그 의문에 대한 답을 찾지 못하고 있습니다.

그렇게 시간을 보내고 남는 것은 현재 완료의 이 네 가지 제목과 불편함이었다고 하면 너무 과장된 말일까요? 현재 완료를 이해하는 데 가장 큰 방해가 되는 것이 오히려 이 네 가지 용법을 구별하는 일일지도 모르겠습니다. 문법적인 실체가 있는 구분이라기보다는, 현재 완료라는 형태가 문맥상 어떤 맥락을 갖는지를 참고로 보여준 것이니까요. <u>이해를 돕기 위한 이런 보조 개념들이 원칙보다 주목을 받고, 현재 완료를 이해하기보다 분류하는 것에만 최선을 다하는 현실은 분명 문제가 있습니다.</u>

have 혹은 has의 뒤에 동사의 과거 분사가 연결된 구조인 현재 완료는 두 가지 속성을 짐작할 수 있습니다. <u>첫째는 '완료'라는 속성, 즉 두 시점을 연결하는 표현이라는 점이고, 둘째로는 '현재'라는 요소입니다. 그래서 현재 완료는 기본적으로 과거 시점을 통해 현재의 상황을 전달하는 것이 목적인 표현이라</u>

<u>는 점만 기억하면 충분합니다.</u>

현재 완료로 표현된 문장의 내용은 과거의 어떤 시점에서 일어난 동작이나 상태가 현재까지 계속되는 경우일 수도 있고, 지속되지는 않지만 그로 인해 현재의 상황에 미치는 영향을 설명하는 경우일 수도 있습니다. 그래서 네 가지 용법의 어떤 경우에 해당하는 경우이건, 현재의 상태를 전달하겠다는 표현의 의도는 동일합니다. 그러나 현재 완료 문장을 보고 분류해야겠다는 부담감은 버리고, 현재의 상황을 이해하는 것에만 초점을 맞추면 되는 것입니다.

18-1 Justin *lost* his key.
> 저스틴은 열쇠를 잃어버렸다.

18-2 Justin *lost* his key, and he *doesn't have* it.
> 저스틴은 열쇠를 잃어버려서, 지금 갖고 있지 않다.

18-3 Justin **has lost** his key.

18-1에서는 열쇠를 잃어버린 과거 시점이 등장했고, 현재의 상태에 대해서는 직접적인 언급이 없습니다. 그래서 지금은 다시 찾아서 열쇠가 있을 수도 있고, 여전히 찾지 못한 상태일 수도 있습니다. 추가 정보가 제시되지 않은 상태에서는 명확하게 판단할 수가 없기 때문입니다. 과거 시제는 이렇게 과거에 발생한 사건을 서술하는 것에 초점이 맞춰진 것입니다. 따라서 현재에는 상황이 달라졌음을 암시하기도 하지만, 그에 대한 정보를 담고 있지 않기도 합니다. 어쨌든 과거 시제는 과거의 사실을 전달하는 것이 본래의 목적이니까요.

반면에 18-2는 두 개의 동사를 활용해서 잃어버렸던 과거와 여전히 열쇠를 잃어버린 현재의 상태에 대한 정보를 함께 제공하고 있습니다. 그리고 전달

18-3 Justin has lost his key. 하려는 주된 내용은 잃어버린 과거의 사실보다는 그래서 열쇠가 없다는 현재의 상태입니다. 그러한 두 시점의 상황을 하나의 동사로 압축해서 표현하는 방식이 바로 18-3에 등장하는 현재 완료형인 것입니다. 그야말로 '열쇠를 잃어버리고 없다'라는 의미가 되는 것입니다.

누군가의 소재를 물어봤을 때, '나가고 없다'라는 대답을 듣는다면 어떤 정보를 끌어낼 수 있을까요? 그 사람이 나간 것은 분명 과거의 사실이고, 현장에 없는 것은 현재의 상태입니다. 그렇다면 이 표현은 과거와 현재라는 두 시점에 나타나는 상황을 하나의 동사로 표현한 것이 되는데, 이것이 바로 현재 완료형입니다. 그리고 이 말을 한 사람의 의도는 '나갔다'는 과거의 사실과 '자리에 없다'라는 현재의 상황 중에서 지금의 상태에 대한 정보를 전달하는 것이라고 판단하는 것이 타당합니다.

현재 완료의 이런 특성을 이해한다면, 현재 완료를 우리 말로 해석할 때에도 '~해오고 있다'라는 식으로 말투로 구별하려고 애쓸 필요가 없어집니다. 현재 완료로 전달하는 의미를 한국어에서는 현재나 과거로 흡수하고 있기 때문에, 굳이 그런 표현을 만들어서 이해하려고 할 이유가 없어진다는 말입니다. 사실 외국어의 표현 방식을 이해하기 위해서 모국어에 없는 표현 방식을 만드는 것이 과연 타당한 행동인지 잘 모르겠습니다. 한국어에서 현재 완료라는 형태를 적극적으로 활용하지 않는 것은 과거나 현재형으로 그 의미를 충분히 전달할 수 있기 때문이지, 이해하지 못하는 것은 아니니까 말입니다.

18-4 Tommy told me the title of the aria, but I**'ve forgotten** it.
토미가 그 아리아의 제목을 말해줬지만 잊어버렸다.

18-5   The police **have arrested** two women in connection with the armed robbery.
경찰에서 무장 강도 사건과 관련해서 두 명의 여성을 체포했다.

18-6   Jerry **has interviewed** a lot of applicants for the last few days.
제리는 지난 며칠 동안 많은 지원자들을 면접했다.

18-4에서 아리아의 제목을 들은 것은 과거 시점에 발생한 동작이지 현재까지 지속되는 것은 물론 아닙니다. 현재 완료는 이렇게 과거에 일어난 동작이 현재까지 지속되지 않아도 표현하는 데 아무 상관이 없습니다. 중요한 것은 그 과거의 상황으로 인해 현재 어떤 상황인지를 말하는 것이니까요. 그러니까 이 문장에서 현재 완료의 형태를 통해 말하고자 하는 주된 내용은 '지금은 기억이 나지 않는다 I can't remember it now'는 현재의 상태에 대한 정보인 것입니다.

18-5의 예문도 과거로 쓰면 경찰이 두 명의 여성을 체포했다는 과거의 정보만 제시할 뿐입니다. 다른 현재 시제의 문장이 없다면 현재는 어떤 상태인지 알 수가 없는 것이죠. 하지만 현재 완료를 활용한다면 그 두 시점의 상황을 한 문장으로 경제적으로 언급할 수 있게 됩니다. 그래서 두 여성이 지금도 구금 중이라는 상태까지 알 수 있는 것입니다. 현재 완료는 현재의 사실을 표현하는 것이 핵심이라는 것을 중심에 설정하고 이해한다면, 굳이 '경험, 완료, 결과, 계속'이라는 제목을 붙여가며, 고정된 틀에 맞추려고 애쓸 이유가 없습니다.

18-7   Road 37 **has been closed** because of an accident.
사고로 37번 도로가 차단되고 있다.

18-8 Road 37 **was closed** because of an accident this morning.

사고로 37번 도로가 차단되었다.

> 18-7 Road 37 has been closed because of an accident.

18-7과 18-8 모두 과거 시점에 사고가 발생했다는 사실을 전달하고 있다는 점은 같습니다. 하지만 현재 완료로 표현한 18-7에서는 도로의 현재 상태에 대한 정보까지 제공하고 있다는 점이 다릅니다. 즉 과거에 일어난 사고로 인해 현재 도로의 통행이 금지되고 있다는 의미입니다. 이렇게 <u>과거의 동작과 현재의 동작이 인과적인 관계로 연결되어 있다는 점을</u> 전달하고 있습니다.

반면에 과거 시제로 표현한 18-8에서는 현재 상황에 대한 적극적인 언급은 없습니다. 그래서 과거 상태와 달리 지금은 통행이 가능하다는 의미가 될 수도 있지만, 그것은 다음에 연결되는 내용에 따라 판단할 문제입니다. 이처럼 과거 시제는 현재 시점의 상황을 밝히는 것이 목적이 아니라, 과거 시점의 사실을 제공하는 것에 초점을 맞출 뿐입니다. 과거 시제는 현재의 상황을 확인하는 일에는 별 관심이 없는 것이죠. 그런 의미에서 과거 시제는 진정 현재와 단절되어 있습니다.

18-9 Linda has lost her cell phone again. It's already **the second time** this **has happened**.

린다는 이동전화를 또 잃어버렸다. 이런 일이 벌써 두 번째이다.

18-10 It is **the first time** Ted **has won** the Employee of the Month Award.

테드가 '이 달의 직원상'을 수상하기는 처음이다.

18-9와 18-10의 예문들은 흔히 '경험'이라고 제목을 붙이는 경우입니다. 어떤 일을 경험한 사실, 또는 그 횟수에 대해 판단하려면 시점이 아니라, 기간을 대상으로 해야 하지 않겠어요? 그렇게 두 개의 시점을 연결했을 때, 경험 여부나 횟수 등을 판단하는 기준이 되는 시점이 현재라면 현재 완료로 표현하는 것입니다. 그리고 지금 예문들에서는 모두 is라는 현재 시점의 동사가 그 기준 시점을 명확하게 나타내고 있습니다.

현재 완료와 과거의 차이

간혹 '현재 완료란 과거에서 시작된 동작이니까 과거와 마찬가지'라고 설명하는 경우를 접하기도 하는 데 현재 완료와 과거는 엄연히 표현의 목적이 다릅니다. 일단 현재 완료는 현재의 상황을, 그리고 과거 시제는 과거의 상황을 각각 전달하는 것이 그 표현의 핵심입니다. 즉 현재 완료란 과거의 상황으로 영향을 받고 있는 현재의 결과나 상태를 나타내는 표현인 반면, 과거는 현재의 상태에 대한 관점은 배제하고, 과거의 사실에 대해서만 정보를 제공하는 표현이라는 본질적인 차이가 있습니다.

19-1 The CEO of the multinational food company **died *last Saturday***.
19-2 The CEO of the multinational food company **has died**.

19-1에서는 last Saturday라는 고정된 과거의 시점을 나타내는 어구가 있으니, 동사의 시제는 당연히 과거입니다. 물론 의미도 '그 다국적 식품 회사의

> 19-1 The CEO of the multinational food company died last Saturday.
> 19-2 The CEO of the multinational food company has died.

최고 경영자가 지난 토요일에 사망했다'라는 과거의 사실만 전달하고 있습니다. 그런데 has died라는 현재 완료형으로 표현된 19-2에서는 현재의 상태를 나타내는 것에 초점을 맞추고 있습니다.

이런 식의 표현은 신문이나 잡지에서 흔히 찾아볼 수 있습니다. 기사의 제목에는 보통 어떤 사건이나 상황의 구체적인 시점이나 장소 등은 언급하지 않고, 1차 정보에 해당하는 사실 관계만 밝혀줍니다. 이때 현재 완료가 많이 쓰이기도 합니다.

하지만 제목 다음에 나오는 본문에서는 그 사건의 시간이나 장소와 같은 구체적인 정보들이 밝혀지게 됩니다. 그때는 19-1의 last Saturday처럼 과거를 나타내는 구체적인 시점이 동반되기 때문에 과거 시제로 표현합니다.

19-3 Jose **lived** in Mexico City for ten years.
　호세는 멕시코시티에서 십 년 동안 살았다.

19-4 Jose **has lived** in Mexico City for ten years.
　호세는 멕시코시티에서 십 년째 살고 있다.

19-3에서는 그가 멕시코 시티에 살았던 시기가 언제인지는 구체적으로 제시되지 않고 있습니다. 물론 그가 지금 거주하고 있는 곳이 어디인지도 정확하게 드러나지 않고요. 이렇게 현재 정보와 단절된 채, 다만 과거에 그 도시에 거주했던 기간과 지금은 다른 곳에 살고 있다는 정보만 나타내는 것이 과거 시제의 전형적인 관점입니다. 반면에 19-4는 has lived라는 현재 완료를 사용함으로써 그가 멕시코시티에서 살기 시작한 것은 10년 전이고, 지금도 그곳에서 거주하고 있다는 현재의 상태에 대한 정보도 전달하고 있습니다.

19-5 **I saw** squirrels in that park as a child.

　　　어릴 때 그 공원에서 다람쥐를 본 적이 있다.

19-6 **I have seen** squirrels in that park.

　　　그 공원에서 다람쥐를 본 적이 있다.

　　소위 '경험'을 나타내는 경우에도 과거와 현재 완료는 서로 지향하는 점이 엇갈립니다. 그 숲에서 다람쥐를 본 경험이 있다는 사실을 언급하는 것은 두 개의 문장이 같지만, 진술의 초점은 서로 다릅니다. 19-5의 과거 시제는 그 경험이 과거의 것이라는 점을 나타낼 뿐, 현재에도 그런 경험을 할 수 있는지에 대해서는 판단하지 않고 있습니다. 그런데 19-6처럼 현재 완료로 표현하면, 지금도 그 숲에서는 다람쥐를 볼 가능성이 있다는 것을 암시하고 있는 것입니다. 즉 현재에도 역시 적용되는 상황이라는 정보를 전달하려는 목적을 실행하는 문법적 형태로 현재 완료가 사용되고 있는 것입니다.

19-7 Where **did** you **place** my tablet PC?

19-8 Where **have** you **placed** my tablet PC?

　　흔히 '결과'라고 제목을 붙이는 경우도 함께 비교해보겠습니다. 19-7과 19-8은 역시 동사의 형태만 다를 뿐, 문장의 다른 요소들은 동일합니다. 바로 이 동사의 차이에서 말하는 사람이 원하는 정보의 방향도 차이가 발생하고 있습니다. 과거 시제를 쓴 19-7에서 질문의 초점은 과거의 행동입니다. 그러니까 '내 태블릿 피시를 어디에 뒀니?'라는 뜻입니다. 즉 과거 시점에 태블릿 피시를 두었던 장소를 기억하라는 말이 되는 것입니다. 반면에 19-8처럼 현재 완료를 활용하면 질문의 초점은 현재 상황에 맞춰지게 됩니다. 태블릿 피시를 치웠던 과거의 행동보다는 그것이 현재 있는 위치를 알고 싶다는 의미인 것입니다. 현재 완료가 통합하고 있는 두 시점의 상황을 분리해서 표현하면 'Where is my tablet PC which you placed?'라고 할 수 있습니다.

과거 시제와 현재 완료가 드러내는 이런 본질적인 차이점은 진술이 이루어지는 시점의 미묘한 차이를 이해하는 단서를 제공하기도 합니다.

19-9 It did**n't rain *last week*.**

지난주에는 비가 오지 않았다.

19-10 It **hasn't rained *this week*.**

이번 주에는 비가 오지 않고 있다.

19-11 **Did** you **see** Chris this morning?

19-12 **Have** you **seen** Chris this morning?

19-9와 19-10에서는 시제의 차이를 통해 전달되는 의미가 어떻게 다른지 금방 포착할 수 있을 것입니다. 19-9는 last week라는 과거 시점의 사실을 진술하는 데 비해, 19-10에서는 현재 완료가 사용되었다는 점에서 this week는 현재 시점이라는 것을 짐작할 수 있습니다. 즉 아직 이번 주가 지나지 않은 시점에서 이런 진술을 하고 있다고 추론할 수 있는 것입니다.

19-9와 19-10에서는 시간 어구가 다르기 때문에 동사의 형태와 연결해서 시점의 차이를 끌어내기 어렵지 않았습니다. 그런데 19-11과 19-12에는 this morning이라는 동일한 시간 어구가 제시되고 있습니다. 그리고 우리말로 해

석하면 모두 '오늘 아침에 크리스를 봤니?'라는 뜻이 되기 때문에 두 예문의 차이를 파악하기 쉽지 않을 수도 있습니다.

하지만 이처럼 시간 어구가 동일한 경우에도 과거와 현재 완료가 기반하고 있는 개념을 적용하면 진술이 이루어지는 시점의 차이를 쉽게 이해할 수 있습니다. 즉 19-11의 진술은 과거 시제를 활용했다는 점에서 this morning이라는 시간 어구는 19-9의 last week처럼 과거 시점을 의미하는 것으로 이해할 수 있습니다. 따라서 이 질문이 이루어지는 시점은 오전이 지난 것으로 짐작할 수 있습니다.

반면에 19-12의 동사는 현재 완료형입니다. 이것은 곧 진술하는 사람의 초점이 현재의 상태에 있다는 것이고, 따라서 이 경우에 this morning은 현재 시점으로 이해하는 것이 타당합니다. 그런 점에서 이 질문을 하는 시점은 아직 오전이 지나지 않았다고 추론할 수 있는 것입니다.

현재 완료와 과거 시제라는 가장 빈번하게 활용되는 시제를 이런 몇 개의 예문으로 온전하게 이해할 수는 없을 것입니다. 하지만 그 표현의 기본 원칙이 무엇인지를 정확하게 이해하고, 그 원칙을 굳건하게 중심에 두고, 적극적이고 유연하게 접근하도록 꾸준히 노력해야 한다고 생각합니다. 물론 쉬운 과정은 아니겠지만, 어렵고 쉽고가 아니라, 해야 할 일인지 아닌지를 판단의 기준으로 삼았으면 합니다.

현재 완료의 친구들

현재 완료와 과거 시제는 형태적인 차이만큼 의미의 초점이 서로 다릅니다. 그래서 함께 어우러지는 시간 어구들도 그 차이만큼이나 서로 다를 수밖에 없습니다. 원칙적으로 시제란 동사의 형태로 동작의 시점을 표시하는 것이지만, 그 진술의 객관성을 확보한다는 점에서 시간 어구가 동반되는 경우가 일반적입니다. 따라서 시간 어구들과 동사의 시제 형태도 서로 일관된 관계가 형성되어야 논리적 소통이 가능해집니다.

이런 시간 어구들로는 부사, 전치사, 그리고 접속사가 있습니다. 대부분 부사 위주로 설명하는데, 전치사와 접속사도 동사의 절대적, 혹은 상대적 시점을 표시한다는 점에서 함께 공부하는 것이 좋습니다.

먼저 과거 시제와 어울리는 표현들로는 ago, just now, last, yesterday 등의 부사와 at, in, on 등과 같은 전치사, 그리고 after, before, since, until, when 등과 같은 접속사들이 있습니다. 이 표현들의 공통점은 과거의 고정된 시점의 상황을 나타낸다는 점에서, 역시 일회적인 과거의 동작을 나타내는 과거 시제와 호응할 수 있다는 것입니다.

20-1 This small town **was** crowded with a lot of people who looked for gold *one hundred years ago*.
이 작은 마을이 100년 전에는 금을 찾으려는 사람들로 북적거렸다.

20-2 *Yesterday* a new law prohibiting smoking in the public places **came** into effect.
공공 장소에서 흡연을 금지하는 새로운 법률이 어제 시행되었다.

20-3 The benefits **were** carried out *at two o'clock* last Saturday.
자선행사가 지난 토요일 2시에 열렸다.

20-4 Alfred **was** born *on Christmas Day*.
알프레드는 성탄절에 태어났다.

20-5 **The Second World War broke out *in 1939*.**

2차 세계 대전은 1939년에 일어났다.

20-6 **I don't know *when* Jane returned from the trip.**

제인이 여행에서 언제 돌아왔는지 모르겠다.

    20-1의 ago는 '(현재의 시점을 기준으로) ~전'이라는 의미입니다. 그래서 ago가 있는 경우에는 항상 과거 시제로 표현할 수밖에 없는 것입니다. 20-2의 yesterday도 과거의 고정된 시점을 의미한다는 점에서 came이라는 과거 동사와 어울릴 근거가 마련되는 것입니다.

    그리고 20-3, 20-4, 20-5에 등장하는 at, in, on과 같은 전치사도 역시 한 점에 해당하는 고정된 개념을 갖기 때문에, 이 전치사로 연결되는 시간 어구는 고정된 시점을 의미하게 됩니다. 따라서 과거 시제라는 일시적 행위를 나타내는 표현과는 상생할 수 있지만, 두 점의 연결이라는 개념을 갖는 완료 시제와는 태생적으로 관계가 형성될 수 없습니다. 또한 when이라는 접속사도 특정한 시점의 사실을 제시한다는 점에서 완료형과 어울릴 여지가 없어집니다.

    즉 이런 어구들은 고정된 시점을 지칭하기 때문에 두 시점을 연결하는 완료라는 표현 방식과는 적절한 관계를 유지할 수 없습니다. 그래서 <u>현재 완료와 함께 쓰이는 어구들은 과거부터 현재까지라는 시점의 연결을 담아낼 수 있는 표현들이어야 합니다.</u> 바로 already, ever, for, just, lately, never, recently, since, so far, up to now, yet과 같은 부사들입니다. 이런 표현들을 일일이 암기한다고 생각하지 말고, 이들을 관통하는 기본 개념이 무엇인지를 이해하는 데 초점을 맞추는 것이 좋습니다.

20-7   I have *just* finished the assignment.

　　　방금 과제를 끝냈다.

20-8   Molly has *lately* moved to Sydney.

　　　몰리는 최근에 시드니로 이사했다.

20-9   The manager has *already* considered my suggestion.

　　　지배인은 이미 내 제안을 검토했다.

20-10 Tommy hasn't *yet* received the computer he ordered last Monday.

　　　토미는 지난 월요일에 주문했던 컴퓨터를 아직 받지 못했다.

20-11 Have you *ever* been to the Disney Land?

　　　디즈니랜드에 가 본 적이 있니?

　전치사도 현재 완료의 개념과 어울리는 경우가 있습니다. 보통 시제를 결정하는 근거로 시간 어구를 많이 떠올리는데, 사실 시간 어구만으로는 판단하기 충분하지 않습니다. 예를 들어 '2015년'이라는 시간 어구가 제시되는 경우에 동사의 시제는 무엇으로 결정해야 할까요? 일단은 과거 시제라는 생각을 하기 쉬울 것입니다. 현재 시점에서 2015년은 명백한 과거 시점이기 때문입니다.

　그래서 '2015년에'라고 한다면, 진술되는 내용은 2015년이라는 명백한 과거 시점에 있었던 사실이 됩니다. 따라서 과거 시제로 표현하는 것이 당연합니다. 하지만 '2015년부터'라고 제시한다면 어떻게 될까요? 그때도 같은 관점으로 접근할 수 있을까요? '2015년부터'라고 하면, 진술하는 내용은 그 과거 시점에만 적용되는 것이 아니라, 그 시점 이후의 내용까지 포괄하게 됩니다. 즉 두 시점에 연결되는 정보가 제시되어야 하는 것입니다. 그렇다면 이 경우에는 현재 완료가 적절한 동사 형태가 됩니다.

영어도 이와 마찬가지입니다. 2015년이라는 명사가 문장에서 주어나 목적어로 쓰인 경우가 아니라면, 반드시 전치사가 결합해야 문장이 성립될 수 있습니다. 그래서 <u>시간 어구는 그 앞에 연결되는 전치사의 의미와 함께 고려해야 시제를 정확하게 판단할 수 있습니다.</u>

구체적으로 'in 2015'라는 어구가 제시되었다면 동사의 시제는 어떻게 될까요? in은 고정된 시점을 나타내기 때문에 이 경우에는 과거 시제가 타당합니다. 하지만 'since 2015'라고 하면 어떨까요? since는 특정 시점 이후로 지속되는 사실을 의미하기 때문에 과거 시제로는 그 내용을 담아낼 수 없습니다. 따라서 현재 완료 표현이 되어야 since가 연결하는 시간 개념과 관계가 형성될 수 있는 것입니다.

last도 역시 과거 시제와 현재 완료에 대해 이해한 내용을 바탕으로 접근해야 합니다. 보통은 last가 있으면 과거 시제를 쓴다는 암기 사항을 만들어놓기 때문에 거의 조건반사와 같은 반응을 보이기도 합니다. 하지만 항상 과거 시제와 어울리는 것은 아니므로 주의해야 합니다. 예를 들어 last year는 '작년에'라는 뜻입니다. 이런 표현이 있으면 그에 어울리는 시제는 과거가 됩니다. 그야말로 작년이라는 고정된 과거의 사실을 진술하기 때문입니다.

그러면 for the last three years는 '지난 3년간'이라는 의미인데, 어감이 달라지는 것을 느낄 수 있겠습니까? 이런 표현이 있으면 그에 연결되는 내용은 '3년 전'이라는 과거 시점만 지칭하는 것이 아니라, 그 시점부터 지속적인 상황까지 언급하게 됩니다. 그렇다면 두 시점을 연결하는 정보가 제시된다는 말인데, 그런 상황은 바로 현재 완료가 담아내는 대상입니다.

정리하면 last의 앞에 전치사가 없으면 과거 시점을 나타내기 때문에 과거 시제로 표현하는 것이 맞습니다. 하지만 last의 앞에 전치사가 있으면 기간을 나타내는 의미가 되기 때문에, 과거가 아니라 현재 완료로 표현해야 올바르게 의미를 담아낼 수 있습니다. 이때 주로 사용하는 전치사는 '기간'을 의미하는 for나 in을 쓰기도 하고, over를 사용해서 '어떤 기간에 걸쳐'라는 의미를 부여하기도 합니다. 이때 last 대신 past로 표현하는 것도 가능합니다.

20-12 **Last week** the Finance Minister **announced** more taxes on imported luxury vehicles.
지난 주에 재무 장관은 고급 수입 차량에 대한 세금을 인상할 것이라고 발표했다.

20-13 Due to the global warming half of arctic ice **has melted** off *over the last three decades*.
지구 온난화 때문에 북극의 얼음의 절반이 지난 30년간에 걸쳐 녹아버렸다.

이와 같은 관점에서 전치사인 since와 after의 용법도 구별할 수 있습니다. 둘 다 '~한 이후'라고 해석하면 비슷하다고 생각할 수도 있겠지만 쓰임새가 엄연히 다릅니다. since는 '과거의 특정한 시점 이후 계속'이라는 뜻입니다. 따라서 현재 완료와 어울릴 토대가 마련되는 것입니다.

이에 비해 after는 '특정한 시점 이후'를 의미할 뿐, 그 동작이나 상태가 지속된다는 의미는 담고 있지 않습니다. 즉 after는 시점의 선후관계만 나타낼 뿐, 행위나 상태의 지속성은 나타내지 않는다는 말입니다. 그래서 after는 완료 시제와는 함께 쓰기 힘든 것입니다.

20-14 Jenny **has played** tennis *since daybreak*.

　　　제니는 새벽부터 테니스를 치고 있다.

20-15 Jenny **played** squash *after school*.

　　　제니는 방과 후에 스쿼시를 쳤다.

　　전치사 since와 이렇게 대립각을 세우는 전치사는 after만 있는 것이 아닙니다. . '~ 동안'이라는 의미인 전치사 for도 기간을 나타낸다는 점에서 현재완료와 어울리는 경우가 흔히 있습니다. 그래서 since와 for를 구별해야 한다고 경고하고, '주의'라는 표시를 해놓은 책들도 있습니다.

　　하지만 그렇게 긴장해야 할 정도로 까다롭지는 않습니다. since와 for가 모두 전치사라는 점에서 일단 단서를 얻을 수 있습니다. 전치사는 항상 뒤에 명사가 연결된다는 점에서 전치사와 명사의 논리 관계를 살펴보면 쉽게 구별할 수 있기 때문입니다. 구체적으로 since의 뒤에는 현재까지 지속되는 동작이나 상태가 시작되는 과거의 '특정한 시점'을 나타내는 명사가 연결됩니다. 그리고 for는 for a long time같은 표현에서도 알 수 있듯이 '특정하지 않은 기간'을 의미합니다. 따라서 for의 뒤에 오는 명사는 '기간'의 의미를 가져야 합니다.

20-16 Grace **has worked** for the delivery company *since 2005*.

　　　레이스는 2005년부터 택배 회사에서 근무하고 있다.

20-17 Grace **has worked** for the delivery company *for three years*.

　　　그레이스는 3년째 택배 회사에서 근무하고 있다.

　　근데 사실 이게 그렇게 혼동할 만한 내용일까요? '3시'와 '3시간'이라는 말

시제 **245**

의 차이에 대해서는 한국어 교육을 받은 사람이라면 거의 누구나 이해하고 있지 않나요?? 이 명사들에 '~부터'와 '~동안'이라는 말을 각각 결합시켜 보세요. '3시'는 '시점'을 나타내니까 다음에는 '~부터'가 이어져야 합니다! 반면에 '3시간'은 '기간'을 의미하니까, 다음에는 '동안'이라는 말이 와야 논리적으로 쓰일 수 있는 것이죠!

영어 표현 자체에도, 우리가 일상 생활에서 사용하는 언어에도 문법은 스며들어 있다는 점을 잊지 말아야 합니다.

since를 너무 믿지 맙시다!

다소 자극적인 제목을 붙여 봤습니다. 앞에서 살펴봤듯이 since가 전치사로 쓰이는 경우에는 after나 for와 혼동하지 않는 것 외에는 크게 주의할 점이 없습니다. 전치사일 때 since에는 '~이후로'라는 시점의 의미 밖에 없기 때문입니다.

이제 다룰 부분은 since가 접속사로 쓰이는 경우에 주의할 대목들입니다. 물론 주의할 점이라고 했지만, 실제로 주의할 정도로 까다로운 내용들은 전혀 아닙니다. 단지 시험 위주로 문법 공부를 하는 경우에는 'since가 있으면 현재완료'라고 필수 공식으로 암기하라고 합니다. 간단 명료하지만 그만큼 단순하고, 편협한 방법입니다. 하지만 이해하는 과정이 결여된, 편리함과 결과만을 추구하는 요약이 공부로 둔갑한 현실에서 어느 정도 효과가 있을 뿐입니다.

since가 접속사로 쓰이는 경우라는 점을 먼저 정확하게 인식해야 합니다. 접속사는 동사를 연결해주는 장치이기 때문에 since가 접속사로 활용되는 경우에는 종속절이라고 규정하는 since로 시작하는 절과 주절에 각각 동사가 제시되어야 합니다. 이 두 개의 동사에 표현되는 시제를 명확하게 이해하고 있어야 하는 것입니다.

접속사 since의 다음에 있는 동사의 시제는 과거형이 됩니다. since는 "현재까지 지속되는 동작이나 상태가 시작된 과거의 특정 시점"을 의미하기 때문입니다. 바로 그 출발점을 나타내는 since절은 과거 시제이지만, 그 시점 이후의 지속적인 상황을 전달하는 주절의 동사는 당연히 현재 완료가 되는 것입니다.

유명한 음료수 광고를 예로 들어 보겠습니다. 그 광고에 등장하는 "가란 말이야! 널 만나고부터 되는 일이 하나도 없어"라는 문구에 나타나는 시제를 생각해보세요. '널 만난' 시점은 물론 과거입니다.

그럼 '되는 일이 하나도 없어'는 어느 시점의 사실일까요? 단순히 우리말로 표현되는 형태가 아니라, 그 상황이 발생하는 시점을 생각해야 우리말의 함정에 빠지지 않고, 객관적으로 판단할 수 있습니다. 이 문장에서는 지금 하는 일이 아니라, 이런 상황이 지속되었다는 점을 의미합니다. 그래서 주절의 내용은 현재 완료로 표현되어야 적절합니다.

21-1 Three years **have passed** since I *returned* from England.
     내가 영국에서 돌아온 지 3년이 지났다.

21-2 He **has traveled** much since he *moved* to this town *last year*.
     그는 작년에 이 곳으로 이사한 뒤로 여행을 많이 하고 있다.

21-1에서 내가 영국에서 돌아온 사실은 일회적인 행동이라는 점에서 고정

> 21-1 Three years have passed since I returned from England.
> 21-2 He has traveled much since he moved to this town last year.

된 과거 시점입니다. 하지만 3년의 기간은 점이 아니라, 그 이후로 지속된 기간에 해당되는 정보이기 때문에 현재 완료로 그 의미를 표현하고 있습니다. 공식이 아니라, 제시하려는 정보에 어울리도록 형태를 맞춰주는 것에 불과한 것입니다. 21-2에서도 그가 이사온 시점은 과거에만 적용되는 사실입니다. 그리고 그가 여행을 한 것은 그 시점 이후로 지속되는 행동이라는 점에서 역시 현재 완료로 표현하는 것이 타당한 것이죠.

21-3 He **has traveled** much *since* he *has lived* in this town.
　　그는 이 곳에 살면서부터 여행을 많이 하고 있다.

21-4 *Since* we *are* very busy now, I **can't leave** for the day.
　　지금은 너무 바쁘기 때문에 퇴근할 수가 없다.

그런데 21-3는 좀 이상합니다. since절의 동사가 과거가 아니라, 현재 완료인 has lived가 사용되었습니다. 간혹 since절의 시제가 지금처럼 현재 완료가 되는 경우가 있는데, 흔하지 않은 경우라 상당히 낯설게 받아들일 수도 있습니다. 하지만 의미와 형태라는 기호 사이에 성립된 약속 체계를 정확하게 이해하자는 측면에서 접근하면 걱정할 정도는 아닐 것입니다.

since절의 동사가 현재 완료라는 것은 현재 완료의 약속 그대로 현재 시점까지 영향을 미치고 있다는 말입니다. 즉 '이 도시에 지금도 거주하고 있다'는 의미를 나타내는 것입니다. since는 과거의 고정된 시점을 주로 나타내지만, 지금처럼 현재까지 이어지는 상황을 나타내는 경우도 가능합니다. 하지만 21-2의 move처럼 일회적인 동작이기 때문에 지속성을 갖지 못하는 동사라면 당연히 과거로만 표현해야 합니다.

그런데 21-4의 since절에 제시된 동사의 시제는 이와 또 다릅니다. 이번에는 주절도, since절도 모두 현재 시제로 표시됐습니다. 이번에도 알고 있던 기준과 다르니까 혼동된다거나, 어렵다고 단정하지 말고, 역발상을 해보세요. 즉 since가 연결하는 동사가 기존의 규칙과 다르다면 그 기준이 틀린 것이 아니라, 그 기준과 어긋나는 다른 맥락일지도 모른다고 유연하게 생각하자는 말입니다.

since가 접속사로 쓰일 때 '~이후로'라는 뜻 외에도 다른 의미가 있습니다. 바로 '~때문에'라는 이유를 나타내는 의미로, because보다 인과 관계가 조금 약합니다. '이유'란 어떤 시점에 일어난 상황에 대한 근거를 설명하는 것이지, 두 시점을 연결하거나 지속적인 상황을 담아내지는 않습니다.

그래서 since가 이유의 의미로 쓰인 경우에는 since절의 동사가 반드시 과거가 되어야 할 이유는 없습니다. 전달하는 내용에 맞도록 시제를 표현하면 되니까 말입니다. 물론 이런 경우라면 주절의 시제도 그 내용에 맞게 현재 완료일 수도 있고, 다른 시제가 될 수도 있는 것입니다.

과거 완료, 사건의 순서 혹은 연관성

have의 과거형인 had에 과거 분사가 연결된 형태를 과거 완료라고 합니다. 이 형태에서도 짐작할 수 있듯이 '완료'라는 기본 개념은 유지되고, 단지 그 기준이 되는 시점만 과거인 표현이라고 이해하면 됩니다.

현재 완료는 과거를 기준으로 현재 시점에 영향을 미치는 동작이나 상태를 나타내는 표현 방식이었습니다. 마찬가지로 <u>과거 완료란 과거의 구체적인 시점을 기준으로 해서, 그때까지의 동작이나 상태를 나타내는 표현입니다.</u>

22-1 It *is the first time* Billy **has ridden** a rollercoaster.
　　　빌리가 롤러코스터를 타보기는 처음이다.

22-2 Billy went to the amusement park yesterday, and it *was the first time* he **had ridden** a rollercoaster.
　　　빌리는 어제 놀이 동산에 갔다. 그리고 그때 롤러코스터를 처음으로 타보았다.

22-3 Sally **went** to Italy on business three days *ago*.
　　　샐리는 사흘 전에 이태리로 출장 갔다.

22-4 Sally **had** never **been** to Italy *before*.
　　　샐리는 그 전에는 이태리에 가 본 적이 없었다.

　　22-1에서는 빌리가 몇 번이나 그런 경험을 했는지 판단하는 기준이 현재입니다. 그래서 현재 완료로 표현되고 있습니다. 반면에 22-2에서는 몇 차례나 경험했는지 판단하는 기준 시점은 빌리가 놀이 동산에 갔던 과거 시점으로 제시되어 있습니다. 즉 went라는 과거 동작이 있기 전부터 그때까지의 상황을 전달하고 있는 것입니다. 바로 이런 경우를 과거 완료로 표현하는 것입니다.
　　22-3과 22-4도 동일한 관점에서 확인해 보세요. ago는 현재 시점을 기준으로 특정한 과거 시점의 상황을 나타냅니다. 그래서 22-3에서는 went라는 과거 동사로 동작이 발생한 시점과 호응하고 있습니다. 하지만 22-4의 부사 before는 '과거의 특정한 시점을 기준으로 그 이전'이라는 의미입니다. 그러니

까 진술의 기준 시점이 과거가 되는 것입니다. 이런 맥락에서 before는 과거 완료와 어울릴 수 있는 근거가 생기는 것입니다.

과거 완료가 현재 완료와 다른 점은 바로 이 기준 시점의 차이입니다. 과거 완료는 과거의 시점을 기준으로 하는 표현이라는 사실을 놓치지 말아야 합니다. 완료형은 기본적으로 두 시점을 제시하고, 그 관계 속에서 사용하는 표현이기 때문에 기준점이 되는 시점이 제시되어야 논리성이 확보될 수 있다는 조건을 전제로 합니다. 따라서 <u>진술의 기준이 되는 특정한 과거의 시점이 언급되지 않은 상태에서 과거 완료를 사용할 수는 없습니다.</u>

22-5 Terry **has never been** to Italy.

22-6 *Terry **had never been** to Italy.

현재 완료로 표현한 22-5와 달리 과거 완료를 활용한 22-6은 틀린 문장입니다. has라는 현재 시점이 had라는 과거 시점으로 바뀐 것밖에 없는데, 왜 문제가 되는지 쉽게 납득하지 못할지도 모르겠습니다. 22-6의 문장이 성립되지 않는다는 것은 이탈리아에 가 본 적이 없다는 진술의 기준이 되는 과거 시점에 대한 정보가 제시되지 않았기 때문입니다. 즉 과거의 그런 판단을 할 수 있는 기준점이 없기 때문에 이 진술은 논리성이 확보되지 않는 것입니다.

물론 22-5의 문장에서도 기준이 되는 시간 어구가 없다는 점에서 의문을 가질 수도 있습니다. 하지만 이 문장이 자연스러운 것은 현재 완료는 특정한 시점이 제시되지 않아도 사용할 수 있다는 특징 때문입니다. 어떤 문장이 진술되는 시점은 항상 현재입니다. 즉 과거 시제로 표현하는 문장은 진술이 이루어지는 시점을 기준으로 관찰했을 때 그 이전의 사실이라는 의미인 것입니다. 이

| 22-5 Terry has never been to Italy. | 런 전제가 있기 때문에 22-5의 현재 완료는 현재라는 기준으로 한 판단으로 이해될 수 있는 것입니다. 즉 현재 완료는 기준점이 없어도 상관없다는 말이 아니라, 문맥상 명백한 현재라는 기준 시점이 이 문장에서는 생략되어 있는 것이지, 기준점이 없는 것이 아닙니다.

22-7   Gary **has lived** in Rome for ten years.

22-8   *Gary **had lived** in Rome for ten years.

22-9   Gary **lived** in Rome for ten years.

22-10 Gary **had lived** in Rome for ten years *when* he **moved** to Milan last year.

게리는 로마에서 십년을 살다가, 작년에 밀라노로 이사했다.

이런 관점을 좀 더 명확하게 이해하고 넘어가겠습니다. 22-7의 현재 완료 문장에서 게리가 로마에 거주한 기간이 10년이라는 정보는 현재를 기준으로 한 것입니다. 그래서 10년 전부터 현재까지 로마에 살고 있다는 정보를 납득할 수 있는 것입니다. 하지만 동일한 구조에 시제만 과거로 이동한 22-8의 과거 완료는 틀린 문장이 됩니다. 과거 완료로 표현했으니까 과거의 어느 시점까지 로마에 거주한 기간이 10년이라는 말이 되는데, 판단의 기준이 되는 그 과거의 시점이 제시되지 않고 있기 때문입니다. 즉 10년이라는 진술이 합당하다는 근거가 확보되지 않기 때문에 적절하지 않습니다.

하지만 이 문장을 22-9처럼 lived라는 과거 시제로 표현했다면 아무 문제가 없습니다. 과거 시제는 과거의 사실만 제시할 뿐, 두 시점을 연결하는 표현이 아니기 때문에 이렇게 하나의 시점만 제시되어도 객관적인 근거가 성립되는 것입니다. 바로 이런 점에서 과거 완료를 상대적인 시점이라고 규정하는 것입니다.

과거 완료를 그저 현재 완료의 상황에서 시점만 과거로 옮겨진 것으로 이해하면 곤란한 이유가 바로 이것입니다. 22-10의 예문과 비교하면 과거 완료 표현의 전제 조건이 어떤 것인지 확연하게 알 수 있을 것입니다. 이 문장에서는 과거에 10년을 살았다는 판단의 한 축이 되는 과거의 기준 시점이 when이라는 접속사를 통해 제시되고 있기 때문에 논리적으로 아무 문제가 없는 것입니다.

과거 완료가 이렇게 두 개의 과거 시점을 전제로 한다는 점에서 꼭 마주치는 개념이 바로 '대과거大過去'입니다. 작은 다리에도 '클 대大'자를 붙여 '대교大橋'라고 부르기 좋아하는 한국인의 정서가 가득 담긴 표현인지는 모르겠지만, 대체 왜 이런 명칭을 붙이는지 마음에 들지 않는 용어입니다. 다른 말로 부르고 싶지만, 책마다 무작정 용어를 바꾸면 그 부담은 고스란히 공부하는 사람들의 몫으로 남기 때문에 개념을 정확하게 이해하는 것에 초점을 맞추겠습니다. 어떤 호칭을 붙이건 본질을 가릴 수는 없는 것이니까요.

말했듯이 과거 완료를 사용하게 되면 두 개의 과거 시점이 제시되어야만 합니다. 그렇다면 그 두 시점의 선후 관계도 드러날 수밖에 없게 됩니다. 이때 더 앞선 과거 시점을 바로 '대과거'라는 말로 표현한 것입니다. 그러니까 두 개의 과거 시점 중에서 먼저 일어난 과거, 즉 앞선 과거를 대과거라고 부르는 것입니다. 과거 완료는 이런 시점의 차이를 전제로 한다는 점에서, 그 선후관계를 적절하게 전달할 수 있는 있는 after, before, by the time, when과 같은 접속사가 많이 쓰입니다.

22-11 When we **got** home *last night*, we ***found*** that somebody **was** in the house.

어젯밤 집에 왔을 때, 우리는 누군가 집에 있다는 사실을 알아차렸다.

22-12 When we **got** home *last night*, we ***found*** that somebody **had broken** into the flat.

어젯밤 집에 왔을 때, 우리는 누군가가 침입했었다는 사실을 발견했다.

22-11의 문장에서 우리가 집에 온 시점과 어떤 사실을 발견한 시점은 모두 과거입니다. 그리고 that의 다음에 있는 동사도 역시 과거 시제입니다. 이것은 현재에서 관찰했을 때 과거의 동일한 시점에 이런 일들이 있었다는 사실을 전달하고 있는 것입니다. 그런데 22-12에서는 that절의 시제가 had broken이라는 과거 완료로 표현됐습니다. 그것은 우리가 도착한 과거 시점 이전에 있었던 상황을 묘사하는 의도인 것입니다.

그런데 after, before, when 같은 접속사들은 접속사 자체의 의미가 명백하기 때문에 동작의 선후 관계를 이해하는 데 사실 오해의 소지가 전혀 없습니다. 그래서 두 개의 과거 시점이 제시되고, 시점 차이가 있을 때, 이런 접속사들이 있으면 반드시 과거 완료로 쓰는 것이 아니라, 과거로 간결하게 표현하는 경우도 가능합니다.

22-13 The robbers **ran** away *before* the police ***arrived*** at the scene.

22-14 The robbers **had run** away *before* the police ***arrived*** at the scene.

경찰이 도착하기 전에 강도들은 도망갔다.

왜 그래야 하는지는 잘 모르겠지만 학교 문법이나 시험에서는 대과거의 용법에만 초점을 맞추는 경향이 있습니다. 그래서 22-13처럼 과거로 연결한 문장은 틀리고, 22-14와 같은 과거 완료 표현을 정답으로 하는 어색한 문제가 출제되기도 합니다. 하지만 문법적으로는 둘 다 가능합니다. before가 내포하는 '~ 이전'이라는 의미로 동작의 선후 관계는 명백하게 설정되기 때문입니다. 이런 경우에는 주절의 시제로 과거 완료를 쓸 수도 있고, 과거로 표현할 수도 있습니다. 과거로 표현한다고 해서 동작의 선후 관계가 바뀌는 것은 아니니까 말입니다.

다만 이 두 가지 표현의 의미 차이가 전혀 없는 것은 아닙니다. 22-13처럼 과거 시제를 쓰는 경우에는 동작의 선후 관계만을 밝히고 있습니다. 반면에 과거 완료를 사용하는 경우에는 동작의 선후 관계에 더해서, '동작의 완료'라는 관점을 더 강하게 드러내는 것으로 이해할 수 있습니다. 즉 22-13에서는 강도들이 도망간 일이 경찰이 도착한 것보다 먼저였다는 점을 객관적으로 전달하지만, 22-14에서는 이미 모두 도망가고 없었다는 완결된 상태에 대한 정보까지 제시하고 있는 것입니다.

22-15 *After* she **drank** the coffee, Kate *bused* the cup.
22-16 *After* she **had drunk** the coffee, Kate *bused* the cup.
　　　케이트는 커피를 마시고 나서, 컵을 치웠다.

역시 선후 관계를 명백하게 나타내는 after가 쓰인 경우에도 마찬가지입니다. after의 의미로 보아, 커피를 마신 것이 컵을 치운 것보다 먼저 일어난 동작이라는 관계는 명백합니다. 다만 22-15에서는 커피를 마시는 동작이 먼저였

> 22-16 After she had drunk the coffee, Kate bused the cup.

음을 밝히고 있는 반면, 22-16는 커피를 마시는 동작을 완료하고 나서, 다음 상황이 발생했다는 점을 had drunk라는 과거 완료를 사용함으로써 드러내고 있는 것입니다.

22-17 *When* Rebecca ***arrived*** at the ballpark, the tickets **had been sold out**.
레베카가 야구장에 도착했을 때, 입장권은 이미 다 팔리고 없었다.

22-18 *By the time* we ***got*** to the pier, our ferryboat **had** already **left**.
부두에 도착했을 때는, 우리가 타고 갈 배가 이미 떠난 뒤였다.

22-19 Senator Jones **had been** a politics professor *before* he ***made*** a politician.
존스 상원의원은 정치학 교수로 있다가 정치가가 되었다.

22-20 *After* I **had taken** the medicine, I ***felt*** a little sick.
그 약을 먹고 나서, 속이 좀 메스꺼웠다.

그런데 과거 완료는 이렇게 동작의 선후 관계를 밝히는 대과거의 용법만 있는 것은 물론 아닙니다. 현재 완료는 과거에 일어난 상황이 현재 시점에서 어떤 영향을 미치고 있는 지를 밝히는 것이 핵심이었습니다. 그래서 과거 완료도 시점만 과거로 이동했을 뿐, 과거 시점에 어떤 상황이었는지를 진술하기도 합니다.

그래서 22-17에서는 야구장에 도착한 것보다 입장권이 매진된 것이 앞선 상황이라는 점이 나타납니다. 그러면서 그 상황의 선후 관계만이 아니라, 도착했던 그 과거 시점에 '매진되고 없었다'라는 정보를 전달하는 측면도 있는 것입니다. 22-18의 과거 완료 표현도 역시 부두에 도착한 과거 시점에 어떤 상황이었는지 밝히고 있는 것이고요.

그런데 22-20의 문장에서는 과거 완료로 표현된 정보가 felt라는 과거 상황과 연관성이 있다는 점을 발견할 수 있습니다. <u>대과거 표현은 동작의 선후 관계에 주목하는 데 비해, 과거 완료는 제시된 두 개의 동작이 연관성, 혹은 인과 관계가 있는 경우를 제시하기도 합니다.</u>

22-21 When Noel *finished* the flat story, everyone in the room **left**.
22-22 When Noel *finished* the flat story, everyone in the room ***had left***.

22-21에서는 주절의 동사가 when절과 마찬가지로 과거 시제입니다. 이런 경우에 연결된 동작의 관계는 주로 발생 순서입니다. 그러니까 finished가 1차 상황이고, left가 그다음 상황임을 나타내고 있는 것입니다. 그래서 '노엘이 따분한 얘기를 끝내자, 방에 있던 사람들이 모두 나갔다'라는 의미가 되는 것입니다.

그런데 22-22처럼 had left가 되는 경우에는 의미의 차이가 발생합니다. 단순히 선후 관계만 제시할 생각이라면 과거 완료보다는 과거로 간결하게 표현했을 것입니다. 이 경우에는 두 동작 사이의 연관성이 생성됩니다. 그래서 사람들이 모두 나간 것은 이야기가 따분했던 탓이라는 인과성까지 읽어낼 수 있습니다. 그러니까 '노엘이 따분한 얘기를 끝냈을 때는, 방에 있던 사람들이 모두 나가고 없었다'라는 결과의 뜻으로 이해할 수 있는 것입니다.

22-23 The janitor **had** not **cleaned** the office for days, so it ***was*** dusty.

관리인이 며칠 동안 청소를 하지 않아서, 사무실은 먼지투성이였다.

22-24 *At 16* Kurt ***quit*** school to become a country singer and *by 21* **had released** three albums.

16세에 커트는 컨트리 가수가 되려고 학교를 그만뒀다. 그리고 21세에는 이미 세 장의 앨범을 발표했다.

22-23의 예문에서는 과거 완료와 과거 시제가 맺고 있는 연관성을 이해할 수 있습니다. 그런데 22-24의 예문은 뭔가 이상하다는 느낌을 받을 수 있습니다. 16세의 상황을 나타내는 동사의 시제는 과거인데, 21세 때의 정보는 과거 완료로 표현되고 있습니다. 동작의 선후 관계로 거꾸로 된 것이라고 생각할 수도 있겠지만, 문법적으로 타당합니다. 과거 완료를 대과거의 용법으로만 이해하면 이런 상황이 납득되지 않는 것도 당연합니다. 하지만 과거 완료는 과거 시점을 기준으로 동작의 완료나 결과와 같은 정보를 전달하는 용법도 있다는 점을 감안하면 이해할 수 있습니다.

그리고 시간 어구를 이끄는 전치사도 시제를 판단하는 중요한 요소라고 했던 점도 감안하세요. 16세의 시점을 나타내는 대목에서는 고정된 시점을 나타내는 at이 쓰였습니다. 그래서 과거 완료가 아니라, 과거 시제로 표현했습니다. 그런데 21세 때의 상황을 전달하는 대목에서는 '~까지'라는 동작의 완료를 의미하는 전치사 by가 쓰임으로써 과거 완료와 호응하고 있습니다.

이 문장을 보고 이상하다고 생각했다면, 그만큼 과거 완료를 대과거를 표현하는 문법적 기호로 주로 인식했던 것은 아닐까요? 대과거 용법으로만 공부하다 보면 과거 시점에서 선후 관계가 구별되면 무조건 과거 완료를 써야 한다는 압박감을 갖게 되기도 합니다. 하지만 after, before, when의 경우에서 확인했듯이 동작의 선후 관계가 드러난다고 해서 항상 과거 완료로 구별하는 것은 아닙니다.

　이와 유사하게 과거 완료를 사용하지 않고도 동작의 선후 관계를 명확하게 이해할 수 있는 경우는 and라는 접속사로 동사들을 연결할 때입니다. '~하고 나서'라는 의미를 갖기 때문에 and로 연결되는 동사들의 선후 관계는 이번에도 명확하게 이해할 수 있습니다.

22-25　A series of severe earthquakes **struck** the coastal area *and* **destroyed** a lot of villages.
　　　여러 차례의 강진이 해안 지역을 강타해서, 많은 마을들을 파괴했다.

　일반적으로는 동작이 발생한 순서대로 나열하기 때문에 and가 동사들을 연결할 때는 왼쪽의 상황이 오른쪽 내용보다 먼저 발생한 것이라는 점은 명백합니다. and가 동작의 선후 관계를 객관적으로 명시하고 있기 때문에 앞선 과거 시점을 과거 완료인 had struck이 아니라, struck로 나타낸 것입니다.

과거 완료를 쓰세요!

　일부 접속사의 경우에는 자신의 의미로 인해 과거 완료를 꼭 사용하지 않을 수도 있다는 점을 살펴봤습니다. 그렇다면 반드시 과거 완료를 써야 하는 경우도 있지 않을까요? 먼저 '~하자마자'라는 의미를 나타내는 여러 가지 표현들이 이런 유형에 해당됩니다. 먼저 'no sooner ~ than'을 볼까요.

23-1 Ben **had** *no sooner* **sent** the e-mail *than* he ***regretted*** writing it.
이메일을 보내자마자, 벤은 후회했다.

no sooner가 있는 주절의 시제는 과거 완료를, 그리고 than이 있는 종속절에서는 과거 시제를 씁니다. 양쪽의 시제가 다르다는 점에서 공연히 복잡하다고 생각하기 쉬운 표현입니다. 그리고 'hardly ~ when'도 이와 같은 뜻을 나타내는 표현으로 자주 등장합니다.

23-2 The manager **had** *hardly* **reported** for work *when* he ***complained*** about traffic.
지배인은 출근하자마자, 교통 체증을 불평하기 시작했다.

'no sooner ~ than'과 구조도 서로 같습니다. 그래서 hardly가 있는 주절의 시제는 과거 완료, 그리고 when이 있는 종속절은 과거 시제를 사용합니다. 때로는 이 표현에서 hardly 대신 의미가 비슷한 barely나 scarcely라는 부사를 쓰기도 하고, when 대신 before로 대신하기도 합니다. 이렇게 부사와 접속사를 서로 조합하다 보니 표현이 아주 다양해집니다.

23-3 The manager **had** *barely* **reported** for work *when* [*before*] he ***complained*** about traffic.

23-4 The manager **had** *scarcely* **reported** for work *when* [*before*] he **complained** about traffic.

그리고 이 표현들에서 꼭 기억해 둘 점이 하나 더 있습니다. 문어적인 표현에서는 부정의 의미를 갖는 barely, hardly, no sooner, scarcely를 문장의 앞에 두고 강조하는 경우가 있습니다. 영어에서는 이렇게 부정어구가 문장의 앞에 오는 경우에는 보조 동사가 주어보다 먼저 등장하는 도치 구조가 되는 것이 원칙입니다.

23-5 *No sooner* **had** Ben **sent** the e-mail *than* he **regretted** writing it.
23-6 *Hardly* **had** the manager **reported** for work *when* he **complained** about traffic.
23-7 *Barely* **had** the manager **reported** for work *when* [*before*] he **complained** about traffic.
23-8 *Scarcely* **had** the manager **reported** for work *when* [*before*] he **complained** about traffic.

참고로 같은 의미지만 이 표현들보다 더 익숙한 표현이 있는데, 바로 as soon as입니다. 그런데 as soon as 표현에서는 과거 시제로 동일하게 표현하면 됩니다.

23-9 *As soon as* she **came** home, Norah **started** to pack the suitcase.
  집에 오자마자 노라는 가방을 꾸리기 시작했다.

미래 완료의 모습

미래 완료는 그 명칭에서 짐작하듯이 완료의 개념이 미래 시점에 적용한 것입니다. 그러니까 <u>미래 완료란 이전에 시작된 동작이나 상태가 미래의 특정한 시점까지 진행되거나 완료되는 상황을 나타내는 표현이라고 일단 이해할 수 있을 것입니다.</u>

24-1 The game **had already started** *by the time* we ***got*** to the ballpark.
우리가 야구장에 도착했을 때는 시합이 이미 시작한 뒤였다.

24-2 The game **will already have started** *by the time* we ***get*** to the ballpark.
우리가 야구장에 도착했을 때는 시합이 이미 시작했을 거야.

24-1과 24-2를 비교하면 과거 완료와 미래 완료의 차이를 알 수 있을 겁니다. 기준 시점이 과거인 24-1과 달리, 24-2에서는 미래의 특정한 시점을 기준으로 하고 있습니다. 이런 점에서 미래 완료도 과거 완료처럼 상대적인 시점이라고 하는 것입니다. 물론 미래라는 시간대는 상당히 넓기 때문에 구체적인 시점을 정해줘야 논리성이 확보된다는 점도 고려해야 합니다.

과거 완료를 이해하던 그 관점을 그대로 미래로 시점만 이동시키면 쉽게 이해할 수 있을 겁니다. 그래서 미래 완료를 활용하기 위한 전제 조건이 되는 미래의 구체적인 시점을 나타내는 표현도 과거 완료일 때와 비슷해요. 구체적으로는 by, by the time, when 등이 있습니다.

24-3 **I'll have read** through *Crime and Punishment* three times *when* I *finish* reading it.

　　이번에 읽고 나면 『죄와 벌』을 세 번째 읽는 것이 된다.

24-4 Noah **will have completed** the report *by the time* the presentation *begins*.

　　프레젠테이션이 시작될 때까지는 노아가 보고서를 완성할 것이다.

24-5 Justin **will have worked** for the company for ten years *by the end of the year*.

　　올해 말이면 저스틴이 그 회사에 근무한 지 10년이 된다.

그리고 현재 시제의 용법을 설명하면서 시간이나 조건의 부사절에서는 will이 아니라, 현재 시제로 표현한다고 했던 적이 있습니다. 이와 유사하게 시간이나 조건의 부사절에서 미래 완료로 표현해야 하는 경우에는 미래 완료가 아니라, 현재 완료를 사용한다는 점도 기억해야 합니다.

24-6 **When** Anita **reviews** into the report, she *will make* some corrections.

　　보고서를 검토하면서, 애니타는 몇 가지 수정을 할 것이다.

24-7 **When** Anita **has reviewed** into the report, she *will make* some corrections.

　　보고서를 검토한 다음에, 애니타는 몇 가지 수정을 할 것이다.

24-8   **When** I **phone** Olivia this afternoon, I'**ll ask** her to check out the novel from the library.

오늘 오후에 올리비아에게 전화해서, 도서관에서 그 소설을 대출해달라고 부탁해야지.

24-9   **When** I'**ve phoned** Olivia, I'**ll have** one for the road.

올리비아에게 전화하고 나서, 마지막으로 한잔할 거야.

　　24-6과 24-8처럼 부사절의 시제가 현재인 경우에는 그 동작이 주절의 미래 시점과 동일한 시점에 발생한다는 점을 의미합니다. 하지만 24-7와 24-9처럼 현재 완료가 쓰인 경우에는 주절의 동작보다 먼저 완료된 행위를 의미한다는 차이가 있습니다. 물론 완료형이 갖고 있는 기본 개념으로 보아, 두 동작 사이에는 단순한 선후 관계보다는 인과성이 내포되어 있다는 점도 짐작할 수 있을 것입니다.

24-10   **After** Alfred **finishes** analyzing the sales of the last year, I **will report** it to the marketing director.

24-11   **After** Alfred **has finished** analyzing the sales of the last year, I **will report** it to the marketing director.

　　그런데 부사절의 현재 시제와 현재 완료가 큰 의미 차이 없이 쓰이는 경우도 있습니다. 특히 after처럼 선후관계가 명백한 접속사로 연결하는 경우에 이런 현상이 두드러집니다. 그래서 24-10과 24-11은 모두 '알프레드가 작년 판매 분석을 끝마치면, 내가 마케팅 이사님께 제출하겠다'라는 의미로 이해하면 됩니다. 물론 두 문장의 동작이 '동시에' 일어나는 경우라면, 시점의 부사절에 현재 완료형을 쓰는 것은 피해야 합니다.

완료 진행, 완료와 진행의 만남

현재 완료 진행형의 모습

현재 완료 진행형은 일단 이름부터 만만하지 않다는 느낌을 주기도 합니다. 완료와 진행이라는 험한 산을 힘들게 넘어왔는데, 또 다른 봉우리를 만난 것 같은 기분이 들 수도 있을 것입니다. 완료와 진행이 함께 적용되었으니 두 배로 복잡할 것이라고 생각하기 쉬울 수도 있습니다. 또 시제를 설명하는 교재들을 보면 대부분 완료 진행형은 마지막에 실려있고, 분량도 많지 않아서 표현의 실체를 파악하기 어렵기도 합니다.

하지만 시제 설명의 후반부에 배치되는 것은 완료와 진행이라는 두 개의 개념을 파악한 뒤에 접근하는 것이 효과적이기 때문이고, 분량이 많지 않은 것은 상대적으로 활용되는 비중이 적기 때문일 뿐입니다. 활용 빈도가 낮으면 책에서 차지하는 분량이 적을 수는 있지만, 이것이 곧 이해하기 어렵다는 말과 동의어가 되는 것은 절대 아닙니다. 완료 진행형은 완료형과 진행형이 본래 갖고 있는 개념이 결합된 것일 뿐, 그 결합을 통해 어떤 화학적 변화가 발생하는 것은 아니니까 완료형과 진행형의 용법을 복습하는 마음으로 접근해도 상관이 없을 것입니다.

충분히 확인했듯이 동사에는 완료형과 진행형이라는 두 가지 상^{Aspect}이 있습니다. 완료형은 'have + 과거 분사'이고, 진행형은 'be + 현재 분사'입니다. 그리고 완료 진행형이란 이 두 가지 형태가 하나로 결합된 것입니다. 다만 보조 동사들의 어순에서는 have 동사가 be 동사보다 먼저입니다. 그래서 'have been -ing'라는 형태가 만들어집니다. 'have been'의 형태로 완료의 모습을, 그리고 'been -ing'로 진행형의 요건을 각각 충족시키는 형태가 되는 것입니다. 그래서 '두 시점의 연결'이라는 완료형의 개념과 '진행 중인 동작'이라는 진행형의 본질을 함께 구현하고 있는 것이죠.

<u>현재 완료 진행형이란 명칭 그대로 현재라는 시점을 매개로 해서, 완료형과 진행형의 개념이 결합된 것입니다. 그래서 현재 완료 진행형은 과거의 시점에서 시작된 동작이 현재 시점까지 끝나지 않고 진행중인 상황을 적극적으로 표현합니다.</u>

26-1 Tommy **has been doing** the assignment *for four straight hours*.
토미는 4시간째 줄곧 과제를 하고 있다.

26-2 Paula **has been looking** for a babysitter *for a week*.
폴라는 일주일째 보모를 구하고 있다.

26-1에서는 has been doing이라는 형태를 통해서 과제를 시작한 것은 4시간 전이고, 지금도 끝나지 않고 계속하는 중이라는 상황을 알 수 있습니다. 그리고 26-2에서도 일주일 전부터 보모를 구하고 있지만, 아직 찾지 못했고, 앞으로도 그 상황이 지속될 것이라는 맥락을 읽어낼 수 있는 것입니다. 현재 완료는 문맥에 따라서 다양한 의미로 이해될 수 있는데, 현재 완료 진행의 형태를 통해 지속의 의미라는 점을 명확하게 함으로써 의미의 혼선을 막을 수 있는 것입니다. 또 현재 진행형에서는 일반적으로 그 동작이 진행 중임을 나타내지만 그 기간을 이렇게 명확하게 전달하지는 않습니다. 그런 약점을 완료형과 결합함으로써 보완할 수 있는 효과를 얻게 되는 것입니다.

26-3 Nicole **has been playing** the piano *since three o'clock*.

　　　니콜은 3시부터 피아노를 치고 있다.

26-4 Nicole **has been playing** the piano *since she was six*.

　　　니콜은 6살 때부터 피아노를 치고 있다.

26-5 The festival **has been running** every two years *since 1960*.

　　　그 축제는 1960년부터 2년마다 열리고 있다.

　　그런데 현재 완료 진행이 나타내는 동작의 지속은 문맥에 따라 약간 다른 모습을 보이기도 합니다. 26-3에서는 피아노를 치는 동작이 중단되지 않고, 지금도 지속되고 있다는 의미로 이해할 수 있습니다. 물론 이 진술을 하는 현재 시간에 따라 길지 않은 시간이라면 지속성의 의미가 강하겠고, 비교적 긴 시간이라면 간헐적으로 지속되는 동작이 되겠죠. 이런 맥락은 26-4나 26-5처럼 객관적으로 긴 시간이 제시되면 더 확연하게 드러납니다. 이렇게 상대적으로 시점의 범위가 큰 시간 어구와 함께 쓰이면 지속성은 반복성의 의미에 가까워집니다.

　　현재 완료 진행형은 이처럼 어떤 동작이 반복되는 경우를 나타내기도 하는 것입니다. 어쨌든 '어떤 동작의 지속'이라는 말을 조금 넓은 의미로 받아들이면 무난하지 않을까요? 그리고 이런 관점은 현재 진행형이 현재의 순간적인 시점뿐만 아니라, this year, these days처럼 상대적으로 긴 시간을 나타내는 어구와 함께 쓰이기도 했던 점을 떠올리면 납득할 수 있을 것입니다. 이런 점에서 현재 완료 진행형을 표현할 때는 현재 완료와 잘 어울리던 for나 since처럼 기간을 나타내는 표현이 함께 쓰이기도 합니다.

26-6 It **is snowing**.

　　　눈이 내리고 있다.

26-7 It **has been snowing** heavily *all day long*.

　　　하루 종일 눈이 내리고 있다.

　　26-6와 달리 26-7에는 '기간'을 나타내는 all day long이라는 어구가 있습니다. 이처럼 과거 시점과 현재를 연결하는 기간이 제시될 때 현재 완료 진행형을 활용하면 시간 어구와 잘 어울리게 됩니다. 두 시점의 연결이 바로 완료의 기본 개념이기도 하지만, 현재 진행형으로는 표현할 수 없는 부분을 보완할 수 있기 때문입니다. 물론 현재 완료형으로도 동작의 지속을 표현할 수는 있지만, 현재 완료 진행형으로 그 의도가 좀 더 명확해지는 효과도 있습니다.

　　그래서 현재 완료 진행형에서는 all (the) morning, all (the) day처럼 기간의 의미를 갖는 표현이 함께 쓰이는 경우가 많습니다. 그리고 멀지 않은 과거부터 지금까지의 기간을 의미하는 lately, recently 같은 부사도 자주 쓰입니다. 또 how long처럼 '동작의 지속 기간'을 물어보는 경우에도 현재 완료 진행형을 활용하는 것도 같은 맥락에서 이해할 수 있습니다.

26-8 Paulo **has been reading** Jane Austen's *Pride and Prejudice* **lately**.

　　　파울로는 요즘 제인 오스틴의 『오만과 편견』을 읽고 있다.

26-9 ***How long*** have you **been waiting** for the bus?

　　　버스를 기다린 지 얼마나 된 거야?

　　그런데 이렇게 기간을 나타내는 구체적인 표현이 없는 경우에 현재 완료 진행형은 조금 다른 의미로 쓰이기도 합니다. 지속적인 동작이 아니라, 방금 전에 끝난 동작을 의미하는 경우도 있습니다. 조금 혼란스럽겠지만, 현재 완료 진행형도 현재 완료처럼 현재의 상황을 전달하는 것이 표현의 초점이라는 맥락에서 이해하세요.

26-10 Hey, **have** you **been crying**? What's eating you?
>야, 너 울었어? 무슨 일이야?

26-11 I notice that you **have been taking** a shower.
>머리가 젖었네. 샤워했니?

26-12 It **has been raining**, so the street is filled with dead leaves.
>비가 왔었다. 그래서 거리에 젖은 나뭇잎들이 가득하다.

26-10에서 상식적으로 말을 하는 시점에 시야의 범위 안에 있는 상대가 울고 있는 상황이라면 현재 진행형으로 물어보는 것이 타당하지 않겠습니까? 그런데 현재 진행형이 아니므로 상대가 우는 행동은 이렇게 말을 하기 전에 이미 종결된 것으로 이해할 수 있습니다. 이렇게 현재에는 종결된 행위에도 현재 완료 진행형을 활용하기도 합니다. 진행형의 속성을 생각하면 납득하기 쉽지 않겠지만, 과거의 사실이 현재에 미치는 영향에 초점을 맞추는 것이 현재 완료의 속성이라는 점을 생각하면 되지 않을까요?

26-11에서도 현재 완료 진행형으로 표현했지만, 이런 진술을 하는 순간 상대가 샤워를 하고 있다고 생각할 수는 없습니다. 그렇다면 이 경우에도 역시 샤워하는 동작이 지속되고 있다는 의미가 아닌 것이겠지요. 즉 샤워를 하는 동작은 이미 과거에 완료됐지만, 현재 시점에도 그 사실을 추론할 수 있는 명백

한 근거가 있다는 맥락이 되는 것입니다. 샤워라는 과거의 행위가 현재의 상태에도 남기고 있는 깊은 흔적을 담아내기 위해 현재 완료 진행형을 쓴 것으로 이해하면 어떨까요?

현재 완료와 현재 완료 진행형의 비교

현재 완료와 현재 완료 진행형은 모두 과거의 행동을 바탕으로 해서 현재의 상황을 표현한다는 공통점을 갖고 있습니다. <u>현재 완료 진행형은 과거에 시작된 동작이 현재까지도 계속되고 있다는 행위의 지속을 표현하는 데 비중을 두고 있는 표현입니다. 반면에 현재 완료는 이미 완료된 동작으로 인한 현재의 영향이나 결과를 전달하는 데 초점을 맞추고 있다고 이해할 수 있습니다.</u>

27-1 Prices in oil **have been rising** sharply *since last September*.
      지난 9월부터 기름값이 가파르게 오르고 있다.

27-2 Prices in oil **have risen** sharply to nearly 30% *since last September*.
      지난 9월부터 기름값이 거의 30퍼센트 가까이 치솟았다.

27-3 John **has won** the Employee of the Year Award *three times*.
      존은 올해의 직원상을 세 번이나 받았다.

현재 완료 진행형으로 표현한 27-1에서는 기름값이 지금도 계속해서 오르고 있다는 정보를 전달하지만, 현재 완료를 사용한 27-2는 기름값이 오른 결과를 나타내고 있는 것입니다. 특히 지금처럼 결과를 나타내는 to와 같은 전치사가 있다면 그 차이를 더욱 명확하게 느낄 수 있습니다. 27-1의 동사 형태가 나타내는 '진행'이라는 개념은 아직 '결과'가 나타나지 않았다는 의미를 내포한다는 점에서 그 행동의 '결과'를 나타내는 to가 등장하는 것은 논리적으로 모순이 되기 때문입니다.

그리고 이런 관점은 27-3처럼 경험의 의미를 나타내는 경우에도 동일하게 적용될 수 있습니다. 경험의 횟수를 밝힌다는 것은 이미 판단의 결과를 의미하기 때문에 현재 완료 진행형보다는 현재 완료를 쓰는 것이 논리적으로 타당한 것입니다.

27-4 Jordan **has been painting** the wall blue by himself *for three days*.
사흘째 조던이 직접 파란색으로 벽을 칠하고 있다.

27-5 Jordan **has painted** the wall blue by himself *for three days*.
사흘 동안 조던이 직접 파란색으로 벽을 칠했다.

27-6 The engineer **has been repairing** the espresso machine.
기술자가 에스프레소 기계를 수리하고 있다.

27-7 The engineer **has repaired** the espresso machine.
기술자가 에스프레소 기계 수리를 끝냈다.

현재 완료 진행형을 사용한 27-4에서는 벽을 파란색으로 칠하는 동작이 아직 완료되지 않은, 즉 진행중인 상황임을 나타내는 데 초점을 맞추고 있습니다. 그러니까 아직은 칠이 끝나지 않아 파란색이 아닌 부분도 있다는 의미가 됩니다. 반면에 현재 완료형을 활용한 27-5의 문장에서는 벽을 파란색으로 칠

> 27-5 Jordan has painted the wall blue by himself for three days.
> 27-6 The engineer has been repairing the espresso machine.
> 27-7 The engineer has repaired the espresso machine.

하는 동작이 말하는 시점에 완료되었다는 의미를 전달하고 있습니다. 그래서 27-5에서는 벽이 모두 파란색이라는 정보를 추론할 수 있는 것입니다.

역시 27-6에서는 현재 완료 진행형으로 표현되었다는 점에서 아직 수리가 완료되지 않았다는 의미가 되고, 따라서 에스프레소 기계를 사용할 수 없다는 정보를 얻을 수 있습니다. 하지만 27-7에서는 현재 완료형이므로 수리가 완료되었다는 '동작의 결과'를 나타내기 때문에 현재는 정상적으로 작동하는 것으로 이해할 수 있습니다.

한 가지 기억할 점은 이런 구분을 바탕으로 하되, 항상 문맥을 고려하라는 겁니다. 사실 현재 완료 진행형도 현재의 결과를 표현하는 경우가 있기 때문에, 그럴 때는 이 두 가지 표현이 큰 의미 차이가 없이 사용되기도 합니다. 하지만 예문들처럼 행위의 지속과 행위의 완료라는 각자의 영역으로 구분이 되는 경우라면, 문맥을 고려해서 정확하게 이해해야만 합니다. 원칙적인 차이점은 인식하되 문맥이라는 현실에 발을 딛고 있어야 합니다.

그리고 현재 완료와 현재 완료 진행형의 의미가 명확하게 구별되지 않는 경우들도 있습니다. 특히 expect, hope, learn, lie, live, look, rain, sleep, stand, stay, study, teach, wait, work와 같은 동사들이 사용되는 경우에는 현재 완료형이나 현재 완료 진행형으로 표현할 때 의미의 차이를 찾기 힘든 경우가 많습니다.

27-8 Emma **has been living** in this residence *for thirteen years*.
27-9 Emma **has lived** in this residence for thirteen years.
  엠마는 이 집에서 13년째 살고 있다.

27-10 Ian **has been working** for the hotel since he graduated from the business school.

27-11 Ian **has worked** for the hotel since he graduated from the business school.
이안은 경영 대학원을 졸업한 뒤로 그 호텔에서 근무하고 있다.

　　27-8의 현재 완료 진행형과 27-9의 현재 완료형은 서로 의미 차이가 있을 수도 있고, 없을 수도 있습니다. 27-8에서는 13년 전부터 이 집에 거주하는 행위가 지속되고 있다는 의미가 됩니다. 반면에 27-9에서는 27-8처럼 거주하는 행위가 지속되고 있다는 의미를 나타내는 것도 가능하고, 거주하는 상태가 완료되어서 이제는 거주하지 않는다는 현재의 상태를 의미하는 것도 문맥에 따라서는 가능하기 때문입니다.

　　그리고 27-10과 27-11의 경우에도 조금 다른 맥락에서 현재 완료 진행형과 현재 완료형은 의미 차이가 없습니다. 두 개의 예문은 모두 '지속'의 의미를 나타내고 있는데, since라는 어구를 통해 명백한 근거가 제시되고 있기 때문입니다. 즉 과거의 특정한 시점 이후로 지속되고 있는 동작이나 상태를 나타내는 강력한 시간 어구의 존재로 인해 다른 각도에서 해석될 여지가 없어지게 되는 것이죠.

　　현재 완료가 '지속'의 의미를 갖는 경우에는 현재 진행형과 현재 진행 완료형이 모두 '행위의 지속'이라는 문맥을 형성하기 때문에 의미상 차이가 드러나지 않을 수 있다는 점을 확인했습니다. 이렇게 현재 완료형과 현재 완료 진행형이 각각 지향하는 의미가 겹치는 경우도 있고, 구별되는 경우도 있다는 점에서 다른 문장에서 제시되는 정보와 연결해서, 그 관계를 통해 이해하도록 해야 합니다.

문법책에 있는 내용을 공부할 때 경계해야 할 점이 있습니다. 여러 가지 이유로 대부분의 문법책들은 용법을 입증할 수 있는 하나의 예문을 통해 설명하는 경향이 있습니다. 그 프레임에 익숙해지게 되면, 자기도 모르게 하나의 문장에서 모든 의미를 끌어내고, 판단하려는 습관이 생기기도 합니다. 이런 조급증이 오히려 유연하고, 여유 있는 독해를 가로막기도 합니다. 실제 언어 현상에서는 하나의 문장에서 의미를 일부만 제시하고 다음 문장을 통해 전달하기도 하고, 규정된 의미를 약간 비틀어 사용하기도 하기 때문에 근시안적으로 접근하면 곤란한 상황이 벌어질 수밖에 없습니다. 정답을 찾아야 하는 공부에 길들어졌다는 현실은 인정하지만, 그 모순을 용납해도 좋다는 말은 아니잖습니까? 그래서 항상 문맥을 고려하는 습관을 길러서, 하나의 지식이 점이 아니라 선을 형성할 수 있도록 하면 어떨까요?

27-12 *I *have been knowing* Chris for ages.
나는 크리스를 오랫동안 알고 지내고 있다.

27-13 *Jackie *has been having* the snowboard for nine years.
재키는 그 스노보드를 9년째 갖고 있다.

현재 완료 진행형에서 주의할 점은 바로 이런 문장입니다. 진행형이란 진행중인 동작을 표현하는 장치이기 때문에 상태를 나타내는 동사들은 기본적으로 진행형으로 표현할 수 없다고 설명한 적이 있습니다. 그렇다면 현재 완료 진행형도 역시 진행형의 향기를 담고 있다는 점에서 동일한 관점이 적용되는 것은 당연하지 않을까요?

그래서 <u>know와 같은 상태 동사들은 현재 완료 진행형으로 쓰지 말아야 합</u>

니다. 그래서 이 문장들은 진행의 흔적을 지워서, have known과 has had라는 현재 완료형으로 각각 고쳐야 옳은 표현이 됩니다.

과거 완료 진행형의 다양한 모습

과거 완료 진행형은 방금 살펴본 현재 완료 진행형을 바탕으로 접근하면 그리 어렵지 않게 이해할 수 있을 겁니다. 과거의 특정한 시점을 기준으로 해서 완료 진행형이라는 개념이 표현된 것이거든요. 그러니까 현재 완료 진행형과는 기준이 되는 시점이 다르다는 점만 정확하게 파악하면 되지 않을까요?

28-1 I **have been waiting** for a taxi *for 15 minutes*.
　　　15분째 나는 택시를 기다리고 있다.

28-2 I **had been waiting** *for 15 minutes* before the taxi *came*.
　　　택시가 올 때까지 나는 15분을 기다렸다.

택시를 기다린 지 15분이 된 것은 같지만, 그 기준이 되는 시점이 서로 다르다는 점에 주목하세요. 28-1의 현재 완료 진행형에서는 현재 시점이 기준이지만, 28-2의 과거 진행 완료형에서는 택시가 왔던 과거 시점이 기준이 되는 것입니다. 바로 <u>그 과거 시점까지 진행 중이던 동작을 담아내려는 표현 방식이 바로 과거 완료 진행형입니다.</u>

28-3   When he *gave* up smoking three years ago, Terence **had been smoking** *for 30 years*.

<small>3년 전에 담배를 끊을 때까지, 테렌스는 30년 동안 담배를 피웠다.</small>

28-4   We **had been playing** baseball *for about an hour* when it *started* to rain suddenly.

<small>야구를 한 지 1시간쯤 지났을 때, 갑자기 비가 오기 시작했다.</small>

　　28-3에서는 for 30 years라는 기간에 대한 시간 어구가 제시되고 있습니다. 그 기간 동안 담배를 끊은 과거 시점 이전부터 그 시점까지 흡연하는 행위가 지속되었다는 사실을 전달하고 있습니다. 28-4도 역시 비가 갑자기 오기 시작했던 과거 시점까지 한 시간 동안 야구를 하는 동작이 지속되었다는 것을 나타내고 있습니다.

　　이 대목에서 현재 완료 진행형과 과거 완료 진행형의 또 다른 차이점을 찾아낼 수 있습니다. 바로 행위의 지속성이라는 측면에 관한 것인데, 현재 완료 진행형은 현재 이후에도 지속될 동작을 나타냅니다. 28-1의 경우에 15분을 기다린 현재 시점에서도 아직 택시를 타지 못한 상황이고, 앞으로도 얼마간은 더 기다리는 상황이 지속될 것으로 추론할 수 있습니다. 반면에 28-2의 과거 완료 진행형에서는 택시를 기다리는 동작이 과거의 기준 시점까지 진행된 것은 동일하지만, 그 과거 시점 이후에도 지속된다는 의미는 없다는 차이가 발생하는 것입니다.

　　그리고 특정한 과거 시점을 기준으로 한다는 점은 동일하지만, 과거 완료 진행형은 과거 완료와 다른 의미를 전달합니다. <u>과거 완료는 특정한 과거 시점에 완결된 동작을 전달하는 데 초점이 있습니다. 반면에 과거 완료 진행형은</u>

과거의 기준 시점까지 진행 중이던 행위를 나타내는 것에 핵심이 있다는 점이 차이가 있는 대목입니다.

28-5 Ray **had been working** for the shipyard ***for ten years*** before he ***emigrated*** to Sweden.
28-6 Ray **had worked** for the shipyard before he ***emigrated*** to Sweden.

28-7 Mary **had been suffering** from a cold ***for a week*** when she ***took*** the term exam.
28-8 Mary **had suffered** from a cold when she ***took*** the term exam.

　28-5와 28-7에서 과거 완료 진행형은 before와 when으로 제시되는 과거의 기준 시점까지 지속되었던 동작을 전달하는 것에 비중을 두고 있습니다. 그리고 기간을 나타내는 시간 어구를 동반해서 이런 의도를 증폭시키고 있습니다. 반면에 과거 완료로 표현한 28-6과 28-8에서는 과거의 기준 시점에는 종결된 동작을 전달하는 것에 집중하고 있다는 차이가 있는 것입니다.

　앞서 현재 완료 진행형이 진행 중인 동작을 나타내는 것이 아니라, 오래지 않은 과거 시점에 끝난 동작이 영향을 끼친 현재의 상황을 표현하는 경우가 있다는 점을 확인했습니다. 과거 완료 진행형도 역시 기준이 되는 시점만 과거로 이동한 것이기 때문에 이와 같은 표현 방식이 존재합니다.

28-9   Vicky's eyes *are* red because she **has been crying**.

28-10 Vicky's eyes *were* red because she **had been crying**.

　　28-9에서는 are라는 현재 시제의 존재로 보아 지금은 울고 있는 것이 아니라, 울음을 그친 상황입니다. 하지만 현재 눈이 충혈된 상황으로 보아, 직전까지 어떤 행동을 하고 있었는지 충분히 짐작할 수 있습니다. 이렇게 현재 시점 이전에 완료된 동작을 현재 완료 진행형으로 표현한 것입니다. 28-10에서도 역시 기준이 되는 과거 시점에 울고 있는 상황은 아닙니다. 하지만 그 과거의 시점에 남겨진 흔적을 통해 그 시점 이전에 끝난 동작을 과거 완료 진행형으로 담아내고 있는 것입니다.

28-11 *I *had been knowing* Chris for ages.
　　　나는 크리스를 오랫동안 알고 지냈었다.

28-12 *Jackie *had been having* the snowboard for nine years.
　　　재키는 그 스노보드를 9년째 갖고 있었다.

　　이 문장들이 틀린 이유는 이해할 수 있겠습니까? '알고 있다, 아는 사이다'라는 뜻의 know나 '소유하다'라는 의미인 have는 모두 상태 동사입니다. '진행 중인 동작'을 나타내는 것이 목적인 진행형과 상태 동사는 근본적으로 어울리지 않는다는 점은 이미 여러 번 확인했습니다. 그렇다면 그 원칙은 진행형이건, 완료 진행형이건, 혹은 그 시점이 현재이건, 과거이건 일정하게 적용되는 것입니다. 적어도 진행형이라는 형태를 하고 있는 한 진행형이 중시하는 원칙을 지키는 것이 당연하지 않을까요? 그래서 28-11은 had known으로, 28-12는 had had로 각각 고쳐야 비로소 타당한 문장이 됩니다.

미래 완료 진행형을 어디에 쓸까?

시제의 마지막은 미래 완료 진행형에 대한 설명입니다. 미래 완료 진행형은 사용되는 빈도가 매우 낮기 때문에 굳이 설명하지 않고 지나가는 경우가 많은 것도 사실입니다. 하지만 이를 통해 지금까지 공부했던 시제의 다양한 표현 방식을 확인하는 기회로 활용하는 것은 어떨까요?

언어 공부를 하면서 항상 염두에 둘 점은 어떤 현상을 단편적인 사례로 머물게 하는 것이 아니라, 다른 경우에도 적용될 수 있도록 확산시키는 것이라고 생각합니다. 다양한 언어 상황을 일정한 관점으로 읽어내고, 또 반대로 자신이 의미하는 바를 일정한 형식으로 실어 보낼 수 있는 체계를 파악하는 것이 문법 공부가 제시하는 선물이라고 생각합니다.

<u>완료 진행형이라는 일정한 형태는 기준이 되는 시점까지 어떤 동작이 진행 중이라는 상황을 전달하는 것이 목적입니다.</u> 과거 완료 진행형은 과거를 기준 시점으로 설정하고 있다는 점을 앞서 확인했습니다. 그렇다면 미래 완료 진행형이란 완료 진행형이라는 기본 개념이 미래의 특정한 시점을 기준으로 적용된 것이라고 추론할 수 있지 않을까요?

29-1 By the time we **arrived** at Paris, Texas, I **had been driving** f*or six hours*.

29-2 I'm so tired. I **have been driving** *for six hours*.

29-3 By the time we **arrive** at Paris, Texas, I **will have been driving** *for six hours*.

29-4 By the time we **arrive** at Paris, Texas, I **will have reviewed** the financial report.

> 29-1 By the time we arrived at Paris, Texas, I had been driving for six hours.
> 29-2 I'm so tired. I have been driving for six hours.
> 29-3 By the time we arrive at Paris, Texas, I will have been driving for six hours.
> 29-4 By the time we arrive at Paris, Texas, I will have reviewed the financial report.

29-1의 과거 완료 진행형은 텍사스 주의 패리스라는 도시에 도착한 과거 시점을 기준으로 그때까지 6시간 동안 운전하는 동작이 지속되고 있었다는 상황을 나타내고 있습니다. 또 29-2의 현재 진행 완료형에서는 진술이 발생하는 현재 시점까지 6시간째 운전하고 있는 지속적인 상황을 담아내고 있습니다. 기준이 되는 시점은 물론 현재 시제입니다. 그리고 29-3에 등장하는 미래 완료 진행형에서는 기준이 되는 시점이 미래이고, 그 미래 시점까지 운전하는 행위가 6시간 동안 계속될 것이라는 정보를 전달하고 있습니다.

미래 완료 진행형은 완료 진행상이라는 문법 형태가 나타내는 동작의 지속이라는 의미와 미래라는 시제가 결합한 구조입니다. 따라서 그런 형식에 담아내는 것은 기준이 되는 미래 시점까지 일정 기간 지속되는 동작에 대한 정보입니다. 반면에 29-4의 미래 완료는 미래의 특정 시점까지 완료되는 동작을 나타낸다는 차이가 있습니다.

이런 맥락에서 미래 완료 진행형에서는 미래의 특정 시점을 나타내는 표현과 지속 기간을 나타내는 시간 어구가 함께 제시되는 경우가 많습니다. 반면에 미래 완료에서는 기준이 되는 미래 시점은 당연히 제시되지만 기간을 나타내는 정보는 제시되지 않는 경우도 있습니다. 물론 미래 완료형을 미래의 시점까지 계속되는 상황을 표현하는 용법으로 활용하는 경우에는 기간을 나타내는 어구가 등장해서 진술의 의미를 명확하게 하기도 합니다.

29-5   By the time he retires *next month*, Eric will **have been working** *for 40 years*.

29-6   By the time he retires *next month*, Eric will **have worked** *for 40 years.*

29-5와 29-6에서는 미래 완료 진행형과 미래 완료라는 서로 다른 동사 형태를 활용했습니다. 하지만 미래의 특정 시점을 나타내는 표현과 기간을 나타내는 표현은 두 문장에 모두 제시되고 있습니다. 이런 경우에는 미래 완료 진행형과 미래 완료형이 큰 차이가 없이 지속성을 표현하게 됩니다.

29-7   *I ***will have been knowing*** Chris for ages.

29-8   *Jackie ***will have been having*** the snowboard for nine years.

그리고 진행형의 원칙을 유지하고 있다면, 29-7과 29-8이 모두 잘못된 문장이 되는 근거도 충분히 납득할 수 있지 않을까요? 상태 동사는 진행형으로 표현하지 않는다는 원칙은 기준이 되는 시점과 상관없이 일관되게 적용해야 되지 않겠습니까? 그래서 이 문장들은 각각 will have known과 will have had로 고쳐야 비로소 옳은 표현이 되는 것입니다.

note

시제의 일치

1. 어떤 동작이 발생한 시점을 동사의 형태로 표현하는 것을 시제라고 한다.

2. 시제 일치는 행위가 발생하는 시점과 동사의 형태를 일치시켜 정확하게 정보를 전달하라는 규칙이다.

현재

1. 현재 시제는 특정하지 않은 과거 시점부터 어떤 미래 시점까지 지속되는 동작이나 상태를 의미한다.

2. 과거 시제는 진술이 있기 이전에 일어났던 행위나 상태를 나타낸다.

3. 현재 시제는 '습관적인 행동'을 나타내지만, 과거 시제는 일회적인 동작을 나타낸다는 차이가 있다.

4. 현재 시제는 미래에도 지속되는 동작이나 상태를 의미하는데, 이런 단정적인 맥락에서 고정된 미래의 일정도 현재 시제로 표현한다.

5. will은 현재 시제보다 불확실성을 나타내는 미래의 예측을 의미한다. 또 정중한 요청을 할 때는 부사절에 will을 사용하기도 한다.

진행형

1. 진행형이란 과거나 현재 또는 미래의 특정한 시점에 진행 중인 동작을 표현한다. 그래서 진행형은 '미완성인 동작'과 '일시적인 동작'이라는 의미를 담아낸다.

2. 현재 시제는 미래까지 장기간에 걸쳐 반복되는 동작을 나타내지만, 현재 진행형은 한정된 기간에 반복되고, 유지되는 동작을 의미한다는 차이를 보인다.

3. 상태 동사는 변화가 없이 유지되는 상황을 전달하는 동사들로 진행형으로 표현할 수 없다.

4. 개인적인 일정은 단정적인 어감이 약하다는 점에서 현재 진행형으로 표시하는 것이 일반적이다.

5. 현재에서 본 미래를 의미하는 will은 미래에 대한 예측을 나타내지만, be going to는 그 이전부터 의도된 행동을 의미한다.

6. 과거 진행형은 '과거 특정 시점에 완료되지 않은 동작'을 나타내기도 하지만, '과거의 기간에 지속되는 동작'을 의미하는 표현으로도 쓰인다.

완료형

1. 두 개의 시점을 연결하는 선의 개념이 완료형의 핵심이다.

2. 현재 완료는 과거 시점을 통해 현재의 상황을 전달하는 것이 목적인 표현이다.

3. last는 일반적으로 과거 시제와 함께 쓰이지만, for, in, over와 같은 전치사가 결합하면 '기간'을 의미하므로 현재 완료와 함께 쓰인다.

4. 과거 완료는 과거의 구체적인 시점을 기준으로, 그때까지의 동작이나 상태를 표현하는 문법 형태이다.

5. 과거 완료에는 동작의 선후 관계를 밝히는 대과거의 용법과 과거의 두 시점을 연결해서 상황을 진술하는 완료의 용법이 있다.

6. 미래 완료는 이전에 시작된 동작이나 상태가 미래의 특정한 시점까지 진행되거나 완료되는 상황을 전달하는 방식이다.

완료 진행형

1. 현재 완료 진행형은 과거 시점에서 시작된 동작이 현재 시점까지 끝나지 않고 진행중인 상황을 표현을 담아낸다.

2. 과거 완료 진행형은 과거의 기준 시점까지 진행 중이던 행위를 나타내는 것에 초점을 맞춘 표현이다.

조동사, 여백을 주다!

조동사의 존재 이유 286

조동사, 불확정성과 단정의 사이 294

조동사의 과거는 과거가 아니다 314

비슷한 듯, 다른 조동사들 329

기타 조동사 340

조동사의 존재 이유

조동사의 종류와 특징

조동사$^{auxiliary\ verbs}$란 말 그대로 동사를 보조하는 동사들을 일컫는 용어입니다. 조동사의 종류로는 크게 일반 조동사, 서법 조동사, 파생 조동사 등이 있습니다. 일반 조동사에 속하는 유형은 세 가지로 be동사, have 동사, 그리고 do 동사가 이 범주에 속합니다. 그리고 can, may, must, shall, will, could, might, should, would 등과 같은 단어들은 서법 조동사로 분류됩니다.

일반 조동사와 서법 조동사의 가장 큰 차이는 형태와 의미에 있습니다. <u>일반 조동사는 시제, 인칭, 수에 따라 각각 적절한 어미 변화를 겪습니다.</u> 이런 변화는 동사가 지니고 있던 시제와 인칭, 그리고 수의 표시를 고스란히 받아들인 것으로 이해할 수 있습니다. 그리고 <u>일반 조동사는 동사에 특정한 의미를 부여하기보다는 태나 시제와 같은 문법 형태를 형성하는 기능적 표현들입니다.</u>

1-1 The taxi driver **is waiting** outside.
   택시 기사가 밖에서 기다리고 있다.

1-2 My purse **was stolen** at the airport yesterday.
   어제 공항에서 지갑을 도둑맞았다.

1-3 The computer **has broken** down again.
   컴퓨터가 또 고장이 났다.

일반 조동사는 주로 동사의 분사형과 결합해서 태와 상이라는 문법적 형태를 표시하는 역할을 합니다. 그래서 1-1처럼 be 동사는 현재 분사와 결합해서 진행형을 만들거나, 1-2와 같이 과거 분사와 함께 쓰여서 수동태를 표현합니다. 그리고 have동사는 과거 분사와 결합해서 1-3과 같은 완료형을 표시하는 문법적 기능을 수행합니다. 한편 주어가 간직하고 있는 단수의 개념은 is, was, has라는 일반 조동사의 단수형을 통해 각각 전달되고 있는 것입니다.

이와는 반대로 <u>서법 조동사는 자신의 형태 변화가 없으며, 항상 다음에 동사의 원형이 연결된다는 특징을 갖습니다.</u> 그리고 <u>서법 조동사는 동사만으로는 전달하지 못하는 가능, 허락, 의무, 가능성과 같은 다양한 의미를 담아낸다는 점에서 일반 조동사와 구별됩니다.</u>

be going to, have to 등과 같은 단어들을 파생 조동사, 혹은 준조동사 semi-auxiliary라고 분류하는 이유도 바로 이 지점입니다. 이 표현들은 일반 동사처럼 시제와 인칭에 따라서 am, are, is, was, were 혹은 have, has, had처럼 동사의 형태가 변화되는 양상을 보입니다. 하지만 다음에 항상 동사의 원형이 제시되고, 또 동사에 능력, 가능, 의무 등의 의미를 더한다는 점에서는 서법 조동사의 고유한 특징을 보여주고 있기 때문입니다.

그리고 일반 조동사와 서법 조동사를 포함해서 조동사가 일반적으로 보여주는 공통점은 부정문과 의문문에서 확연하게 드러납니다. 부정문과 의문문에서는 반드시 조동사의 존재가 있어야 하는데, 그 조동사를 중심으로 부정어의 어순, 도치 등의 관계가 형성되기 때문입니다.

1-4 He **was** *not* **watching** the news when I dropped by last night.
　　어제 내가 들렀을 때, 그는 뉴스를 보고 있던 중이 아니었다.

1-5 The police **have** *not* **arrived** at the crime scene.
　　경찰이 사건 현장에 도착하지 않았다.

1-6 That kind of incident **may** *not* **happen** for a while.
　　그런 종류의 사건이 한 동안은 일어나지 않을 수도 있다.

　　즉 부정문을 형성할 때, 부정어 not은 일반 동사와 곧바로 결합할 수 없고, 반드시 조동사를 필요로 합니다. 그리고 이때 그 <u>부정어는 수식하는 동사의 앞에, 그리고 조동사의 뒤에 오는 것이 원칙입니다</u>. 1-4에서는 not은 조동사인 was의 뒤, 현재 분사인 watching의 앞에 있습니다.

1-7 **Is** Shevchenko **doing** his homework for the interview?
　　셰프첸코는 면접 준비를 하고 있니?

1-8 **Have** you ever really **loved** a person?
　　진정으로 누군가를 사랑해본 적이 있나요?

1-9 **Could I use** your cell phone?
　　너의 전화기를 빌릴 수 있겠니?

　　의문문의 구조적 특징은 의문사가 있는 경우이건, 없는 경우이건 주어와 동사가 도치된다는 점입니다. 하지만 정확하게는 실제 의미를 갖는 동사가 주어의 앞에 올 수는 없기 때문에, 조동사가 그 역할을 수행하게 되는 것입니다. 이런 특징은 일반 조동사와 서법 조동사에 모두 적용되는 조동사의 보편 규칙이라고 할 수 있습니다. 그래서 1-7, 1-8, 1-9의 예문에서는 is, have, could라는 조동사가 주어의 앞에 옴으로써 도치라는 문법적 형식을 완성하고 있습니다.

이처럼 의문문이나 부정문을 구성하기 위해서는 반드시 조동사가 필요합니다. 그래서 일반 조동사나 서법 조동사가 없는 경우에는 do 동사가 그 역할을 대신하게 되는 것입니다.

1-10 **Do** you *follow* me?
　　　내 말을 듣고 있는 거니?

1-11 The new manager **didn't** *follow* suit about the matter.
　　　신임 매니저는 그 문제에 대해 선례를 따르지 않았다.

영어에는 존댓말이 없다?

일반 조동사를 통해 표현되는 수동태와 시제에 대해서는 이미 앞에서 다루었기 때문에, 여기에서는 서법 조동사에 대한 설명으로 초점을 맞추겠습니다. 그리고 이런 맥락에서 편의상 조동사라는 익숙한 용어로 간결하게 부르기로 하겠습니다.

조동사는 동사의 뜻만으로는 담아내지 못하는 가능성, 의무, 예측, 추측 등 다양한 의미를 보충해줍니다. 어떤 상황을 단정적으로 진술하는 태도에서 벗어나, 서술자가 그 상황을 바라보는 생각이나 감정 등을 그 내용에 포함시켜 전달함으로써 표현을 풍성하게 하는 중요한 장치가 바로 조동사인 것입니다.

2-1   The guy in black **is** the one who stole the dog.
      검은 옷을 입은 남자가 개를 훔친 사람이다.

2-2   The guy in black **must be** the one who stole the dog.
      검은 옷을 입은 남자가 개를 훔친 사람이 분명하다.

2-3   The guy in black **can be** the one who stole the dog.
      검은 옷을 입은 남자가 개를 훔친 사람일 수도 있다.

2-4   The guy in black **is not** the one who stole the dog.
      검은 옷을 입은 남자는 개를 훔친 사람이 아니다.

　　2-1과 2-4의 긍정문과 부정문은 그 사람이 그런 행동을 했는지에 대한 사실 여부만 전달하고 있습니다. 이 진술을 하는 사람의 감정이나 판단은 담겨 있지 않은 단정적인 맥락을 형성하고 있는 것이죠. 반면 추측의 의미를 담고 있는 must를 사용한 2-2에서는 2-1이 갖고 있는 단정적인 어감이 약화되어 있습니다. 또 2-3에서는 must보다 가능성에 대한 확신의 강도가 낮은 can을 활용함으로써 한층 유보적인 태도를 보여주고 있습니다. 조동사는 이렇듯 일반적인 긍정문과 부정문에서 드러나는 단정적인 관점에 여백을 주고, 진술하는 사람의 다양한 시각을 담아내는 가치를 갖고 있는 것입니다.

　　물론 must와 can과 같은 조동사를 선택하는 기준은 주관적인 경우가 많습니다. 그 말은 곧 객관적인 근거를 바탕으로 올바른 표현을 선택하라는 관점에 기반한 문법 시험에서 다루어지기 어려운 한계를 갖는다는 뜻입니다. 그렇기 때문에 조동사와 연결되는 동사의 형태처럼 구조적인 측면을 제외하고는 문법 시험에서 그리 많이 출제되지 않는 것입니다.

　　시험에 잘 나오지 않는다는 말이 곧 중요하지 않다는 말과 동의어로 여겨

지는 우리 교육 환경에서는 조동사를 훈련할 기회가 그만큼 사라질 수밖에 없습니다. 하지만 조동사의 가치는 "예/아니오"라는 이분법적 사고로는 담아내지 못하는 다양한 입장과 목소리를 표현할 수 있다는 것에 있습니다. 정답과 결과만을 중시하는 풍조에서 벗어나 여백을 두는 이런 표현들의 가치를 인정해야 하지 않을까요?

그리고 <u>조동사의 또 다른 가치는 바로 존댓말이라는 소통의 관점에서 찾아볼 수 있습니다</u>. 흔히 '영어에는 존댓말이 없다'라며 한국어의, 한국인의 예의범절을 자랑스러워하기도 합니다. 그런데 영어에는 진짜 존댓말이 없을까요?

그 대답은 어떤 관점으로 존댓말을 의미하느냐에 따라 달라질 것입니다. 별도의 호칭, 단어에 결합되는 어미 등을 꼼꼼하게 활용하는 한국어의 존댓말을 의미한다면 영어에는 존댓말이 없다는 주장은 타당합니다. 하지만 상대에 대한 배려와 공경, 복종 등을 표현하는 맥락에서 존댓말을 이해한다면 그것은 온당하지 않은 일방적인 주장일 수도 있습니다.

계급과 계층이 존재하는 사회라면 어떤 형태로건 그 신분의 차이를 드러내는 방식은 존재하기 마련이고, 언어 역시 그 범주에서 자유로울 수는 없습니다. 언어는 사회적 산물이고, 사회적 관계와 체제를 유지하는 중요한 도구라는 점에서 언어의 계급성은 지극히 자연스러운 현상이라고 할 수 있기 때문입니다. 그렇다면 사회 구성원의 신분과 그에 어울리는 표현이 존재한다면 그 사회에는 존댓말이 존재한다고 판단해야 타당하지 않을까요?

물론 역사적, 문화적 배경에 따라 존댓말에 대한 그 사회의 합의 기준이 다를 수는 있습니다. 하지만 그런 형식적인 차이가 있다고 해서 '상대에 대한 존중'이라는 관점이나 문화 자체가 없다고 주장할 수는 없는 것입니다. 한국인들이 사용하는 방식의 존댓말을 다른 언어에서 찾고, 그에 따라 존댓말이 없다, 혹은 예의가 없다라는 판단을 내린다면 그것은 지나칠 정도로 형식주의적이고, 국수적이고, 무례한 행동이 아닐까요?

한국어에서 존댓말이 다른 언어보다 정교하게 발달했다는 사실은 한국 사회가 그만큼 촘촘하게 관계 지향적이고, 계급성에 초점을 맞추고 있다는 측면을 드러내는 것은 아닐까요? 한국인이 사용하는 존댓말의 형식에는 공경의 마음이 가득 담겨 있다는 자화자찬의 주장을 할 요량이 아니라면, 다른 문화권에서 활용하는 존대의 방식도 그 자체로 인정해야 한다고 생각합니다.

상대를 존대하는 방식은 기본적으로 두 가지 방향성을 갖습니다. 첫째는 상대를 높이는 것이고, 둘째는 자신을 낮추는 것입니다. 영어의 조동사는 주로 두 번째 방식으로 상대에 대한 배려와 예의를 표현하고 있습니다. 특히 권유나 허락을 나타내는 문맥에서 이런 경향을 쉽게 발견할 수 있습니다.

2-5 **Lend** me some pen.

　펜 좀 빌려줘.

2-6 **Could** you lend me some pen?

　펜 좀 빌려줄 수 있겠니?

2-5의 명령문에서는 상대방의 의사가 고려되지 않고 있다는 점에서 단정적이고, 일방적인 어감을 줍니다. 반면에 조동사를 활용한 2-6에서는 그런 일방성은 많이 완화되고 있습니다. 이것은 가능성을 나타내는 could라는 조동사가 있음으로써 상대가 펜을 빌려주는 일은 단정적인 사실이 아니라, 가

능성이 있는 사실이 되기 때문입니다. 자신의 단정적인 판단이나 의사를 상대에게 그대로 적용하기보다는 상대의 의도가 작용할 여지를 남겨두는 것에서 이런 어감이 생성되는 것입니다.

조동사는 가능성이나 추측이라는 의미를 담고 있는 경우가 많습니다. 이는 기본적으로 단정성과 확실성이 약해진다는 맥락을 형성하게 되고, 그로 생성된 공백은 상대의 의도나 의지가 채우게 됩니다. 상대방의 결정력이 강화됨으로써 그만큼 자기를 내세우지 않는 공손한 어감을 주게 되는 것입니다. 물론 상대방도 그 부탁을 거절하는 것에 대한 부담을 적게 느끼게 됩니다.

'조동사를 사용하면 공손한 어감을 준다'라는 공식을 그대로 이식할 것이 아니라, 공손한 어감이 생성되는 메커니즘과 이 과정에서 조동사가 수행하는 역할과 의미를 이해하는 쪽으로 공부의 방향을 잡는 것이 옳다고 생각합니다.

언어는 서로의 소통을 목적으로 한다는 기본적인 명제에 동의한다면, 상대방의 의사에 대한 배려와 존중이라는 소통의 제일 중요한 원칙을 실천하는 도구인 조동사는 소중한 자산이 아닐까요?

조동사, 불확정성과 단정의 사이

can, 능력과 가능성

아마도 영어를 공부하면서 처음 접한 조동사가 바로 can일 것입니다. can의 용법은 '능력, 추측, 허가'의 크게 세 가지로 나눌 수 있습니다. 그중 가장 익숙한 can의 의미는 바로 '~할 수 있다'라는 '능력'이지 않을까요?

3-1 I **can** play the archlute.

    나는 아치류트를 연주할 줄 안다.

3-2 I **can** outrun you.

    내가 너보다 빨리 뛸 수 있어.

3-3 We **can** vote when we are eighteen.

    18세가 되면 투표할 수 있다.

3-4 I **have been able to** sleep sound since I practiced meditation.

    명상을 하고 난 이후로 숙면을 취할 수 있게 되었다.

3-5 The police **can** arrest drunken drivers.

    경찰은 음주 운전자를 체포할 수 있다.

3-6 This elevator **can** hold twelve persons.

    이 승강기에는 열 두 명이 탈 수 있다.

3-7 You **can** lead a horse to water, but you **cannot** make it drink.

    말을 물가로 데려갈 수는 있지만, 물을 마시게 할 수는 없다.

미국 대통령이었던 Barack Obama의 유명한 캐치프레이즈^{catchphrase}를 기억하시나요? 바로 "Yes, we can"입니다. 국민들에게 할 수 있다는 자신감을 심어주고자 했던 이 문장에 등장하는 can이 바로 이런 능력의 의미로 활용된 것입니다.

<u>can이 지향하는 능력이란 어떤 일을 해낼 수 있는 신체적, 정신적 능력을 의미하고, 대체로 이 능력은 일반적, 보편적 능력을 의미합니다.</u> 이런 맥락에서 can의 능력에는 객관적 능력이라는 의미가 부여되기도 합니다. 일시적인 가능성이 아니라, 일반적으로 어떤 행동을 수행할 수 있다면 주관적인 맥락보다는 객관적인 영역으로 들어간다고 봐도 좋지 않을까요?

그리고 3-1, 3-2처럼 개인적인 능력을 의미하는 경우에는 be able to do, be capable of, know how to do같은 표현으로 활용하는 것도 가능합니다. 특히 과거나 미래의 사실을 나타내는 경우에는 이런 표현들을 활용해야 합니다. 조동사는 형태의 변화가 없기 때문에 다양한 시점의 상황을 담아낼 수 없기 때문입니다.

그래서 이런 의미의 can은 현재 시제에서 주로 쓰고, 미래나 과거 시제에서는 be able to do, manage to do, succeed in처럼 과거나 미래형을 쓸 수 있는 동사 표현을 주로 활용합니다. 또 완료형을 쓸 때에도 have라는 조동사와 can을 함께 쓸 수 없기 때문에 3-4처럼 be able to do를 활용해서 표현하는 것이 적당합니다. 그리고 문맥에 따라서는 3-5처럼 '권한'의 의미로 이해하는 것이 적절한 경우도 있습니다.

이렇게 능력, 권한의 의미로 쓰일 때는 사람 명사가 주어로 제시되기도 하지만, 3-6처럼 사물 명사가 주어가 되는 경우도 가능합니다. 그리고 3-7처럼 부정어가 결합해서 cannot이 되면, 능력을 발휘할 수 없는 부정적 상황을

조동사 **295**

의미하게 됩니다.

<u>can의 두 번째 핵심 용법은 '~일 수도 있다'라는 '가능성이 있는 추측'을 나타내는 것입니다.</u> 때로는 '가능성'이라고 제목을 붙이는 경우도 있는데, 같은 맥락으로 이해하면 됩니다. can이 일반적인 '능력'을 나타낸다면, 그런 능력을 발휘하는 상황은 현실적으로 발생할 가능성이 높은, 보편적인 상황으로 봐야 하지 않을까요? 즉 can이 의미하는 가능성이 있는 추측이란 일반적으로 마주할 가능성이 높은 경우라고 이해할 수 있습니다. 다른 말로 풀어서 표현하면 'there is a possibility to do~'라고 할 수 있는 것이죠.

3-8 The store **can** be closed today.
　　　그 상점이 오늘은 문을 닫았을 수도 있다.

3-9 **Can** his proposal be credible?
　　　그의 제안은 신뢰할 수 있을까?

3-10 He **cannot** be such a man to behave like that.
　　　그는 그런 행동을 할 사람이 아니다.

3-8의 문장은 'There is a possibility for the store to be closed today.'라고 이해할 수 있습니다. 즉 축적된 정보로 판단할 때, 그 상점이 오늘은 문을 닫았을 가능성이 있다는 의미인 것입니다. 물론 직접 확인한 사실이라면 'The store is closed today.'라는 단정적인 진술을 하는 것이 타당합니다. <u>조동사는 그런 진술이 갖는 단정적이고 의미를 완충시켜서, 추측이라는 불확실성의 영역으로 들어가게 하는 것입니다.</u> 물론 그 진술의 진위에 대한 부담도 함께 감소하게 되는 것이고요.

그런데 3-9처럼 의문문에 can을 활용하면, 그 진술이 현실로 일어날 가능성에 대한 질문을 의미하기 때문에 의심의 문맥이 형성됩니다. 그리고 이런 의심의 강도가 더 강해진다면 '~일 리가 없다'라는 실현 가능성을 완전히 부정하는 의미가 됩니다.

그래서 3-10의 경우처럼 부정어를 결합해서 cannot을 쓰면 그와 같은 '강한 의심'을 나타냅니다. '능력'을 의미하는 can은 주로 동사가 나타내는 동작에 대해 초점이 맞춰지는 반면, '가능성'을 의미하는 can의 뒤에 상태 동사가 오면 진술 자체에 대한 판단을 의미하게 됩니다.

<u>can의 세 번째 용법은 상대의 요청이나 부탁에 대해 '~해도 좋다'라는 '허락'의 의미를 나타내는 경우입니다.</u>

3-11 You **can** have the book if you want it.
원하면 그 책을 가져도 좋아.

3-12 **Can** I talk to you for a few minutes?
몇 분만 얘기를 좀 할 수 있을까요?

3-13 Mother says I **cannot** do that sort of thing.
어머니께서는 내가 그런 종류의 일을 하면 안 된다고 말씀하신다.

3-13처럼 cannot은 can에 부정어 not이 결합된 형태이므로, 허락에 대한 부정, 즉 '~하지 말아야 한다'라는 '금지'의 뜻을 나타내게 됩니다. 허락의 의미를 나타내는 경우에도 can이 나타내는 시점은 현재 상황입니다. 그렇다면 '능력'의 의미를 나타내는 can을 주로 현재 시점에 국한해서 활용했던 것과 비슷하게 다른 시점의 상황을 나타내기에는 형태상 제약이 따르게 됩니다.

따라서 과거나, 미래의 사실을 나타내는 경우에는 이와 유사한 의미를 가진 be permitted to나 be allowed to라는 표현을 활용하는 것이 일반적입니다.

may, 허락과 추측

may는 용법이나 의미가 can과 거의 비슷합니다. 그래서 <u>may도 역시 어떤 행위에 대한 허락이나 승낙을 나타내는 의미가 있습니다.</u>

4-1 **May** I use your cell phone?
전화기를 빌려주실 수 있으신가요?

4-2 Borrowers **may not** take out of the library more than three books at a time.
도서관에서 한 번에 세 권 이상을 대출할 수는 없다.

물론 can과 may가 모두 '허락'을 나타내지만, 약간의 차이는 있습니다. 일반적으로 구어체에서, 혹은 편한 관계에서는 can을 사용하는 빈도가 더 높습니다. 반면에 <u>may는 can보다 더 격식을 갖춘 상황에서 주로 사용합니다.</u> 그래서 4-1처럼 의문문에 may를 활용하면, 상대에게 허락을 요청하는 상황이 되는데, 상당히 공손한 어감을 갖게 되는 것입니다. 그리고 같은 맥락에서 may로 부탁하는 상대에게 may로 대답하는 경우는 무례하게 들릴 여지도 있는 것입니다. 그리고 4-2처럼 부정어와 결합하면, 역시 cannot처럼 부탁에 대한 거절의 의미, 혹은 금지의 의미를 갖게 됩니다.

이때 may도 역시 현재 시점을 기준으로 표현하고 있습니다. 하지만 조동사는 형태 변화가 없다는 점에서 과거나, 미래의 사실을 나타내는 경우에 적절한 형태를 가질 수가 없습니다. 그래서 이럴 때는 can의 경우와 마찬가지로 may도 역시 be permitted to나 be allowed to를 활용해서 표현합니다.

<u>may가 can과 유사한 점은 '~일 것이다'라는 막연한 가능성, 혹은 불확실한 추측을 나타내는 용법에서도 찾아볼 수 있습니다</u>. 물론 이런 추측의 맥락에서도 may는 can과 약간 차이가 있습니다. 문맥에 따라 결정되기는 하지만, 일반적으로 may로 담아내는 가능성이 can보다 실현 가능성이 낮은 것으로 이해하고 있습니다.

4-3 It **may** rain.
   비가 올지도 모르겠다.

4-4 It **may** be true or **may not** be true.
   그것은 사실일 수도 있고, 아닐 수도 있다.

4-5 Cautious people **may** sometimes be off their guard.
   조심스러운 사람들도 때로는 경계를 풀 때가 있을 것이다.

때로는 막연한 추측이라고 표현하기도 하는데, may는 can보다 판단의 근거가 충분하지 않고, 확신의 강도가 약하다는 어감을 내포하고 있는 경우가 많습니다. 그래서 may는 현재 또는 미래 상황에 대해 막연하고, 불확실한 추측을 의미하는 맥락에서 사용하는 경우가 많습니다. 4-3의 경우에 may는 미래 상황에 대한 추측을 나타내는데, 비가 오는 상황이 실현될 가능성을 그리 높게 보고 있지 않다는 의미를 담고 있습니다.

| 4-4 It may be true or may not be true. | 사실 추측의 의미를 전달하는 조동사의 의미를 두부 자르듯이 명확하게 구별하기는 어려운 일입니다. 조동사 각각을 활용하는 개인적인 판단이나 선호도의 차이도 있고, 문맥에 따라 결정되기도 하기 때문입니다. 그런데 대체로 may는 4-4처럼 절반 정도의 가능성을 내포하는 것으로 이해하는 것이 보통입니다.

그리고 may는 in order that ~이나 so that ~처럼 목적을 나타내는 부사절에서 흔히 쓰이기도 하는데, can을 사용하는 것도 가능합니다. 또 결과를 나타내는 that절에서, 혹은 however나 may ~ but처럼 양보 관계를 나타내는 접속사와 함께 사용되는 경우도 쉽게 발견할 수 있습니다.

4-6 He is working hard *in order that* he **may** pass the examination.
그는 시험을 통과하기 위해 열심히 공부하고 있다.

4-7 Come home early, *so that* we **may** eat dinner together.
집에 일찍 와. 그래서 저녁을 같이 먹도록 하자.

4-8 He **may** be rich, *but* he is not refined.
그는 부자일지도 모른다. 그렇지만 세련되지는 않다.

4-9 *However* [*No matter how*] tired you **may**, you must do your assignment.
아무리 피곤하더라도 과제는 해야지.

must, 의무와 확신

must의 의미는 크게 '의무'와 '가능성'이라는 두 가지 범주로 나눌 수 있습니다. 보통 '~해야 한다, ~할 필요가 있다'라는 '의무'의 경우를 먼저 배워서 익숙할 것입니다.

<u>must가 제시하는 의무의 개념은 강제성을 갖기도 하는 강한 어감을 나타냅니다.</u> 그래서 법률이나 규정, 명령, 지시와 같은 대상들이 규정하는 행동을 하는 것을 의미하는 경우가 많습니다. 물론 이렇게 공적인 맥락에서 규정되는 경우에만 사용되는 것은 아니고, 매우 중요한 행동이라고 판단하는 경우에도 must를 적용합니다.

5-1 Participants in the camp **must** observe the safety guidelines.
　　캠프 참가자들은 안전 지침을 준수해야만 합니다.

5-2 We **must** take every step we can to handle this matter.
　　이 문제를 다루기 위해 우리는 할 수 있는 모든 조치를 취해야만 한다.

5-3 John says you **must** apologize.
　　존이 그러는데 네가 사과해야 한다더라.

그리고 이 의무의 의미를 약간 비틀어서 타인에게 향하면 5-3처럼 강력한 권고나 충고의 맥락을 갖기도 합니다. 어떤 행동을 하는 것이 의무라기보다는, 좋은 생각이라는 판단을 하고 있는 것이죠. 바로 이런 배경에서 must에 개입되는 의무는 내재적 의미를 갖기도 합니다. 다시 말하면, 외적 상황에 따른 것이 아니라, 주로 화자 개인적인 판단에 따른 의무라는 맥락을 형성한다는 말입니다.

must가 제시하는 내용에 부정어가 결합해서 must not이 되면 must가 담고 있던 의무의 상황을 부정하는 문맥이 되기 때문에 '~하지 말아야 한다'라는 '금지'의 의미가 됩니다. 즉 의무로 제시되는 행위를 하지 말아야 한다는 금지의 의미가 되는 것이죠.

5-4 You **must not** go to the park late at night by yourself.
밤늦게 혼자 공원에 가지 마라.

5-5 You **must** keep it a secret. You **mustn't** tell anyone.
그건 비밀로 해야 돼. 아무에게도 말하면 안 돼.

때로 must는 '필요'의 의미를 나타내기도 합니다. 하지만 이런 의미도 개인적인 차원에서 규정되는 의무, 혹은 중요한 행동이라는 점을 조금 더 연장해서 이해하면 충분하지 않을까요?

5-6 We **must** get up early.
우리는 빨리 일어날 필요가 있다.

5-7 You **must** improve your reading skills.
너는 독해 기술을 향상시킬 필요가 있다.

그리고 must도 조동사의 범주에 속한다는 점에서 역시 형태 변화가 없습니다. 그 말은 독립된 과거형이 없다는 말이고, 항상 현재 시점에서 제시되는 의무를 나타낼 수밖에 없다는 한계를 갖게 됩니다. 그래서 과거나 미래 시점에 적용되는 의무를 나타내는 경우에는 have to라는 유사한 의미를 갖는 표현을 활용합니다. 즉 had to로 과거 시점의 의무를, 그리고 will have to로 미래 시점의 의무를 각각 표현하는 대안을 찾은 것입니다.

5-8 Tommy **had to** meet the deadline *yesterday*.
　　어제 토미는 마감 시간을 맞춰야만 했다.

5-9 Tommy **will have to** move to the suburbs *next month*.
　　다음 달에 토미는 준 교외 지역으로 이사를 해야만 할 것이다.

　　한편 must가 담아내는 또 하나의 중요한 용법은 바로 '가능성'의 의미를 구현하는 것입니다. 그런데 must가 표현하는 가능성은 실현될 가능성이 상당히 높습니다. must가 표현하는 추측이란 논리적 근거를 바탕으로 한 결론이기 때문에, can이나 may보다는 확신의 강도가 훨씬 강하다는 어감을 주기 때문입니다. 그 근거는 서술자가 알고 있는 다른 정보일 수도 있고, 일반적으로 예상할 수 있는 것일 수도 있습니다.

5-10 You **must be** joking.
　　농담하고 있는 거지.

5-11 Here **must be** Shangri-La I have looked for.
　　여기가 분명 내가 찾던 이상향이야!

　　must가 이렇듯 단정적인 추측을 나타내려면, 그런 결론을 내릴 만한 충분한 정보나 증거, 혹은 논리적 타당성이 있어야 하지 않을까요? 5-10에서는 상대방이 평소에 보여주는 행동이나, 일반적인 상식을 근거로 판단할 때, 진담으로 믿기 어렵다는 의미가 깔려 있습니다.

이런 상황을 영화에서도 흔히 접할 수 있습니다. 주인공이 처음 만난 상대에게, 'You must be John, right?'이라는 식의 대사를 합니다. 즉 처음 보는 사람이라 단정할 수는 없지만 그 동안 축적된 정보로 추측할 때, 그 사람이 분명하다는 추측을 나타내는 것입니다.

그리고 이렇게 가능성의 의미를 나타낼 때, must에 곧바로 not이 결합하지는 않는다는 점을 주의해야 합니다. 앞에서 봤듯이 must not은 행동의 금지를 의미하는 경우에 활용되기 때문입니다. 그래서 '~일 리가 없다'는 부정적인 추측을 하는 경우에는 cannot을 사용합니다. 또 must가 논리적 확실성을 의미한다는 점에서 의문문에도 활용하지 않는 것이 원칙입니다. can을 의문문에 활용하면, 의심의 맥락이 형성되었던 것을 기억하면 이해할 수 있을 것입니다. 그래서 의문문에서는 can을 대신 활용합니다.

must가 이렇게 필연적이고도 확실한 가능성의 바탕에서 하는 추측을 의미하는 것은 must 자신이 갖고 있던 '의무'라는 강한 개념이 가능성의 영역으로 고스란히 옮겨 왔다고 이해해도 좋을 것입니다. 어떤 일이 꼭 해야 하는 의무적인 상황이라면 그 일이 실제로 발생할 가능성도 역시 확실해질 수밖에 없을 테니까요.

will, 예측과 의지

앞서 시제에서 설명했듯이, will의 용법으로 가장 중요한 것은 현재 시점에서 바라본 미래의 상황을 예측하는 것입니다.

6-1 John **will** leave for Istanbul ***on Monday***.

    존은 월요일에 이스탄불로 떠날 것이다.

6-2 **Will** Dr. Perez be available ***this afternoon***?

    페레즈 박사님께서 오늘 오후에 시간이 괜찮으실까요?

6-3 **Will** you be seeing Joan ***tomorrow***?

    내일 조안을 만날 거니?

    시제를 공부하면서 will이 전하는 미래 상황은 현재 시제로 표현할 때보다 그 일이 실제로 발생할 확실성이 떨어지는 경우를 나타낸다는 점을 확인했습니다. will은 미래 상황에 대한 예측, 개연성, 믿음, 추측 등과 같은 맥락을 전달하는데, 실현될 가능성이 높긴 하지만 명백한 추론에 근거를 둔 주장은 아니라는 맥락을 깔고 있는 경우가 많기 때문입니다. 그래서 6-1에서도 확정된 일정이라기보다는 그런 상황에 대한 예측의 의미가 강한 것입니다. 6-2에서도 현재 시제를 사용하는 것보다는 will을 사용함으로써 단정적인 어감을 약화시키는 효과를 가져옵니다. 역시 '예측'의 will이 갖는 불확실성이 개입되는 것으로 이해할 수 있습니다.

    그리고 <u>이런 예측의 의미가 개별적인 행동이 아니라, 보편적이거나 반복되는 행동으로 확대되면 '일반적인 예측, 습성'이라는 맥락을 형성하기도 합니다.</u>

6-4 History **will** repeat itself.

    역사는 반복된다.

6-5 Accidents **will** happen.

    사고는 늘 일어나기 마련이다.

6-6　Wood **will** float on water.
　　　나무는 물에 뜬다.

> 6-4　History will repeat itself.
> 6-5　Accidents will happen.

6-4와 6-5의 경우처럼 반복되는 사건들을 통해 얻어진 지식들은 그 대상이나 상황에 대해 일반적인 예측을 가능하게 합니다. 물론 현재 시제로 표현할 때만큼의 단정적인 어감은 없지만, 이런 일반적인 상황을 예측하는 경우에 will로 표현하는 것입니다. 그리고 6-6처럼 이런 의미의 will은 사물이 드러내는 일반적인 습성에도 적용할 수 있지만, 과학적인 명제나 과학 논문에서는 사용하지 않습니다. 아무래도 '추측, 예측'의 의미를 갖는 will과 객관적인 사실을 언급하는 과학 논문의 문맥이 서로 어울리지 않기 때문입니다.

　　그리고 <u>will의 이런 의미는 사람이나 사물이 보여주는 일반적인 특성이나 습성에도 적용됩니다</u>. 일정한 양상을 보이는 경우가 많다는 것은 그만큼 그 대상의 행동이 예측의 범위 안에 있는 것으로 이해할 수 있지 않을까요?

6-7　Small fish **will** shoal to make themselves seem bigger.
　　　작은 물고기들은 더 크게 보이려고 떼를 지어 다닌다.

6-8　A true friend **will** stand by a friend in need.
　　　진정한 친구는 어려움에 처한 친구의 곁을 지킨다.

　　6-7에서 작은 물고기들이 항상 무리를 짓는 습성을 보이는 것도 아니고, 또 6-8에서 나타나는 행동이 진정한 친구를 규정하는 유일한 기준인 것도 물론 아닙니다. 하지만 반복되는 사례를 통해 일반적으로 예측할 수 있는 습성

이나 행동으로 볼 수 있는 것입니다. 그리고 그런 의미를 바로 will이라는 조동사가 전달하고 있는 것입니다.

<u>이런 예측 가능한 행동이라는 개념이 개인이나 집단에게 적용되면 will 이 '현재의 습관이나 경향'이라는 의미로 확장되기도 하는 것입니다.</u>

6-9　Joseph **will** sit on the bench in the park for hours doing nothing.
　　　조셉은 공원 벤치에 몇 시간 동안 그냥 앉아 있곤 한다.

6-10　The people who have not traveled so much **will** pack a lot of unnecessary items.
　　　여행을 많이 다녀보지 않은 사람들은 불필요한 물건들을 많이 짐에 챙긴다.

　6-9에서 나타나는 개인의 습관적인 행동이나, 6-10의 사람들이 보여주는 행동의 경향을 나타내는 will에는 그 행동을 하는 주체의 의지나 자발적 의지가 강하게 개입되고 있습니다. 이렇게 will로 현재의 습관적인 행동을 나타내는 경우에는 2인칭이나 3인칭을 대상으로 하고, 반복의 정도를 표현하기 위해 빈도부사와 함께 쓰이기도 합니다.

　그리고 이러한 자발성에서 will의 고유한 의미 중 매우 중요한 또 한 가지로 의지를 나타내는 경우를 이끌어낼 수 있습니다.

6-11　I **will** go to the ballpark, no matter what you say.
　　　난 야구장에 갈 거야. 네가 무슨 말을 하건 말이야.

6-12　**Will** you come with us this evening?
　　　오늘 저녁에 우리와 함께 갈래?

> 6-11 I will go to the ballpark, no matter what you say.
> 6-12 Will you come with us this evening?

보통 의지 미래라고 제목을 붙이기도 하는데, will은 행위자의 자발적 의도, 의지, 의향, 명령 등을 나타냅니다. 활용 폭이 다소 넓다고 생각할 수 있지만, 의지라는 기본 개념을 중심에 두고 이해할 수 있습니다.

6-11에서도 야구장에 가겠다는 주어의 강한 의지를 드러내고 있습니다. 그리고 6-12처럼 의문문에 will이 사용되면 권유나 요구, 혹은 제안을 나타내기도 하는데, 세부적인 의미는 질문을 하는 사람과 받는 사람의 관계를 비롯한 문맥에 따라 판단됩니다. 어쨌든 이렇게 제안을 하는 경우에도 주어인 you의 의향이 드러난다는 점에서 '의지'라는 프레임으로 묶어서 이해할 수 있습니다.

shall, 의무와 의지

미래 사실을 나타내는 조동사로는 shall과 will이 있는데, shall에 대해서 가장 잘 알고 있는 의미는 아마도 '~해야 한다'라는 의무의 용법일 것입니다. 반면에 will은 이런 용법으로는 쓰이지 않습니다.

will에는 없는 이런 의무의 의미를 shall이 갖고 있는 이유는 기본 개념이 서로 다르기 때문입니다. will은 개인의 판단에 따른 미래의 상황을 전달하는 데 초점을 맞춘 표현입니다. 즉 어떤 행동을 판단하는 주체가 그 개인이라는 말입니다. 그래서 shall과 달리 will은 '개인의 의지' 또는 '의사'라는 의미를 주로 나타내는 것도 그런 배경을 갖고 있기 때문입니다.

반면에 shall은 개인적인 측면보다는 타인의 의사에 따른 미래를 나타내는 의미를 갖습니다. 그러니까 어떤 행동을 판단하는 주체는 내가 아니라, 다른 사람을 포함해서, 외적 존재들이 되는 것입니다. 즉 자신의 의지나 판단보다는 다른 사람들, 혹은 사회적인 규범들과 같은 외적인 상황에서 비롯된 미래를 나타낸다는 말입니다.

이렇게 외부에서 가해지는 의사에 따른 상황이라는 점에서 shall은 '의무'의 뜻을 갖게 되는 것입니다. 다른 사람들이 어떤 대상에게 어떻게 하라고 정해놓거나 강제하는 행동이 그들의 입장에서 보면 '의지, 의향'이 되겠지만, 그 말을 듣는 입장에서 보면 일종의 지시나 명령처럼 강제성을 띠는 말이 됩니다. 그렇게 개체에게 강제된 행동을 바로 '의무'라고 하는 것이죠. 그러니 의무를 나타내는 shall이 법조문이나 또는 성경 같은 글에서 많이 등장하는 것은 당연한 일입니다.

7-1 **You shall not kill.**
    살인하지 말지어다.

7-2 **All records of this meeting shall be destroyed.**
    이 회의의 기록은 모두 파기되어야 한다.

7-3 **The President shall be Commander in Chief of the Army and Navy of the United States.**
    미합중국의 대통령은 최고 사령관이 된다.

7-1은 구약 성서의 『탈출기』 *Exodus*에 나오는 내용으로 모세의 10계명 가운데 하나입니다. 종교적 절대자가 사람에게 지시하는, 그래서 사람의 입장에서는 준수해야만 하는 의무 사항을 나타내고 있는 것입니다. 7-2의 수동

> 7-2 All records of this meeting shall be destroyed.
> 7-3 The President shall be Commander in Chief of the Army and Navy of the United States.

태 문장도 행위자가 드러나지 않지만, 조직의 명령 계통에 있는 사람이나 내규가 구성원에게 특정한 행동을 요구하고 있습니다. 그리고 7-3에서는 미국의 헌법에서 규정하고 있는 대통령의 임무입니다.

이 예문들을 관통하는 것은 외적 존재가 개체에게 요구하고, 강제하는 의사, 명령, 요구의 상황입니다. 그리고 이런 것들이 실제 그 행동을 하는 입장에서는 따르고, 준수해야 하는 의무이고, 책임이 됩니다. 그런 맥락을 바로 shall로 표현하고 있는 것입니다.

아직도 shalll과 will의 용법을 공부하는 과정에서 단순 미래와 의지 미래라는 큰 벽에 막혀 좌절감을 느끼는 경우가 많습니다. 예전에는 미래 시제를 의지 미래와 단순 미래로 나누고, 거기에 1인칭, 2인칭, 3인칭으로 구분을 더하고, 추가로 화자의 의지와 청자의 의지로 또 분류하기도 했었습니다. 하지만 shall과 will에 대한 이런 복잡한 구분은 거의 사라졌고, <u>1인칭 단순 미래를 나타내는 상황에서만 shall을 사용하고, 그 외의 경우에는 모두 will을 사용하는 것으로 간결하게 정리가 되었습니다.</u>

<u>단순 미래란 자신의 의지에 따른 것이 아닌 외적 상황에 따라 자신에게 전해지는 결과</u>라고 이해할 수 있습니다. '외적 요인으로 인한 상황'이라는 shall 고유의 개념에서 '의무'라는 의미가 형성되었던 점을 감안하면, shall이 단순 미래를 의미하는 것도 같은 맥락에서 이해할 수 있을 것입니다.

> 7-4 I **shall** be thirty in March.
> 3월이면 나는 서른이 된다.

7-5 The doctor tells that I **shall** be quite well in a couple of days.
　　 의사의 말로는 며칠 지나면 나는 아주 상태가 좋아질 것이라고 한다.

7-6 **Shall** I open the door?
　　 문을 열어도 될까요?

　　 7-4에서 사람의 나이란 시간이라는 외적 기준에 따라 자신에게 부여되는 단위 개념일 뿐 개인의 의사나 의지와는 아무런 상관이 없는 것입니다. 7-5의 문장에서도 병의 상태가 좋아지는 것은 자신이 마음대로 조절할 수 있거나, 자신의 의지대로 통제하거나 영향을 미칠 수 있는 상황이라고 볼 수 없다는 점에서 단순 미래로 분류하고 shall로 그 상황을 전달하고 있습니다.
　　 이런 의미로 shall이 쓰이는 경우는 상대의 의사를 묻는 의문문에서 일반적으로 확인할 수 있습니다. 7-6에서 상대의 의향을 물어본다는 것은 상대의 대답 여부에 따라 자신의 행동이 결정되는 상황으로 이해할 수 있습니다. 즉 문을 여는 동작을 결정하는 사람은 자신이 아닌 외적 존재라는 점에서 자신의 의지가 개입될 여지가 없는 것이죠. 이 경우도 역시 '외적 의지를 통한 의무'라는 shall의 기본 개념이 그대로 적용된 것으로 이해할 수 있습니다. 최근에는 이 경우에도 will을 사용하는 빈도가 점차 증가하고 있는 추세입니다.

7-7 ***Let's*** go to the movies after dinner, **shall we**?
　　 저녁 먹고 나서 영화 보러 갈래?

7-8 ***Clean*** your room after dinner, **will you [won't you]**?
　　 저녁 먹고 방을 청소해, 응?

> 7-7 Let's go to the movies after dinner, shall we?
> 7-8 Clean your room after dinner, will you [won't you]?

shall과 will의 이런 차이는 부가 의문문 tag question 의 형태를 통해서도 잘 드러납니다. 7-7처럼 'Let's ~'로 시작하는 권유문의 경우에 부가 의문문은 항상 'shall we?'가 됩니다. Let's는 Let us를 줄인 말이니까 1인칭을 대상으로 하는 것이고, 또 권유문이란 상대의 반응에 따라 행동이 결정된다는 맥락에서 shall의 개념과 호응하기 때문입니다.

반면에 명령문의 기본 형태는 동사의 원형으로 시작하는데, 이때는 주어인 You가 생략된 것입니다. 그래서 2인칭을 대상으로 한다는 점에서 명령문의 부가 의문문은 7-8처럼 항상 'will you?'라는 고정된 형태가 되는 것입니다.

하지만 shall이 의지 미래를 나타내는 용법이 전혀 불가능한 것은 아닙니다. shall이 말하는 사람의 의지를 나타내는 경우는 shall의 용법이라기보다는 반어법이라는 수사법의 차원에서 이해하는 것이 바람직합니다. 반어법이란 상황을 일상적인 맥락과는 다르게 비틀어서 문장의 표면적인 의미와는 반대되는 의도를 더욱 강하게 전달하는 표현 기법입니다. 일종의 일탈적 효과를 노리는 변칙적 표현이라고 할 수 있는데, 변칙은 원칙을 기준으로 얼마나 멀어졌느냐에 따라 그 효과가 결정됩니다. 따라서 변칙을 이해하기 위해서는 원칙을 정확하게 이해하고 있어야 한다는 전제가 성립됩니다.

의지를 나타내는 경우에는 will을 사용하는 것이 원칙입니다. 그렇기 때문에 문맥상 will을 사용하는 것이 명백한 경우에 오히려 shall을 사용함으로써 반어적인 차원에서 진술하는 사람의 의지를 강하게 전달할 여지도 생기는 것입니다.

7-9　I **shall** do everything I can.
　　　내가 할 수 있는 일은 모두 다 할 거야.

7-10　I **shall** never forget your kindness.
　　　네가 베풀어준 친절을 절대로 잊지 않을게.

　　7-9에서는 everything과 같은 강한 표현을 통해 말하는 사람의 의지를 명백하게 읽어낼 수 있는 상황입니다. 당연히 will을 써야 하는 경우지만, 오히려 shall을 사용함으로써 일상적인 기준에서 벗어나는 일탈의 효과를 주고 있습니다. 그런 면에서 오히려 더 강한 어감을 전할 수 있는 것입니다. 7-10에서도 never라는 표현을 통해 잊지 않겠다는 능동적인 의지를 객관적으로 느낄 수 있습니다. 하지만 역시 shall을 활용함으로써 반어적인 효과를 만들어내고, 그럼으로써 더욱 강하게 자신의 의지를 전달하고 있는 것으로 이해할 수 있습니다.
　　다만 이렇게 shall을 활용하는 경우는 그 의도를 충분히 읽어낼 수 있는 근거가 있어야 한다는 전제가 충족되어야 합니다. 그리고 이런 표현 방식은 격식을 갖춘 문장에서 매우 제한적으로 사용된다는 점도 명확하게 알아두는 것이 좋습니다.

조동사의 과거는 과거가 아니다

조동사 + have‐ed, 과거를 보는 다른 시선

can, may, shall, will은 원래 동사에서 출발한 단어들이기 때문에 각각 could, might, should, would라는 과거 형태를 갖고 있었습니다. 하지만 이 동사들이 일반 동사의 용법에서 벗어나 조동사로 자리매김하면서, 이 과거형들도 동사의 시점을 표시하는 기능은 유명무실해지게 됩니다. 그래서 could, might, should, would에서 과거라는 시점의 의미는 점차 사라지게 되었습니다.

물론 과거의 의미가 탈색되는 정도는 차이가 있어서 should는 과거의 뜻을 나타내는 경우가 드물지만, would는 아직도 과거의 의미를 보여주는 경우가 비교적 많기도 합니다. 일반적으로 could, might, should, would는 간접 화법과 같은 문장에서 전달 동사의 시점과 일치시키는 용도로 쓰이는 경우가 과거의 의미를 담고 있는 대표적인 유형입니다.

대체적으로 could, might, should, would는 과거를 의미하기보다는 can, may, shall, will처럼 가능성, 능력, 예측, 의무, 감정 등과 같은 의미를 전달하는 또 다른 용도로 활용되고 있습니다. could, might, should, would는 과거라는 맥락에서 역시 can, may, shall, will이라는 현재 형태보다 확신의 강도가 약해진다는 공통점을 갖습니다. 그 결과 could, might, should, would를 사용하는 것이 can, may, shall, will을 사용하는 경우보다 각각 정중하고, 공손하고, 유보적인 어감을 전달하게 되는 것입니다.

예를 들어 should를 shall의 과거형이고, '~해야 한다'라는 의무의 뜻이 있다고 흔히 배웁니다. 그런데 '~해야 한다'라는 이 뜻에는 과거의 의미가 담겨 있지 않습니다. 과거라고 배우면서 과거의 의미가 없는 이 난감한 상황에 대한 설명은 없이 그저 '의무'라는 제목을 암기하는 것에 초점이 맞춰지는 현실을 어떻게 납득하면 좋을까요? 가정법을 올바르게 이해하기 위해서는 조동사의 용법을, 그중에서도 could, might, should, would를 중심으로 하는 의미를 정확하게 파악할 필요가 있습니다.

could, might, should, would가 보이는 각각의 의미와 용법을 알아보기에 앞서 이들 조동사들을 통해 시점을 표현하는 공통의 방식을 설명하겠습니다. 조동사들은 형태 자체의 변화가 없다는 특징을 갖기 때문에, 과거 시점을 표현하는 방식도 다를 수밖에 없습니다.

일반적으로 'can, may, shall, will + 동사의 원형'이라는 기본형은 현재의 시점을 의미하는 것으로 이해됩니다. 그리고 이 점은 과거의 의미를 상실한 could, might, should, would의 다음에 동사의 원형이 연결되는 경우에도 동일하게 적용됩니다.

조동사의 형태를 변형시킬 수는 없기 때문에, 과거의 상황을 나타내기 위해서는 조동사의 뒤에 연결되는 동사의 형태를 변화시킬 수밖에 없게 됩니다. 그래서 두 시점의 연결이라는 관점에서 동작의 선후관계를 드러내는 완료형을 활용하게 된 것입니다. 그 결과 '조동사 + have -ed'라는 과거의 시점을 전달하는 형태가 만들어졌습니다.

간혹 조동사 뒤의 이 'have -ed'를 현재 완료라고 부르기도 하는데, 오히려 혼란스럽게 하는 것은 아닌지 걱정이 되기도 합니다. 조동사의 뒤에 오는 have는 원형이지, 현재가 아니기 때문입니다. 따라서 '완료형'이라는 개념

조동사 **315**

만 적용하는 것으로 충분하다는 생각에 '완료형'으로 통일하겠습니다.

우리의 교육 과정에서는 보통 조동사보다는 가정법에 더 비중을 두는 경향이 있습니다. 평가의 수단으로 삼기에 더 편하다는 점에서 그런 것이겠지만, 그러다 보니 could, might, should, would는 가정법의 맥락에서 주로 배우게 됩니다. 그러면서 'could, might, should, would + have -ed'라는 구조를 활용하는 표현들을 마치 관용어구인 것처럼 암기하기도 합니다. 하지만 이 표현 방식에는 could, might, should, would만 쓰이는 것이 아니라, can, had better, may, must, need not처럼 다양한 조동사들이 활용되기도 합니다.

이 표현 방식을 이해하기 위해서는 세 가지 기본 요소가 필요합니다. 첫째는 표현의 한 축인 조동사 각각의 의미와 용법을 이해하는 것입니다. 두 번째는 조동사의 뒤에 결합하는 이 완료형은 과거 시점을 나타내는 기호라는 점을 인정하는 것입니다. 상대의 관점과 표현 방식을 일단 있는 그대로 수용해야 객관적인 평가와 이해가 비로소 가능해질 테니까요. 그리고 마지막으로는 could, might, should, would는 가정법의 문맥에서, can, may, shall, will은 직설법의 맥락에서 접근해야 한다는 점입니다.

8-1 His argument **may** be true.

    그의 주장이 사실일 수도 있다.

8-2 His argument **might** be true.

    그의 주장이 사실인지도 모른다.

8-1에서는 may의 뒤에 동사의 원형이 연결되었습니다. 그래서 현재 상황에 대한 불확실한 추측을 나타내고 있습니다. 반면에 8-2에서는 might가 쓰였지만, 뒤에 여전히 동사의 원형이 연결되고 있습니다. 이 might는 may보다 시점이 앞섰다는 사실을 나타내는 것이 아니라, may보다 약화된 의미를 나타내는 의도로 사용된 것입니다. 그래서 may보다는 might가 추측에 대한 불확실성이 더 강해지는 의미를 나타내는 것입니다. 이렇게 <u>may보다는 might가, 그리고 can보다는 could가 각각 확신의 강도가 약해지는 어감을 표현합니다</u>.

8-3 It **may have rained** yesterday.

8-4 It **might have rained** yesterday.

이번에는 두 개의 예문에서 조동사 다음에 모두 have rained라는 완료형이 연결되었습니다. 그렇다면 8-3과 8-4는 모두 현재의 시점에서 과거의 사실을 대상으로 한 추측이라는 공통점이 있습니다.

그래서 역시 차이점은 시점이 아니라, may와 might가 드러내는 관점입니다. 즉 8-3의 may have rained는 직설법에 기반을 둔 표현으로 어제 비가 왔을 가능성이 높지는 않지만 있는 것으로 보고 있습니다. 반면에 8-4의 might have rained는 가정법의 영역이 됩니다. 즉 확신의 강도가 매우 낮아진다는 점에서 어제 비가 왔을 가능성을 아주 낮게 보고 있는 것입니다.

could, 가능성과 과거의 능력

could는 can의 과거 형태지만 역시 과거의 의미를 담고 있지 않을 수 있습니다. 그래서 can이 가지고 있던 '능력, 가능성, 허락'이라는 세 가지 기본 개념을 유지하고 있습니다. 그중에서 과거의 의미를 담고 있는 경우는 '능력'을 의미하는 용법으로 쓰일 때입니다. 물론 <u>과거의 능력을 나타내는 경우에는 가정법 상황과 혼동을 피하기 위해 could보다는 was[were] able to do나 succeeded in doing 또는 managed to do처럼 과거 시점을 명확하게 나타내는 표현을 선호하는 경향이 있습니다.</u>

9-1 The guy **could** not swim and *had* to wait for the rescue.
   그 남자는 수영을 할 줄 몰랐기에 구조를 기다려야만 했다.

9-2 That night *was* the heart of darkness, and we **couldn't** see anything.
   그날은 칠흑 같은 밤이어서, 우리는 아무것도 볼 수가 없었다.

9-3 Tom *said* he **could** participate in the audition.
   톰은 오디션에 참가할 수 있다고 말했다.

그래서 could가 과거의 의미를 담고 있는 경우에는 과거 시점을 확인할 수 있는 객관적인 시간 어구가 함께 등장할 때가 많습니다. 그래서 9-1에서는 had라는 과거 동사와, 그리고 9-2에서는 was라는 과거 동사와 각각 함께 쓰임으로써 could는 과거의 능력을 의미하고 있습니다. 특히 9-3의 said처럼 간접화법에서 주절의 전달 동사가 과거일 때, 다른 문장의 시제를 일치시키기 위해서 could를 사용하기도 합니다.

그리고 '가능성'을 나타낼 때, could는 might, should, would와 같은 조동사들이 그렇듯이 실제 과거 시점을 의미하는 것이 아닙니다. <u>could는 can보다 추측의 강도, 즉 확신의 강도가 약해지면서, 단정적인 어감은 줄어드는 맥락에서 가능성을 표현하게 됩니다.</u>

9-4 In theory, such an incident **can** happen.
9-5 In theory, such an incident **could** happen.

9-4에서는 이론적으로는 그런 일이 발생할 수 있는 실제적인 가능성이 있다는 의미를 나타내지만, 9-5에서는 could를 사용해서 그런 가능성에 대한 확신이 약해진 어감을 전달하고 있습니다.

그리고 could가 '~해도 좋다'라는 요청이나 부탁에 대한 '허가'나 '허락'을 의미하는 경우에도 역시 과거라는 시점의 의미를 담고 있는 것이 아닙니다. 이 경우에도 <u>could는 can보다 단정적인 면이 약해지면서 보다 공손한 부탁이나 정중한 명령의 어감을 주게 됩니다.</u>

9-6 **Could** you return the book to the library for me?
   나 대신 그 책을 도서관에 반납해줄 수 있겠니?

9-7 **Could** I see your driver's license?
   운전 면허증을 제시해주시겠습니까?

그래서 9-6처럼 부탁을 하면서 could를 사용하면 can을 썼을 때보다 상

> 9-6 Could you return the book to the library for me?
> 9-7 Could I see your driver's license?

대의 허락에 대한 단정적인 어감이 줄어듭니다. 이는 곧 부탁을 거절했을 때 상대방이 받을 수 있는 부담을 덜어주고, 상대의 의사를 고려한다는 점에서 공손한 느낌을 줄 수 있습니다. 즉 could가 can보다 추측의 강도가 옅어지는 만큼, 상대방의 입장에서는 공손한 어감이 강해지는 맥락으로 이해할 수 있는 것입니다.

물론 문맥에 따라서는 실제로 상대가 거절할 가능성을 염두에 두지 않는 경우도 있습니다. 9-7처럼 경찰이 면허증 제시를 요구할 때는 정중한 느낌을 주는 것에 중점을 두고 있기 때문입니다.

might, 허락과 추측

might도 may의 과거 형태이지만, 과거의 의미는 역시 담고 있지 않습니다. 그래서 might는 현재나 미래의 상황에 대한 막연한 추측을 나타내는 용도로 주로 쓰이고 있습니다. 그리고 <u>추측의 의미를 나타낼 때, might는 may 보다 더 불확실한 추측을 나타냅니다.</u>

10-1 Tommy **may** be watching TV at home.

10-2 Tommy **might** be watching TV at home.
토미가 집에서 텔레비전을 보고 있을지도 모르겠다.

10-3 I wonder if I **might** ask you a question.
한 가지 질문을 드려도 괜찮을지 모르겠네요.

단순하게 계량화하기는 어려운 일이지만, 10-1처럼 may로 전달하는 경우에 그 추측의 확실성을 대략 50% 정도로 받아들일 수 있습니다. 반면에 might를 활용한 10-2에서는 그 가능성이 대략 30% 정도로 약해지는 불확실한 추측으로 이해할 수 있습니다. 그리고 10-3의 might는 상당히 정중하게 부탁을 하는 표현입니다. 역시 추측의 강도가 약해지는 만큼, 상대의 허락 여부에 대한 확신도 약해지면서 공손한 어감이 강해지는 것입니다.

might가 이렇게 추측이나 허락을 의미할 때, may보다 약화된 어감을 전달하는 표현일 뿐, 과거 시점과 관련된 의미는 없습니다. might가 과거의 의미를 전달하는 경우는 could와 마찬가지로 주절의 과거 동사와 시제를 일치시키는 용도로 활용하는 경우가 대부분입니다.

10-4 I **told** him that he **might** go.

나는 그에게 가도 좋다고 말했다.

10-5 John **said** that it **might** rain.

John은 비가 올지도 모른다고 말했다.

10-6 I **was** afraid he **might** have lost his way.

나는 그가 길을 잃을까 걱정이 되었다.

10-7 Tom **worked** hard **so that** his mother **might** enjoy her old age.

Tom은 자기 어머니가 노후를 즐길 수 있도록 하려고 열심히 일을 했다.

10-8 Susie **turned** away **so that** no one **might** see that her eyes were filled with tears.

수지는 눈에 눈물이 가득한 것을 아무도 보지 못하게 하려고 고개를 돌렸다.

10-9 He **might** be rich, **but** he **was** not refined.

그는 부자일지는 모르지만, 세련되지 않았다.

> 10-4 I told him that he might go.
> 10-5 John said that it might rain.
> 10-6 I was afraid he might have lost his way.
> 10-7 Tom worked hard so that his mother might enjoy her old age.
> 10-8 Susie turned away so that no one might see that her eyes were filled with tears.
> 10-9 He might be rich, but he was not refined.

그래서 might가 과거의 사실을 나타내고 있다는 것을 명확하게 하기 위해서 과거 시점을 드러내는 다른 장치들과 함께 쓰이는 것이 원칙입니다. 10-4, 10-5와 같은 간접 화법의 문장에서 전달 동사가 told와 said라는 과거 시점을 나타내는 경우에 that절의 조동사도 might를 사용해서 시제 일치를 표현하고 있는 것입니다. 이런 관점은 10-6처럼 과거 동사의 뒤에 보어로 등장하는 형용사를 설명하는 that절에서 마찬가지로 적용될 수 있습니다.

그리고 앞에서 may가 목적이나 양보의 의미 관계를 나타내는 부사절에서 사용되는 경우를 확인했습니다. 10-7, 10-8, 10-9에서 보듯이 그런 의미를 담고 있는 문장의 주절이 과거 시점일 때, might가 역시 과거 시점을 나타내는 경우가 있습니다.

would, 과거 혹은 공손함

could나 might는 일반적으로 과거라는 시점의 의미를 나타내지 않는다는 사실을 확인했습니다. 하지만 would는 아직도 과거의 의미를 그대로 간직하고 있는 경우가 상대적으로 많습니다. 그래서 would의 용법은 크게 과거에 중심을 두고 있는 경우와 과거의 의미가 없는 경우, 두 가지로 구분해서 이해하는 것이 좋습니다.

일반적으로 동사의 과거 시점이란 그 동작이 발생한 시점을 과거로 옮겼을 뿐, 동사 자체의 의미가 달라지는 것은 아닙니다. would가 과거 시점을 나타내는 경우도 이와 같은 맥락에서 이해할 수 있습니다. 즉 <u>will이 '현재 시점에서 본 미래'라는 의미를 갖는 것과 마찬가지로 would는 '과거 시점에서 본 미래'라는 의미를 담아내는 것입니다.</u>

11-1 He *told* me that he **would** be free in a few minutes.

11-2 He *said* to me, "I **will** be free in a few minutes."
   그는 나에게 자기가 몇 분 있으면 시간이 날 것이라고 말했다.

11-3 I *asked* her if she **would** come round the following day.
   나는 그 여자에게 그다음 날 들를 것인지 물어보았다.

앞서 could와 might의 경우에서 확인했듯이 would가 과거 시점의 미래를 의미하는 경우도 역시 간접 화법 문장에서 시제를 일치시키려는 의도로 많이 사용되고 있습니다. 11-1에서는 told라는 전달 동사를 통해 과거 시점이 명확하게 제시되고 있습니다. 이런 경우에 that절의 내용도 역시 그 시점과 일치하는 과거 사실이라는 점을 보여주기 위해 would라는 과거 형태가 활용된 것입니다. 11-2와 같은 직접 화법의 문장에서 사용된 미래 시점의 will이 그대로 과거 시점으로 이동한 것을 이해할 수 있습니다.
<u>또 will이 주어 개인의 의사나 의지를 나타내는 의미를 담고 있는 것과 마찬가지로 would도 역시 자발적인 의지가 투영되는 상황을 표현합니다.</u> 다만 그 의지를 나타내는 시점이 과거라는 차이만 있을 뿐입니다.

11-4 His income *was* still small, but she **would** marry him.

그의 수입은 여전히 적었다. 하지만 그 여자는 그와 결혼할 생각이었다.

11-5 We *didn't* get in the house; the door **would** not open.

우리는 그 집에 들어갈 수가 없었다. 문이 열리지 않았기 때문이었다.

그리고 will이 '현재의 습성'을 나타내는 의미가 있던 것을 기억한다면, would도 역시 '과거의 반복적인 행동이나 습관'을 나타내는 의미가 있다는 점은 충분히 납득할 수 있을 것입니다.

11-6 After lunch he **would** take a nap for half an hour.

점심을 먹고 난 후에 그는 30분 동안 낮잠을 즐기곤 했다.

11-7 Sometimes she **would** talk about the wonder of the stars.

때때로 그 여자는 별의 신비로움에 대해 이야기를 하곤 했었다.

물론 would가 이처럼 과거의 문맥에 묶여있지 않은 경우도 있습니다. 그렇다면 could와 might가 보여주었던 유보적인 태도를 담아내고 있는 것으로 이해할 수 있습니다. 그래서 would는 will이 의미하던 개연성이나 가능성의 어감이 약화된 상황을 보여주게 되고, 그런 맥락에서 역시 공손한 어감을 나타내는 것입니다.

11-8 **Would** somebody please help me?

누가 나를 좀 도와주시겠어요?

11-9 **Would** you come here, please?

이리 와주겠어요?

그래서 11-8과 11-9처럼 상대방에게 정중하게 부탁할 때, will보다 would가 훨씬 더 공손한 어감을 주는 것입니다. '~하고 싶다'라는 의미로 흔히 사용하는 would like도 역시 같은 맥락에서 이해할 수 있는 완곡한 표현입니다.

11-10 I **would like** *to meet* him.
    나는 그를 만나고 싶다.

11-11 **Would** you **like** *another cup of coffee*?
    커피를 한 잔 더 드시겠어요?

11-12 I **would have liked** *to do* so, but it cannot be done.
    나는 그렇게 하고 싶었다. 그러나 해서는 안 되는 일이었다.

11-11처럼 would like를 의문문에 활용하면 정중한 권유의 의미로 쓰이게 됩니다. 그리고 11-12에서는 would의 뒤에 동사의 원형이 아니라, have liked라는 완료형이 연결되었습니다. 이런 경우에는 과거 사실, 즉 과거 시점의 의도를 나타내는 것으로 이해할 수 있습니다. 그런 행동을 할 의향은 있었지만, 실제로는 하지 않았다는 의미를 전달하고 있는 것입니다.

should, 의무와 감정

should의 가장 기본적인 용법으로는 의무나 필연성을 들 수 있습니다. should 역시 과거의 의미를 나타내지는 않지만, shall이 갖고 있던 '의무'의 뜻을 그대로 간직하고 있는 경우라고 이해할 수 있습니다.

12-1   You **should** wear safety gears when riding a bicycle.

　　　자전거를 탈 때는 안전 장비를 착용해야만 한다.

12-2   This **should** be done by later this afternoon.

　　　이것은 오늘 오후 늦게까지 끝내야 한다.

<u>의무를 나타내는 조동사로는 must도 흔히 사용하지만, should는 must 보다 강제성이 약한 경우를 의미합니다.</u> 그리고 도덕적으로 타당하다는 의미를 갖는 should는 역시 유사한 의미를 나타내는 다른 단어들과 함께 연결되어 사용되기도 합니다. 그 첫 번째는 이성적 판단의 의미를 갖는 형용사의 뒤에 연결되는 that절에서 사용되는 경우에서 찾아볼 수 있습니다.

12-3   I think it quite *right* adolescents **should** show interest in political issues.

　　　내 생각에는 청소년들이 정치 문제에 관심을 보이는 것은 매우 타당하다.

12-4   It seemed *logical* that they **should** declare war.

　　　그들이 전쟁을 선포한 것은 필연적인 것 같았다.

　　　12-3에서는 right이라는 형용사의 '타당하다, 옳다'라는 의미와 should의 의미가 서로 호응 관계를 형성하고 있는 것입니다. 이런 의미를 갖는 형용사들로는 advisable, essential, imperative, important, natural, necessary, obligatory, proper, recommended, right, urgent, vital 등이 있습니다. 그리고 이 연장선상에서 명령, 주장, 제안, 권고 등을 나타내는 동사들의 목적어로 연결되는 that절에서도 역시 should가 사용됩니다.

12-5 He recommended that we (should) postpone the trip.
그는 우리가 그 여행을 연기해야 한다고 권고했다.

12-5에서 recommend라는 동사는 that절에서 제시되는 동작을 하는 것이 타당하고, 마땅하다는 맥락에서 권고한다는 뜻입니다. 그렇게 당위적인 행동을 나타낸다는 점에서 should와 어울릴 수 있는 통로가 마련되는 것입니다. 이런 의미를 나타내는 동사들로는 command, consent, decide, demand, desire, dictate, insist, move, order, propose, recommend, request, stipulate, suggest, urge 등이 있습니다.

그리고 <u>should가 담아내는 중요한 용법 가운데 하나가 '추정' 혹은 '추측'의 의미를 표현하는 경우입니다</u>. 물론 should가 추측의 의미를 나타낼 때는 should의 의미를 담아서 '논리적인 근거'를 갖고 있는 상태에서 나온 추측이라는 문맥을 형성합니다.

12-6 Tommy **should** be on his way to Chicago now.
토미는 지금 시카고로 가고 있는 중이겠다.

12-7 A coat like that **should** cost about 50 dollars.
그런 외투는 약 50달러는 줘야만 한다.

12-8 If you **should** see him, give him my regards.
그를 만나거든, 안부를 전해줘.

12-6의 경우에는 일정과 관련된 정보를 갖고 있으며, 그런 근거를 바탕으로 추론한 것이라는 의미를 담고 있습니다. 그리고 12-7에서도 그 정도의

12-8 If you should see him, give him my regards. 가격을 추정하는 논리적 근거를 확보하고 있다는 문맥으로 읽어낼 수 있는 것입니다. 그런데 이런 추정의 의미가 12-8처럼 조건의 의미를 나타내는 if절에 쓰이면 '실현성이 약한 가정'의 의미를 갖게 됩니다. 그리고 should의 이런 의미는 가정법을 나타내는 문장에서도 활용됩니다.

그리고 should는 주관적 판단을 의미한다는 점에서 감정 표현과 연결되는 경우에도 종종 활용됩니다. 그래서 a pity, curious, funny, odd, sorry, strange, surprised, surprising처럼 감정적 판단을 의미하는 어구들 다음에 that절이 연결될 때, 보통 should가 쓰이기도 합니다.

12-9 I'm surprised that you **should** be so foolish.
네가 그렇게 바보 같은 행동을 하다니 놀랍다.

이런 맥락에서 should가 과거 사실과 연결되면, 과거 행동에 대한 유감이나 후회와 같은 감정을 담아내기도 합니다. 물론 이런 의도라면 다음에 연결되는 동사는 원형이 아니라, 'have – ed'라는 완료형이 되어야 합니다.

12-10 I **should have noticed** that the used car was a lemon.
그 중고차가 불량품이라는 것을 알아챘어야 했는데.

12-11 Jackson **should have bought** a brand-new car.
잭슨은 새로 나온 차를 샀어야 했어.

비슷한 듯, 다른 조동사들

능력, can과 be able to

앞에서 can이라는 조동사는 형태가 고정되어 있기 때문에 과거나 미래의 능력을 표현하는 경우에는 be able to를 사용해야 한다고 설명했습니다. 그러다 보니 현재 시점에서 '능력'의 의미를 나타내는 경우에는 can과 be able to를 서로 바꾸어 사용할 수 있는 것으로 생각하기 쉬운데, 항상 그런 것은 아닙니다.

13-1 Such a catastrophe can take place anywhere any time.
13-2 *Such a catastrophe is able to take place anywhere any time.
   그런 재앙은 언제 어디에서나 일어날 수 있다.

13-1과 달리 13-2는 문법적으로 성립되지 않는 문장입니다. can과 be able to를 가늠하는 결정적인 기준 가운데 하나는 can이 능력뿐만 아니라 가능성까지도 담아낼 수 있다는 점에서 비롯됩니다. 즉 can은 의미가 적용되는 폭이 넓기 때문에 13-1처럼 무생물 명사가 주어인 경우도 수용할 수 있습니다. 하지만 be able to do는 능력만을 의미하기 때문에 주어는 항상 생물 명사만 가능하다는 제약을 안고 있습니다. 이런 점에서 13-2처럼 무생물 명사와 be able to가 서로 충돌하는 것입니다.

주어에 대한 이런 차이점 외에도 can의 다음에는 수동태를 나타내는 동

조동사 329

사가 연결될 수 있지만, be able to의 뒤에는 수동태 표현을 쓰지 않는 것이 원칙입니다.

그런데 can보다 could를 활용할 때, was/were able to와 미묘한 의미 차이가 생겨납니다. 일반적으로 과거의 능력을 나타내는 경우라면, 가정법 문장과 오해하지 않도록 could가 아니라, was/were able to를 사용하는 것이 일반적입니다. 하지만 시제를 일치시키는 경우처럼 could를 사용하기도 합니다.

13-3   He **could** swim across the pond.
13-4   He **swam** across the pond.

13-5   He **was able to** swim across the pond.
13-6   He **managed to** swim across the pond.

13-3과 13-4는 서로 같은 의미가 아닙니다. can은 '현재의 일반적인 능력이나 가능성'을 나타냅니다. 하지만 could라는 과거의 형태로 능력이라는 의미를 나타내면 can과는 다른 문맥이 형성됩니다. 즉 어떤 능력을 갖추고 있는 것은 사실이지만, 과거의 특정 시점에 그런 행동이 실제로 있었다는 의미를 갖는 것은 아니기 때문입니다.

13-3에서는 연못을 헤엄쳐 건널 능력을 갖고 있었다는 의미는 전달하지만, 그것이 곧 그 행동을 실제로 했다는 의미를 담보하지는 못합니다. 반복적인 상황을 나타내는 현재 시제의 의미와 달리 과거 시제는 구체적이고 일회적인 의미를 갖기 때문입니다. 반면에 13-4에서는 과거 시점에 실제로 연못

을 헤엄쳐 건넜다는 사실을 전달하고 있습니다. 그래서 과거에 그런 능력을 발휘했다면 13-5나 13-6처럼 표현해야 원하는 의미를 전달할 수 있는 것입니다.

13-7 *John **could** win the game.
13-8 John **was able to** win the game.

같은 맥락에서 13-7이 어색한 문장이라는 점도 파악할 수 있습니다. could가 '일반적인 문맥에서 능력'을 의미하는 반면, was able to do는 '일회적이고, 실제적인 상황에서 발휘하는 능력'을 의미하게 되는 것입니다.

그런데 13-7에서는 the game이라는 정보와 could가 충돌합니다. 특정한 대상을 지칭하는 the라는 표현으로 보아, 그 시합은 일반적인 상황이 아니라, 일회적이고, 구체적인 상황으로 이해해야 합니다. 그렇기 때문에 과거에 실제로 일어난 행위에 대해서 사용한다는 맥락에서 13-8로 표현해야 타당한 것입니다.

13-9 When I lived by the station, I **could** report for work on time.
　　역 근처에 살 때는 늘 제시간에 출근할 수 있었다.

13-10 I **was able to** report for work on time ***this morning***.
　　오늘 아침에는 제시간에 출근할 수 있었다.

13-9에서는 역 근처에서 살았던 과거 기간에 갖추고 있던 일반적인 능력을 의미한다는 점에서 could가 어울립니다. 즉 그 기간 중에는 어느 날을

> 13-10 I was able to report for work on time this morning.

특정하지 않고, 보편적으로 그렇게 할 수 있었다는 의미가 되는 것입니다. 하지만 13-10의 this morning처럼 일회적인 시점이 제시되는 경우에는 역시 특정한 상황에 실제로 발휘된 능력을 나타내는 was able to가 더 적절합니다.

하지만 could가 hear, see, smell처럼 지각을 나타내는 동사들과 그리고 remember, understand와 같은 인식 동사와 함께 쓰이는 경우에는 그런 상황이 실제로 발생했다는 것을 나타내기도 합니다.

13-11 I **could see** the lighthouse in the distance.
　　　저 멀리에 등대가 보였다.

13-12 As soon as I saw a lady in red in the picture, I **could remember** her name.
　　　사진에서 빨간 옷을 입은 여자를 보자마자, 나는 그의 이름을 기억할 수 있었다.

추측, can과 may

can과 may에는 모두 '~일 것이다'라는 가능성, 혹은 추측을 나타내는 용법이 있습니다. 하지만 서로 약간 차이가 있는데, <u>can이 이론적인 가능성을 나타내는 반면, may는 사실적인 가능성을 의미합니다.</u>

이론적 가능성^{theoretical possibility}이라는 말은 추측하는 내용이 일반적으로 발생할 가능성이 있다는 관점의 추측을 의미합니다. 역시 can이 갖고 있는 보편성에 근거해서 이해할 수 있습니다. 반면에 may가 보여주는 사실적인 가능성^{factual possibility}이란 추측하는 내용이 실제로 발생할 가능성, 즉 개연성 probability이 있는 추측을 의미합니다. 따라서 어감상 더 확실한 느낌을 주기도 합니다.

14-1 One of your men **can** stab you in the back.
14-2 One of your men **may** stab you in the back.

　14-1에서 can은 일반적인 관점에서 부하들 가운데 누군가가 배신할 가능성이 있다는 말입니다. 이론적 가능성이란 그런 일이 보편적으로 발생할 여지가 있다는 의미를 전달합니다. 반면에 may는 사실적인 가능성을 의미하게 됩니다. 그래서 14-2에서는 부하들 중 누군가가 실제로 배신할 가능성이 있다는 의미를 나타내는 것입니다.

　그리고 '추측'의 의미를 나타낼 때, can이 갖는 의미가 기본적으로 보편성인 반면, may는 보통 주관적인 문맥을 형성하는 것에서 확실성의 강도가 다소 차이가 나기도 합니다. 즉 can이 보편적, 일반적 맥락에서 하는 추측인 것에 반해, may는 주관적인 관점이 적용되는 상황을 나타낸다는 점에서 can이 좀 더 단정적인 어감을 주기도 합니다.

14-3 He **can** object to the suggestion.
　　　그가 그 제안에 반대할 수도 있다.

14-4 He **may** object to the suggestion.
　　　그가 그 제안에 반대할지도 모른다.

그리고 could와 might는 각각 can과 may보다 단정적인 어감이 약해지면서 확신의 강도가 떨어지는 어감을 줍니다. 그리고 뒤에 동사의 원형이 아니라, 완료형을 연결해서 추측의 대상이 과거 사실이 되는 경우에도 이러한 차이는 그대로 유지됩니다.

14-5 He **missed** the train last night.
    그는 어젯밤에 기차를 놓쳤어.

14-6 He **must have missed** the train last night.
    그는 어젯밤에 기차를 놓쳤던 게 분명해.

14-7 He **could have missed** the train last night.
    그는 어젯밤에 기차를 놓쳤을 수도 있어.

14-8 He **might have missed** the train last night.
    그는 어젯밤에 기차를 놓쳤을지도 몰라.

14-9 He **didn't miss** the train last night.
    그는 어젯밤에 기차를 놓치지 않았어.

허락, can과 may

일반적으로 문법책에서는 may가 can보다 더 격식을 갖춘 표현이라고 규정하고 있습니다. 그 이유는 can이 기본적으로 일반성, 객관성에 근거하기 때문이라고 할 수 있습니다. 일반적으로 허락을 요청할 때, can은 그 허락의 권한이 외적 환경에 있는 것을 의미하는 데 비해, may는 요청을 받는 상대방에게 있는 것을 의미합니다. 즉 can은 상대의 의사보다는 외적 환경이라는 객관적인 기준이 적용된다는 차이가 있는 것입니다.

15-1 **May** I park the car here?
15-2 **Can** I park the car here?

그래서 15-1처럼 may를 사용한 경우에는 누군가의 집 앞에 잠시 주차할 때처럼 주차해도 괜찮겠는지 상대방의 의향과 허락을 구하는 상황입니다. 그래서 부탁에 대한 허락은 상대의 개인적이고, 주관적인 판단에 따른 것입니다. 반면에 can이 사용된 15-4는 상대의 의향보다는 외적 환경, 예를 들면 주차 금지 구역은 아닌지를 물어보는 것으로 이해할 수 있습니다.

이렇게 요청이나 부탁을 허락하는 기준이 상대의 의사에 달려 있다는 점에서, may는 좀 더 주관적인 기준이 적용되고, 좀 더 격식을 갖춘 문맥이 형성된다는 것입니다. 그래서 구어체 상황이나, 편안한 관계에서는 다소 딱딱한 느낌을 줄 수 있는 may보다 can을 더 선호하는 것입니다.

그리고 can이나 may가 이렇게 허락의 의미를 갖는 경우에는 현재 시점을 대상으로 하고 있습니다. 따라서 과거나 미래처럼 다른 시점의 내용을 표현하고 싶을 때는 be allowed to나 be permitted to처럼 시점의 변화를 담아낼 수 있는 표현을 활용하는 것이 적절합니다.

15-3 The culprit **was permitted to** make private phone calls.
용의자는 사적인 전화를 해도 좋다는 허락을 받았다.

15-4 I **was allowed to** go with him.
나는 그와 함께 가도 좋다는 허락을 받았다.

15-5 He **will be allowed to** go with me.

그는 나와 함께 가도 좋다는 허락을 받을 것이다.

> 15-3 The culprit was permitted to make private phone calls.
> 15-4 I was allowed to go with him.

may가 can보다 격식을 갖춘 의미를 나타내는 것처럼 15-3의 be permitted to가 15-4의 be allowed to보다 격식이 있는 표현입니다.

간혹 could가 과거 시점을 나타내면서 허락의 의미를 표현하는 경우도 있습니다. 즉 과거 시점에 이루어진 허가를 의미하는 경우인 것이죠. 하지만 이런 경우에 일반적인 맥락에서 이루어진 허가라면 could를 사용하는 것도 가능하지만, 특정한 시점에 주어진 허가, 즉 일시적 행위를 대상으로 한 것이라면 was allowed to를 사용하는 것이 적절합니다. 이 또한 can이 갖는 보편적 능력이라는 관점의 연결선상에서 이해할 수 있는 것입니다.

15-6 I **was allowed to** drive my dad's car last night.

어젯밤에 나는 아버지의 차를 운전해도 좋다는 허락을 받았다.

15-7 As children, we **could** [**were allowed to**] play outside whenever we want to.

어릴 적에 우리는 원할 때는 언제나 밖에서 놀 수 있었다.

의무, must와 have to

must와 have to를 보통 학교 문법에서는 같은 말로 정리하지만, 이 둘은 엄연히 의미상 차이가 있습니다. must는 말을 하는 사람이나 듣는 사람 개인의 의사나 판단에 비추어 해야만 하는, 필요한 행동을 나타낼 때 쓰는 말입니다. 즉 의무의 상황을 부과하는 주체가 진술을 하는 사람, 혹은 개인적 판단에 서라는 말입니다. 개인적인 판단이 기준이 된다는 점에서 감정이 개입될 여지도 있는 것입니다.

반면에 have to do는 개인적인 의사가 아니라, 규칙이나 상황에 따른, 그러니까 외적인 상황에 따라 해야 하는 행동을 나타낼 때 주로 사용합니다. 그러니까 외부의 규정이나 권위, 상황 등이 판단의 기준이 된다는 점에서 개인의 감정이 개입될 소지는 적고, 사실을 전달하는 데 초점이 맞춰집니다.

예를 들어 머리 모양이 마음에 들지 않아서 다듬는 것은 개인적인 판단이기 때문에 must를 쓰는 게 적절한 상황입니다. 반면에 군대와 같은 조직의 일원이 되면서 그 규율에 맞게 머리를 다듬는 경우라면 have to가 보다 어울리는 표현이 되는 것입니다.

16-1 Dan is such a cool guy. You **must** meet him.
댄은 정말 멋진 애야. 너 꼭 만나봐야 돼.

16-2 I haven't phoned my father for a while. I **must** phone him today.
아버지께 한동안 전화를 못했어. 오늘은 꼭 전화를 해야지.

16-3 I **must** get up early tomorrow. There is a sports event I don't want to miss.
내일 아침에 일찍 일어나야 돼. 놓치기 싫은 경기가 있거든.

16-4 I **have to** get up early tomorrow. My plane leaves at 7:30.
내일 아침에 일찍 일어나야 돼. 비행기가 7시 30분에 출발하거든.

16-5 You **have to** park your car right there. This is no parking area.
바로 저기에 주차하세요. 여기는 주차 금지 구역입니다.

16-1 Dan is such a cool guy. You must meet him.
16-3 I must get up early tomorrow. There is a sports event I don't want to miss.
16-4 I have to get up early tomorrow. My plane leaves at 7:30.

16-1의 경우에 must는 상대에게 권유를 하고 있습니다. 그런데 그렇게 행동하는 것이 적당하다는 의미인데, 그것을 판단하는 기준은 서술자의 개인적 견해인 것입니다. 따라서 이런 문맥에서 have to는 어울리지 않게 됩니다. 16-3에서도 아침에 일찍 일어나야 하는 이유는 개인적인 상황에 근거하고 있기에 must가 적절한 표현이 됩니다.

반면에 16-4에서는 비슷한 상황이지만 비행기가 출발하는 시간이라는 외적 상황이 그런 행동을 해야만 하는 근거로 제시되고 있습니다. 이런 경우에는 must보다 have to가 적절한 표현이라고 할 수 있습니다.

앞에서 must가 보여주는 의무의 용법을 설명하면서 must에 부정어가 결합하면 의무로 제시된 행동을 하지 말라는 점에서 '금지'의 뜻이 된다고 설명했습니다. 그런데 또 한 가지 가능성이 있는데, 그것은 바로 부정어가 must 자체를 부정하는 것으로 이해할 수도 있다는 것입니다.

must가 갖는 의미 가운데 하나는 '~할 필요가 있다'라는 '필요'의 의미입니다. 부정문에서는 이런 의미의 must를 부정하는 의미가 되니까, '의무는 아니다' 따라서 '할 필요는 없다'라는 의미를 형성하게 되는 것입니다. 그래서 이런 의미의 혼선을 피하기 위해 금지일 때는 must not을 쓰지만, '~할 필요가 없다'라는 의미인 경우에는 don't have to를 쓰는 것입니다.

16-6 You **must not** carry the bag for Jimmy.
지미 대신 가방을 들어주면 안 된다.

16-7 You **don't have to** carry the bag for Jimmy.
지미 대신 가방을 들어줄 필요는 없다.

16-8 ***Did*** the company **have to** make such an immediate response?

　　그 회사에서 그렇게 즉각 반응을 해야만 했을까?

16-9 You can tell me if you want but you **don't have to** tell me.

　　원한다면 나에게 말해도 좋아. 하지만 말할 필요는 없어.

　16-8처럼 must는 과거 형태가 별도로 존재하지 않기 때문에 과거 시점의 의무를 나타내고자 할 때는 had to라는 과거 동사를 사용해야 합니다.
　그런데 must, ought to, should와 같은 의무 표현들은 다소 강한 어감을 줍니다. 그래서 좀 더 약하고, 부드러운 표현이 바로 be supposed to do입니다. suppose a person to do는 '~가 ~할 것으로 생각하다'라는 뜻입니다. 즉 목적어에 해당하는 사람이 어떤 행동을 할 것으로 일반적으로 생각한다는 말이 됩니다. 그렇다면 그 목적어의 입장에서 보면 다른 사람들의 그런 기대나 예상이란 그렇게 해야 하는 부담이 되는 행동이 되는 것이겠죠.
　그래서 이 표현을 수동태로 하면 바로 be supposed to do가 되는 것입니다. 그리고 이런 맥락에서 이 표현이 앞서 살펴본 조동사들만큼 강하지는 않은 어감으로 의무, 즉 해야만 하는 동작을 나타냅니다.

16-10 What **am I supposed to** do for the press conference?

　　기자 회견을 준비하는데 나는 뭘 해야 하나요?

16-11 This project **was supposed to** start the day before yesterday.

　　이 프로젝트는 그저께 시작해야만 했어.

16-12 Exercising regularly **is supposed to** be good for your health.

　　규칙적으로 운동하는 것이 건강에 좋다.

기타 조동사

ought to, 의무의 또 다른 모습

ought to는 보통 준조동사로 분류하기도 합니다. 일단 다음에 동사의 원형이 아닌 to 부정사가 연결된다는 점에서 조동사로 보기 어렵기 때문입니다. 그런데 일반동사라고 하기에는 인칭이나 시제에 따른 형태 변화가 없다는 점도 마음에 걸립니다. 또 의문문의 경우에는 do동사를 활용하는 것이 아니라, ought가 직접 도치된다는 점도 일반 동사로 보기에는 어울리지 않는 특성입니다. 그리고 부정문을 형성하는 경우에도 do동사를 이용하지 않고, 곧바로 부정어 not이 ought의 뒤에 오는 양상을 보이기도 하는데, 이러한 양상들은 조동사에서나 볼 수 있는 전형적인 현상들이라는 점에서 조동사로 분류하기도 하는 것입니다.

17-1 Don't try to know more than you **ought to**.
  알아야 할 이상은 알려고 하지 마라.

17-2 You **ought not to** say such a careless thing.
  그런 부주의한 말은 하지 않아야 한다.

17-2처럼 부정문으로 표현할 때, 부정어 not의 위치를 조심하라고 하는 경우가 많은데, 조심할 필요는 전혀 없습니다. 중요하지 않다는 말이 아니라, 암기하려고 하지 말고, 그 원칙을 이해하고 적용하기만 하면 되는 간단한 일

이라는 말입니다.

not을 비롯해서 부사는 부정사나 분사, 동명사와 같은 준동사를 수식할 때는 그 앞에 옵니다. 그리고 조동사 자체는 행위를 나타내는 동사가 아니기 때문에 부정어는 조동사의 뒤에 두는 것이 원칙일 수밖에 없습니다. 그러니까 부정어라는 부사의 규칙과 조동사의 규칙을 이해하고 적용하면 자연스럽게 이해할 수 있는데 굳이 조심할 이유가 없는 것입니다. 그래서 ought to의 부정은 'ought not to'가 됩니다.

의무를 나타낼 때 must가 '(어쩔 수 없이 해야 하는) 강한 강제성'을 나타낸다면, should나 ought to는 '(마땅히 지켜야 할) 도덕적 의무'를 나타냅니다. 그런 점에서 ought to는 must보다 약하고, should보다 강한 중간 정도에 위치합니다.

즉 must는 진술된 내용의 실현성에 대한 구속력을 갖고 있어서, 그 의무의 상황이 발생하지 않는 경우를 허용하지 않는다는 강한 의미를 띠게 됩니다. 반면에 should와 ought to는 기본적으로 어떤 행위를 하는 것이 의무이거나 바람직하다는 의미를 나타냅니다. 하지만 must만큼의 강제성을 띠고 있지는 않기 때문에 그런 의무의 상황이 반드시 실행될 것을 암시하지는 않기도 합니다.

17-3 This is the restaurant we **should** [**ought to**] find Serena.

여기가 세레나를 찾아야 하는 식당이다.

17-4 These pills **should** ensure you a good night's sleep.

이 알약들을 먹으면 푹 잘 수 있을 것이다.

should는 현재나 미래 상황에서 서술자 자신의 주관적인 관점에서 보아 언급된 행위를 하는 것이 바람직하다는 충고 또는 권고를 나타냅니다. 반면에 ought to는 도덕적, 사회적 규범이라는 객관적 차원에서 바람직한 행동을 의미한다는 점에서 should보다 강하고 격식을 갖춘 것으로 이해되기도 합니다.

그리고 'ought to'라는 조동사로 과거의 사실을 나타내려면 다음에 과거를 나타내는 완료형을 붙여서 ought to have p.p.라고 표현하면 됩니다. 물론 should와 유사하게 과거의 사실에 대해 유감이나 후회를 나타내는 의미를 전달합니다.

17-5 You **ought to *have informed*** the detective at once.
형사에게 즉시 알렸어야 했는데.

17-6 You **ought to *have gotten*** a driver's license before driving a car.
자동차를 운전하기 전에 면허증을 땄어야 했다.

had better, better에 속지 말자!

had better를 우리말로 이해하기는 그리 어렵지 않을 것입니다. 바로 바로 '~하는 것이 좋다, ~하는 것이 더 낫다'라는 의미가 되니까요. 그런데 이런 의미이기 때문에 오히려 오해를 받는 점도 많은 조동사입니다.

먼저 이 표현은 better라는 비교급의 형태가 있는 것에 현혹될 수 있습니다. 다음에 비교 대상을 동반하는 일반적 비교급이 아니기 때문입니다. 즉 서술자가 말하는 특정한 행위가 다른 행위보다 더 낫다고 하는 비교의 맥락이 아니라, 자신이 제시하는 행위를 하는 것이 바람직하다고 하는 자신의 주관적인 판단을 나타내는 것입니다. 그런 점에서 진술한 그 행위를 하지 않게 되면, 그로 말미암아 어떤 문제가 발생하거나, 불쾌감을 초래한다거나, 위험 등이 발생하게 될 것이라는 문맥을 형성하기도 합니다.

18-1 It's a great film. You **should** go and see it.
18-2 You**'d better** finish the draft today or you won't meet the deadline.

18-1에서는 영화가 참 좋으니 보러 가라는 권고지만 그 영화를 보지 않는다고 해서 어떤 문제가 발생하지는 않습니다. 하지만 18-2에서처럼 오늘 초고를 완성하지 못하면, 마감 시간을 맞출 수 없을 것이라는 불편한 상황이 발생하게 되는 것입니다.

이런 점에서 had better는 특정한 상황을 나타내는 경우에 주로 사용합니다. 반면에 should는 일반적인 상황이나, 특정한 상황에 모두 쓰일 수가 있습니다.

18-3 There **had better** *be* a break between the two lectures.
그 두 강연 사이에는 잠깐 휴식을 갖는 것이 낫다.
18-4 You **had better** *stay* here in such cold weather.
이렇게 추운 날씨에는 여기 있는 것이 낫겠어요.

18-5　I think all drivers **should** wear seat belts.

　　　모든 운전자들은 안전 벨트를 해야 한다고 생각한다.

18-6　I think the government **should** do more to help the victims of the tsunami.

　　　쓰나미의 희생자들을 돕기 위해 정부에서 더 많은 조치를 취해야 한다고 생각해.

그런데 사실 had better를 활용할 때 실수를 범하는 경우가 많은데, 그 근본적인 이유는 역설적이게도 better의 존재 때문이라고 할 수 있습니다. 흔히 드러나는 실수를 크게 나누면 표현의 문법적 측면과 활용 상황에 대한 것, 두 가지가 있습니다.

우선 문법적 실수는 had better라는 표현의 개념과는 별개로 문장에서 활용하는 과정에서 흔하게 발생하는 문법적 오류입니다. 그 유형은 모두 세 가지가 있는데, 모두 had better가 하나의 조동사라는 점만 명확하게 인정하면 납득할 수 있습니다.

18-7　The performance starts at 6:30. We'**d better** *go* now, or we'll be late.

　　　공연은 6시 30분에 시작해. 지금 바로 출발하는 게 좋아. 안 그러면 늦어.

18-8　Jane is waiting for us. We **had better** *not be* late.

　　　제인이 우리를 기다리고 있어. 늦지 말아야 해.

18-9　You **had better** *have taken* his offer.

　　　너는 그의 제안을 받아들이는 게 더 나았어.

첫 번째 주의할 점은 had better의 다음에 연결되는 동사의 형태를 혼동하지 말라는 것입니다. 18-7의 경우에 had의 다음에는 동사의 과거 분사가 연결되는 것이 원칙이라는 점에서, had better gone이라고 쓰는 경우가 있습니다. 하지만 이 표현에서 조동사는 had가 아니라, had better입니다. 완료형을 표시하는 had가 아니니까 다음에 동사의 과거분사가 연결될 이유가 없는 것입니다. 그래서 <u>had better라는 조동사의 다음에는 반드시 go라는 동사의 원형을 써야 합니다</u>.

두 번째 실수는 18-8처럼 부정문을 쓸 때 부정어 not의 위치를 혼동하는 경우입니다. 부사인 not은 조동사의 뒤에 두는 것이 원칙이라는 점에서, had not better라고 쓰는 경우가 많습니다. 하지만 역시 had가 아니라, <u>had better가 조동사이기 때문에 had better not으로 써야 맞는 것입니다</u>.

마지막으로는 had라는 형태에 현혹되어, 과거 시점으로 오해하지 말라는 것입니다. 이 had는 better와 화학적으로 결합하면서 새로운 조동사를 생성하는 것이기 때문에, 과거 시점과는 아무 상관이 없습니다. 따라서 have better라는 표현은 근본적으로 있을 수 없는 것입니다. 과거라는 시점의 의미가 사라진 조동사의 과거 형태들처럼 had better도 역시 다음에 동사의 원형이 연결되면, 과거가 아니라 현재의 사실을 나타내는 것으로 이해해야 옳은 것입니다.

그래서 과거의 사실을 나타내려면 18-9처럼 had better의 다음에 'have + 과거 분사'라는 형태를 결합시키면 됩니다. 'should have + 과거 분사'라는 표현과 마찬가지로 말이죠.

이 세 가지 오류는 사실 had better가 조동사라는 간단한 전제를 인정하지 않기 때문에 발생하는 것이라고 할 수 있습니다. 혹시 쉽게 이해할 수 없다면, had better를 하나의 단어로 인정하고 있는지 논의의 전제를 확인해보기 바랍니다.

그리고 had better의 이런 문법적인 특성을 준수했다 하더라도 사회적 관계에서 문제가 발생할 수도 있습니다. had better 표현을 better라는 단어의 의미로 인해 긍정적인 의미로 이해하고 있는 경우가 많습니다.

하지만 had better가 때로는 경고나, 강한 권고, 심지어는 협박조의 말로 들리기도 합니다. 그래서 had better는 지위나 나이가 아래인 사람에게 사용하는 경우가 많습니다. 자신의 의도와는 달리 어색한 분위기를 연출할 수도 있으므로 주의해야 합니다.

그리고 had better보다 공손한 표현으로는 'It would [might] be better for you to do ~'당신이 ~하시는 것이 더 좋겠어요라고 하거나, 또는 'If I were you, I would ~' 또는 'If I were in your place [in your shoes], I would ~'제가 만일 당신의 입장이라면, 저는 ~ 등이 있습니다. 아무래도 상대방에게 단정적으로 말하는 것보다는 반응의 여백을 남겨두는 것이 상대를 배려하는 표현이 아닐까요?

18-10 **It would be better for you to** wear a coat when you go out.
   외투를 입고 외출하는 게 낫겠어요.

18-11 **If I were in your shoes, I would** keep my cell phone off.
   만일 나라면 전화기를 꺼두겠어요.

그리고 had better와 의미는 다르지만 문법적으로 비슷한 양상을 보이는 표현이 would rather 혹은 would sooner입니다. '차라리 ~하겠다, 차라리 ~하는 것이 낫다'라는 의미를 갖는 이 표현들도 두 개의 단어가 결합된 형태가 조동사로 쓰인다는 점에서 문법적인 특성을 보이고 있습니다.

그래서 이 조동사 표현 다음에는 동사의 원형이 나오고, 부정어 not의 위치는 '조동사'인 would rather의 다음이 됩니다. 그리고 이 표현의 뒤쪽에 than이 연결되는 경우도 있는데, 행동이나 대상의 선택을 나타내는 것으로 이해하면 됩니다. 그리고 과거의 사실을 나타내려면 물론 'would rather have + -ed'로 표현합니다.

18-12 I'd rather *go* tomorrow.
 내일 가는 것이 낫겠다.

18-13 I **would rather** *not do* it.
 차라리 그것을 하지 않는 것이 좋겠다.

18-14 I'd sooner [rather] *sell* my car than this picture.
 이 그림보다는 차라리 내 차를 팔겠다.

18-15 My wife doesn't like this city. I **would rather** *have refused* his offer last year.
 아내는 이 도시를 좋아하지 않는다. 작년에 그의 제안을 차라리 거절할걸 그랬다.

need와 dare, 조동사와 일반동사의 경계

need는 '~ 할 필요가 있다'라는 뜻으로 어떤 행동에 대해 의무 혹은 필요를 나타내는 경우에 사용됩니다. 의무의 뜻을 갖는 조동사들 중에서 need는 must와 should의 중간 정도의 강도를 갖고 있습니다. 그리고 dare는 '감히 ~ 하다' 혹은 '용기를 내어 ~하다'라는 의미로 쓰입니다.

사실 need와 dare는 의미상 전혀 공통점이 없습니다. 그럼에도 불구하고 이 둘을 함께 묶는 이유는 조동사로도, 그리고 일반동사로도 모두 활용된다는 특성을 공유하고 있기 때문이랍니다.

물론 need와 dare가 조동사로 쓰일 때와 일반 동사로 쓰일 때, 서로 의미상 차이는 없습니다. 그럼에도 불구하고, 두 가지 용법을 구별해야 하는 이유는 각각의 구조가 달라지기 때문입니다.

문장이란 여러 개의 단어들이 유기적으로 연결되는 체계이고, 문법은 그 단어들이 서로 연결되는 관계에 대한 설명입니다. need와 dare는 실제 동작을 나타내는 의미는 아니기 때문에, 다음에는 구체적인 동작이 연결되어야 의미가 통하게 됩니다. 문제의 초점은 바로 그 동사의 형태를 어떻게 나타낼 것이냐는 점입니다.

19-1 **Need** I *talk* about the accident even though I don't feel like it?

　　내키지 않는데도 그 사고에 대해 말을 해야 합니까?

19-2 How **dare** you *speak* to me like that?

　　어떻게 네가 나에게 그런 식으로 말을 할 수가 있니?

19-3 You **need** *not come* to the meeting.

　　너는 모임에 올 필요가 없다.

19-4 Every time he apologizes for his faults, he **dare** *not make* eye contact with me.

　　잘못을 사과할 때면 항상 그는 나와 눈을 마주치지도 못한다.

사실은 간단합니다. need나 dare가 조동사로 쓰인 경우라면, 조동사의 규칙을 적용하면 되는 것이니까요. 즉 조동사는 부정문이나 의문문에서 do 동사를 비롯한 다른 조동사의 도움이 필요 없습니다. 그리고 다음에 연결되는 동사는 반드시 원형이 되어야 하는 것이고요. 조동사가 보이는 이 두 가지 특성을 확인하고, 적용하면 명확하게 구별해서 활용할 수 있습니다.

19-1과 19-2처럼 의문문의 경우에 need와 dare가 곧바로 도치되어 있고, 다음에 연결되는 동사는 각각 talk와 speak라는 원형이라는 점을 확인할 수 있습니다.

그리고 19-3과 19-4의 부정문에서도 역시 조동사의 특성을 찾아볼 수 있습니다. 우선 이번에도 다른 조동사의 도움을 받지 않고 부정문을 형성하고 있습니다. 그리고 앞서 부사인 not은 동작에 대해 부정하는 의미인데, 조동사는 실제 동작이 아니라는 점에서 not은 조동사의 뒤에 온다는 점을 확인했습니다. 또한 19-4의 경우에는 특히 주어가 3인칭 단수임에도 불구하고 dare에 −s가 결합되지 않았습니다. 시제나 수에 따른 형태 변화가 없다는 조동사의 형태적 특징을 충실하게 보여주고 있는 것입니다. 그리고 이런 조동사의 관점에서 talk와 speak라는 원형이 각각 적절하게 연결되어 있습니다.

19-5 **Do** I **need** *to talk* about the accident even though I don't feel like it?

19-6 How **do** you *dare to speak* to me like that?

19-7 You **do not** *need to come* to the meeting.

19-8 Every time he apologizes for his faults, he **does not** *dare to* **make** eye contact with me.

19-5　Do I need to talk about the accident even though I don't feel like it?
19-6　How do you dare to speak to me like that?
19-7　You do not need to come to the meeting.
19-8　Every time he apologizes for his faults, he does not dare to make eye contact with me.

반면에 일반 동사에서는 조동사가 보여주는 이런 형태적 특징들이 사라지게 됩니다. 그래서 19-5와 19-6의 의문문에서는 do라는 조동사의 도움을 얻어 의문문을 형성하고 있습니다.

즉 do를 활용했다는 것은 need나 dare를 일반 동사로 활용했다는 의도를 드러낸 것이고, 그렇다면 그다음에 등장하는 동사의 형태는 to 부정사라는 준동사로 표현해야 합니다. 동사를 중복시킬 수는 없는 일이니까 말입니다. 그래서 19-5에서는 to talk가, 19-6에서는 to speak가 등장한 것입니다.

그리고 이런 일반 동사가 갖는 정체성은 부정문에서도 그대로 적용됩니다. 19-7과 19-8의 부정문에서는 역시 do라는 조동사가 등장했고, 부정어 not은 조동사인 do/does의 뒤, 그리고 일반 동사인 need/dare의 앞에 위치하게 되는 것입니다. 물론 뒤에 연결되는 동사는 to 부정사로 표시했습니다.

결국 need와 dare가 조동사인지 아니면 일반 동사인지를 가늠하는 결정적인 기준은 do라는 조동사의 존재라고 할 수 있습니다. 그런데 의문문이나 부정문과는 달리, 긍정문에서는 일반 동사의 앞에 do동사를 쓸 이유가 없습니다. 즉 need와 dare의 쓰임새를 구별할 수 있는 객관적 기준이 없다는 문제가 발생합니다.

19-9　I **need *to wax*** the car.

　　　차에 왁스 칠을 해야겠다.

19-10　This letter **needs *to be*** signed by the supervisor.

　　　이 편지는 감독관이 서명을 해야 한다.

19-11 He **dared** *to jump* across the puddle.
그는 용기를 내어 웅덩이를 건너뛰었다.

이런 맥락에서 do라는 조동사를 활용할 필요가 없는 긍정문에서 need와 dare는 일반 동사로 취급합니다. 그래서 19-9처럼 다음에는 to 부정사가 연결됩니다. 그리고 다른 동사들과 마찬가지로 19-10처럼 주어가 3인칭 단수이고, 현재 시제라면, -s와 같은 어미 변화를 일으켜서 needs나 dares라고 하는 겁니다. 물론 19-11처럼 needed, dared라는 과거 형태를 통해 과거 시점의 사실을 전달하는 것도 가능합니다.

그럼 이런 이해를 바탕으로 의미를 혼동하기 쉬우므로 조심하라고 하는 경우를 구별해보겠습니다. 바로 didn't need to와 needn't have -ed라는 표현의 의미를 구별하는 것입니다.

19-12 You **didn't need** *to return* the money.
19-13 You **need not** *have returned* the money.

19-12와 19-13은 모두 '돈을 돌려줄 필요가 없었다'라는 뜻으로 해석하는 경향이 있습니다. 냉정하게 말해서 이 두 가지 표현을 구별하기 힘든 이유는 전혀 없습니다. 표현의 차이를 통해 전달되는 의미의 차이에 초점을 맞춘 것이 아니라, 우리말 해석이라는 결과에만 신경을 쓴 탓이기 때문입니다. 영어의 입장에서 표현상 어떤 차이가 있는 지를 확인하고, 그 차이가 갖는 의도와 의미가 무엇인지, 그 맥락을 이해하는 것이 항상 공부의 중심에 있어야 객관적으로 수용할 수 있습니다. 영어의 표현이 중심이 되어야지, 우리말로 해

19-12 You didn't need to return the money.
19-13 You need not have returned the money.

석하는 방식이 중심이 되어서는 본말이 전도된 것은 아닐까요?

　구별이라는 행위는 서로의 차이를 확인하고, 존중하는 것에서 시작되는 것입니다. 혼동이란 서로 비슷한 경우에 발생하는 것이기 때문에, 항상 차이점에 주목하고, 그에 대한 대답을 고민함으로써 혼동의 덫에서 벗어날 수 있는 것입니다. 형태의 차이는 의미의 차이를 전달하는 기호라는 점을 항상 인식하고, 의미를 끌어내야만 합니다.

　이 두 개의 예문에서는 동사의 형태에서 차이점을 발견할 수 있습니다. 19-12에서는 did라는 조동사의 과거형을 통해 부정문을 형성하고 있습니다. 그리고 뒤에 to return이라는 형태로 보아, need는 일반 동사로 활용했다는 점을 알 수 있습니다. 이렇게 did로 과거의 사실을 나타내는 문장은 직설법입니다. 그리고 직설법은 실제 사실을 그대로 전달하는 표현 방식이라는 점을 감안하면, '~할 필요가 없었다. 그래서 하지 않았다'라는 문맥을 형성합니다. 그래서 이 문장은 '실제로 돌려주지 않았다'는 뜻으로 이해할 수 있습니다.

　반면에 19-13에서는 다른 조동사가 없이 need의 다음에 not이 쓰였고, 다음에는 have라는 동사의 원형이 연결된 것으로 보아, need는 조동사로 활용되었다는 것을 알 수 있습니다. 이렇게 조동사의 다음에 완료형으로 과거의 사실을 표현하는 문장은 가정법에서 흔히 사용되는 표현 형태입니다. 그래서 need not have －ed라는 표현은 '~할 필요는 없었다. 하지만 그렇게 하고 말았다'라는 의미를 함축하고 있는 것입니다. 따라서 19-13은 '돈을 돌려줄 필요는 없었는데, 돌려줬다'고 이해할 수 있습니다.

19-14　I **didn't need** *to go* to the meeting so early, so I got there on time.

　　　나는 모임에 그렇게 일찍 갈 필요가 없어서, 딱 맞게 도착했다.

19-15　I **needn't** *have gone* to the meeting so early, but I didn't like to be late again.

　　　나는 모임에 그렇게 일찍 갈 필요가 없었지만, 또 늦는 게 싫었다.

19-16　The management **didn't need** *to take* a large-scale cutback.

　　　대규모의 감원을 할 필요는 없어서, 경영진은 그렇게 하지 않았다.

19-17　The management **needn't** *have taken* a large-scale cutback.

　　　대규모의 감원을 할 필요는 없었지만, 경영진은 그렇게 했다.

used to, 규칙적인 습관?

　'과거의 습관'을 나타내는 used to라는 준 조동사의 용법을 설명할 때는 would와 구별하는 기준에 초점을 맞추는 경우가 많습니다. 과거의 습관을 나타낼 때, would는 '과거의 불규칙적인 습관'을 나타내고, used to do는 '과거의 규칙적인 습관'을 나타낸다고 그 기준을 소개하는 교재가 여전히 있습니다.

　하지만 이런 습관적인 행동을 규칙과 불규칙으로 구분하려는 이 시도는 전적으로 잘못된 것입니다. 반복되는 행동에 대해 규칙과 불규칙을 구분하는 객관적인 기준이란 존재하지 않기 때문입니다.

어떤 행동이 일정한 간격을 두고 반복되면 그 행동은 습관의 영역으로 편입되게 됩니다. 그 동작이 반복되는 정도, 즉 빈도는 기본적으로 규칙적이고, 그 일정함은 경우에 따라 다양한 모습을 보이기도 하는 것입니다. 따라서 would와 used to do의 의미가 달라지는 기준은 규칙/불규칙이 아니라, 각 표현이 초점을 맞추는 시점에 달려 있는 것으로 이해해야 마땅합니다.

would는 과거에 반복적으로 하던 습관적인 동작을 표현합니다. would로 진술할 때 표현의 초점은 과거의 반복적인 행동이고, 현재는 그 습관이 어떤 상태인지에 대해서는 원칙적으로 비중을 두지 않고 있습니다.

반면에 used to는 과거의 습관적인 행동을 현재에는 하지 않는다는 의미입니다. 그러니까 used to는 과거의 습관이 현재에는 지속되지 않는다는 정보를 전달하는 데 초점이 맞춰진 표현인 것이죠. will이라는 현재형으로 현재의 습관이나 경향을 나타내는 용법이 가능한 것과는 달리, used to에는 현재형이라는 것이 없는 점도 그런 맥락에서 이해할 수 있습니다. used to라는 형태 자체가 현재 사실을 나타내는 것이기 때문에 따로 현재형을 가질 필요가 없기 때문입니다.

20-1 I **didn't** smoke.
20-2 I **used to** smoke.

20-1의 과거 시제에서는 과거에 담배를 피우지 않았다는 정보만 제공하고 있을 뿐, 현재의 상태에 대해서는 구체적인 정보를 제공하고 있지 않습니다. 반면 20-2에서는 used to를 사용함으로써 과거에는 담배를 피웠지만, 현재에는 그런 습관적인 동작을 하고 있지 않다는 의미를 전달하는 것입니다.

그러니까 이 문장은 담배를 '규칙적으로 피웠다'는 이상한 해석이 아니라, '담배를 끊었다'는 의미로 이해할 수 있는 것입니다.

20-3 He **used to** be a regular customer of our restaurant.
　　　그는 더 이상 우리 식당의 단골 손님이 아니다.

20-4 Carlos **used to** be an agent for the DEA.
　　　카를로스는 전직 마약 단속국 요원이었다.

20-3에서는 그가 우리 식당의 단골 손님이었던 과거의 상황이 아니라, 현재에는 그렇지 않다는 점을 전달하는 데 초점을 맞추고 있습니다. 어떤 사정이 있었는지는 모르겠지만, 과거에는 빈번하게 다녔는데 이제는 발길을 끊었다는 현재의 상태를 설명하는 의미라는 것이죠. 20-4에서도 역시 과거의 규칙/불규칙을 전달하려는 것이 아니라, 과거에 가졌던 직업을 이제는 유지하지 않고 있다는 현재 사실을 말하고자 하는 핵심으로 이해해야 하는 것입니다.

20-5 I **used to play** squash a lot, but I **don't play** very often now.
　　　예전에는 스쿼시를 많이 쳤었다. 그러나 요즘은 자주 치지 못하고 있다.

20-6 There **used to be** six cinemas in the town. Now there *is* only one.
　　　과거에 이 마을에는 극장이 여섯 개 있었다. 그런데 지금은 하나 밖에 없다.

would와 used to의 중요한 차이점이 또 있습니다. 과거의 습관적인 동작을 나타낸다는 점에서는 would와 used to는 비슷합니다. 그래서 20-5에서는 물론 표현의 초점은 달라지겠지만, used to 대신 would를 쓰는 것도 가능합니다. 하지만 20-6의 문장에서는 would를 쓰는 것은 허용되지 않습니다. would는 '과거의 반복적인 동작'만 나타내기 때문에, be동사처럼 상태를 나타내는 동사와 함께 쓸 수는 없기 때문입니다. 반면에 used to는 과거의 동작뿐만 아니라, 과거의 상태까지 나타낼 수 있다는 점에서 표현의 폭이 넓습니다.

20-7 Chris **would** live in this house *for five years*.
크리스는 이 집에서 5년을 살았다.

20-8 Dennis *often* **used to** say "Ditto" instead of "Me, too".
데니스는 종종 "Me, too" 대신 "Ditto"라고 말하곤 했었다.

20-9 On the hill is a tree which I **used to** climb on.
언덕에 내가 올라가곤 했던 나무가 있다.

20-10 Christine **used to** go to the museum on Sundays.
크리스틴은 일요일마다 미술관에 가곤 했었다.

20-7처럼 would는 과거의 특정 시점이나 상황을 나타내는 어구와 함께 사용하는 경우가 많습니다. 이때 would는 짧은 과거의 기간 동안 반복되었던 동작을 나타내는 경우가 많은 데 비해, used to는 상대적으로 막연하고 긴 과거를 의미합니다. 그래서 for five years, last year, two weeks ago처럼 구체적이고, 짧은 어구와 used to는 적절한 관계가 이루어지지 않는 것입니다. 그래서 20-7에서 would 대신 used to를 쓰는 것은 어색하게 됩니다.

그리고 used to는 기본적으로 현재의 상태를 전달하는 것이기 때문에 과거를 나타내는 시간 어구가 없어도 쓸 수 있습니다. 그리고 20-8처럼 과거 행동이 반복되던 빈도를 나타내는 빈도 부사와는 함께 사용할 수 있습니다. 20-9에서도 is라는 현재 동사가 있는 것으로 보아 그 나무가 현재에도 있다는 정보를 끌어낼 수 있습니다. 하지만 climb은 used to라는 표현을 사용했으므로, 나무에 올라가는 행동은 이제는 하지 않는다는 점을 전달하고 있는 것입니다. 그리고 20-10에서도 일요일마다 미술관에 가는 행동을 예전에는 했지만, 지금은 하지 않는다는 사실을 나타내고 있습니다.

used to의 부정형은 두 가지로 가능합니다. 격식을 갖춘 문장에서는 used to를 조동사로 취급합니다. 그래서 다른 조동사를 필요로 하지 않고, used not to라는 형태로 부정문을 형성하게 됩니다. 반면에 used to를 일반 동사로 간주하면, 일단 used가 과거라는 점에서 조동사는 did로, 그리고 조동사 다음에는 동사의 원형을 쓴다는 점을 고려하면, didn't use to라는 형태가 됩니다.

20-11 My son **used not** to bite his nails as a child.
20-12 My son **didn't use** to bite his nails as a child.
내 아들이 어릴 때는 손톱을 물어뜯는 습관은 없었다.

20-11처럼 used to를 조동사로 간주하는 것은 격식을 갖추거나, 다소 오래된 느낌을 주는 문장이 된다는 점에서 그리 널리 활용되지 않습니다. 그래서 20-12처럼 일반 동사로 활용하는 유형이 보편적으로 사용되고 있습니다.

조동사의 존재 이유

1. be동사, have동사, 그리고 do동사는 일반 조동사로 시제, 인칭, 수에 따라 각각 적절한 어미 변화를 겪는다.

2. can, may, must, shall, will, could, might, should, would 등의 서법 조동사는 형태 변화가 없으며, 항상 다음에 동사의 원형이 연결되는 특징을 갖는다.

3. 조동사는 어떤 상황을 단정적으로 진술하지 않고, 그 상황을 바라보는 생각이나 감정 등을 담아내는 장치이며, 이처럼 유보적인 태도에서 상대에게 공손한 느낌을 갖게 한다.

조동사, 불확정성과 단정의 사이

1. can은 '~할 수 있다'라는 '능력'과 '~일 수도 있다'라는 '가능성이 있는 추측' 그리고 '~해도 좋다'라는 허락의 의미를 나타낸다.

2. may는 허락과 불확실한 추측을 나타내며 can보다 더 격식을 갖춘 상황에서 주로 사용한다.

3. must는 '~해야 한다'는 강제성을 갖는 의무와 '~임이 분명하다'는 단정적인 추측을 의미한다. must not은 '~하지 말아야 한다'는 금지의 의미를 전달한다.

4. will은 현재 시점에서 미래의 상황을 예측하는 상황을 나타낸다. 이런 예측의 의미가 보편적이거나 반복되는 행동으로 확대되면 '일반적인 예측, 습성'을 의미하게 된다. 그리고 예측 가능한 행동이라는 개념이 사람 개인이나 집단에게 적용되면 현재의 습관이나 경향이라는 의미로 확장되기도 한다. 또한 will은 행위자의 자발적 의도, 의지, 의향, 명령 등을 전달하기도 한다.

5. shall은 개인적인 측면보다는 타인의 의사에 따른 미래라는 의미에서 의무의 뜻을 나타내고, 1인칭 단순 미래에서 주로 쓰인다.

조동사의 과거는 과거가 아니다

1. could, might, should, would는 과거 시점보다는 can, may, shall, will보다 확신의 강도가 약해진다는 의미를 나타낸다.

2. could는 can보다 확신의 강도가 약한 추측, 혹은 보다 공손한 부탁을 의미한다.

3. might는 may보다 더 불확실한 추측을 나타낸다.

4. would는 과거 시점에서 본 미래, 자발적인 의지가 투영되는 과거 상황, 그리고 과거의 반복적인 행동이나 습관을 나타내며, will보다 공손한 어감을 준다.

5. should는 must보다 강제성이 약한 의무를 나타내며, 추측을 의미하기도 한다.

비슷한 듯, 다른 조동사들

1. be able to는 생물 명사만 주어로 가능하며, was able to do는 '일회적이고, 실제적인 상황에서 발휘하는 능력'을 의미한다.

2. can이 '이론적인 가능성'을 나타내는 반면 may는 '사실적인 가능성'을 의미한다. 그리고 '추측'의 의미를 나타낼 때, can이 갖는 의미는 기본적으로 보편성인 반면, may는 보통 주관적인 문맥을 형성한다는 맥락에서 확실성의 강도가 다소 약하다고 할 수 있다.

3. must는 개인의 의사나 판단으로 필요한 행동을 나타내고, have to do는 규칙이나 상황에 따라 해야 하는 행동을 나타내는 경향이 있다.

기타 조동사

1. ought to는 '(마땅히 지켜야 할) 도덕적 의무'를 나타내며, 어감상 must보다 약하고, should보다 강한 중간 정도에 위치한다.

2. had better의 뒤에는 동사의 원형을 쓰고, 부정은 had better not이다. 그리고 과거의 사실을 나타낼 때는 'had better + have + 과거 분사'로 표현한다.

3. need나 dare가 부정문이나 의문문에서 조동사로 쓰이면, 뒤에 동사의 원형을 쓴다. 하지만 일반 동사가 되면 do동사가 필요하고, 뒤에는 to 부정사가 연결된다. 그리고 긍정문에서는 일반 동사로 간주한다.

4. used to는 과거의 습관이나 상태가 현재에는 지속되지 않는다는 점에 초점을 맞춘 표현이다.

가정법, 상상을 더하다!

가정법 오해 풀기 362

가정법, if와 함께 369

가정법, if가 없어도 387

가정법 관용 표현 397

가정법 현재 405

가정법 오해 풀기

가정법이 무엇이길래?

직설법이란 어떤 사실에 대하여 말하는 사람의 주관적인 판단이나 감정을 담지 않고 사실 그대로 진술하는 방식을 말합니다. 물론 단어를 통해 감정을 드러낼 수는 있지만, 특정한 구조나 동사의 형태로 표현하는 것은 아닙니다.

반면에 가정법이란 과거나 현재, 혹은 미래에 발생하는 실제 상황과 상반되는 경우를 가정해서 표현하는 방식을 의미합니다. 보통은 가정법을 이렇게 실제 사실과 반대되는 경우로 한정해서 설명하는 경우가 많은데, 발생 가능성이 낮은 상황도 가정법의 범위 안에 있는 것으로 판단해야 합니다. 미래 시점에 벌어지는 상황은 실제 사실이 아니라 예측의 영역에 속하기 때문입니다. 그래서 가정법이란 그것이 실제 상황을 대상으로 하건, 혹은 가능성에 대한 판단이건 현실과 반대편에서 진술하는 방식으로 이해할 수 있습니다.

가정법을 이해하는 데 방해가 되는 가장 큰 요소들은 용어와 영혼 없는 공식 암기라고 생각합니다. 가정법이라는 용어에서 사실 '가정'이라는 부분보다는 '법'이라는 부분이 가정법의 본질을 제대로 드러내지 못하고 있다는 생각이 듭니다. '법'을 나타내는 원래 용어는 '분위기, 심정'이라는 의미를 갖는 mood입니다. 그래서 가정법이란 말 그대로 현실과 거리가 있는 상황을 가정하고, 그 상상의 바탕에서 진술하는 과정에서 말하는 사람의 감정이 스며드는 표현 방식을 의미하는 것입니다.

실제 사실과 구별되는 진술을 정확하게 전달하기 위해서 가정법에서는 특정한 방식을 사용하게 됩니다. 그런데 그런 소통 장치들을 이해하기보다는 if절과 주절의 형태를 단순하게 암기하는 방식으로 가정법을 소비하고 있는 것이 현실입니다. 하지만 가정법 표현이 담고 있는 의미와 그것을 전달하는 방식에 대한 이해로 토대를 형성하지 못한 상태에서 형식에 집착하는 것은 가정법과 멀어지기만 할 뿐입니다.

우리가 가정법에 대해서 모르고 있는 것은 과연 무엇일까요? 가정법이라는 표현의 개념을 모르는 것일까요? 아니면 그런 의미를 전달하는 영어의 방식을 모르고 있는 것일까요? 어떤 대상을 온전하게 이해하기 위해서는 자신이 무엇을 알고, 또 무엇을 모르고 있는지를 정확하게 파악하는 것부터 시작해야 옳지 않을까요? 그래야 가정법에 대한 오해, 혹은 불편한 마음을 풀고, 가정법을 올바르게 자리매김하는 것이 가능해질 것입니다.

한국어에는 가정법이 없다?

외국어를 공부하는 과정에서 만나게 되는 표현이나 개념들은 그 외국어에만 존재하는 것처럼 오해하는 경우가 간혹 생깁니다. 가정법에 대해서도 역시 근본적인 질문은 과연 한국어에는 가정법이라는 것이 존재하느냐는 것입니다. 만일 가정법이 우리말에도 있는 표현이라면 그 개념에 대해서는 이미 이해하고 있는 상태라는 말이고, 그렇다면 그것을 영어로 표현하는 기술적인 측면만 보완하면 되는 것이기 때문입니다.

가정법을 지탱하는 기본 원리는 실제 사실이나 발생할 가능성이 있는 상황에 대해 다른 각도에서 상상력을 발휘한다는 것입니다. 그런데 상상이란 인간에게 보편적으로 존재하는 창조적 사고 행위라는 점을 감안한다면, 그 것을 표현하는 방식은 차이가 있겠지만 어느 사회에나 존재한다고 생각해야 하지 않을까요?

예를 들어 '아침을 안 먹었다'라는 문장에서는 아침을 먹지 않았다는 사실에 대한 정보만 제시될 뿐, 말한 사람의 감정이나 생각에 대해서는 아무런 정보도 제공하고 있지 않습니다. 하지만 '아침을 먹을걸'이라고 하면, 아침을 먹지 않았다는 사실과 함께 그에 대한 유감이나 아쉬움의 감정까지도 담아내고 있는 것입니다.

또 '아침을 먹었다면, 그렇게 힘들지 않았을 것이다'라고 하면, 실제로 아침을 먹지 않았다는 사실을 받아들이는 것은 전혀 어렵지도, 혼동되지도 않을 것입니다. 그리고 이 말은 실제 상황과 반대의 경우를 가정해서 자신의 감정과 판단을 전달하고 있습니다. '아침을 먹지 않아서, 많이 힘들었다'라는 사실 관계에 대한 정보만 제공하는 문장에서는 느낄 수 없는 감정적인 측면까지 표현하고 있는 것입니다.

과거나 현재에서 일어나는 실제 상황과 다른 경우를 상상하면, 말하는 사람의 기대나 의도, 추측, 유감 등의 감정이 담기게 됩니다. 그런 표현 방식을 바로 가정법이라고 하는 것입니다. 그런데 이런 가상의 상황을 상상하면서 진술하는 표현은 한국어에도 당연히 존재합니다. 따라서 <u>가정법이란 영어에만 있는 특별한 표현이거나, 사고의 결과가 아니라 우리말에도 역시 존재하는 보편적이고 일반적인 상황으로 이해해야 마땅합니다.</u>

if가 있으면 가정법이다?

　가정법과 직설법을 구별하는 기준은 무엇일까요? 문법 교재나 교육 현장에서 if가 있는 가정법 문장을 예문으로 보여주는 경우가 많은 탓인지는 모르겠지만, if라는 접속사를 통해서 가정법을 인지하는 경향이 있습니다. 하지만 단어가 서로 어울리는 관계를 보지 않고, 단지 if의 존재 하나만으로 가정법을 판단하는 이런 접근은 상당히 위험할 수 있습니다. if라는 접속사가 가정법을 구성하는 전제 조건일 수는 있어도, 필수 요소는 아니기 때문입니다.

　우선 접속사 if에는 가정법이라는 의미가 없다는 것이 그 첫 번째 이유입니다. <u>if는 가정법도 아니고, 직설법도 아닌, 그저 '조건'의 의미를 전달하는 접속사이기 때문입니다</u>. if는 접속사로서 두 개의 문장을 어떤 조건과 그 조건에 따른 결과라는 논리적 관계로 연결하는 것이 자신의 역할입니다. 그러니까 if는 어떤 결과가 발생하는 조건의 상황을 나타내는 것이지, 그 자체가 직설법과 가정법을 가늠하는 기준이 되는 것이 아니라는 말입니다.

　if는 '조건'의 의미를 나타내는 접속사이고, 그 조건은 중립적인 입장입니다. 그래서 <u>if의 다음에 연결되는 문장의 내용과 그 내용을 담아내는 문법적 형태에 따라 직설법과 가정법이 결정됩니다</u>. 즉 내용과 형식이 실제 사실이거나 실제 상황의 가능성이 있으면 직설법의 조건이 되는 것이고, 그와 반대로 실제 사실, 혹은 발생 가능성과 멀어지면 가정법에 기반한 조건이 되는 것입니다.

1-1 If he **has** a car, Tommy **will** pick up Jane at the airport.
1-2 If he **had** a car, Tommy **would** pick up Jane at the airport.

1-1은 순수한 조건을 나타내는 문장입니다. 순수한 조건이란 사실 여부에 대한 판단이 유보된 상태를 의미합니다. 그러니까 서술자의 입장에서는 톰이 자동차를 갖고 있는지는 정확하게 모르고 있는 상황에서 '만일 있다면'이라는 조건을 설정하고, 그에 따른 예측을 하고 있습니다. 이 과정에서 말하는 사람의 감정은 전달되지 않고 있습니다.

반면에 1-2에서 말하는 사람은 토미에게 자동차가 없다는 사실을 알고 있는 상태입니다. 그러면서 사실과 반대되는 상황을 가정해서, '만일 있다면'이라는 가상의 조건을 세우고, 그에 대한 가상의 결과를 전달하고 있습니다. 그러면서 그 상황에 대한 아쉬움과 같은 감정을 담아내고 있는 것입니다.

1-1의 표현 방식을 직설법, 그리고 1-2와 같은 유형의 표현을 가정법이라고 합니다. 두 개의 예문에서 if라는 접속사는 모두 '조건'의 의미로 활용되고 있습니다. 그래서 직설법과 가정법을 나누는 기준은 if가 아니라, 동사의 형태가 되는 것입니다. if절의 had라는 과거 동사와 주절의 would의 존재가 가정의 상황을 전제로 진술하고 있다는 배경과 의도를 정확하게 읽어낼 수 있도록 하는 약속인 것입니다.

따라서 if가 아니라, 뒤에 연결되는 동사의 형태라는 기호를 통해 직설법인지, 가정법인지를 구별해야 하고, 그에 따라 문장의 내용을 이해하려고 시도하는 것이 타당합니다.

그리고 if만 보고 가정법이라고 단정하는 선입견을 버리라고 말하는 두 번째 이유는 아주 현실적인 측면에 바탕을 둔 부탁입니다. 문법책에 나오는 가정법의 예문은 보통 if절과 주절이 연결되는 형태를 보여주고 있습니다. 어떤 표현의 전형적이고 온전한 형태를 보여주는 것이 문법책의 기본 입장이라는 점을 감안하면 납득할 수 있는 대목입니다.

그런데 실제 언어 환경에서는 조건을 나타내는 if절이 생략되거나 줄어드는 경우도 많은 것이 현실입니다. 그래서 if의 존재로 가정법을 인지하는 습관을 길러두면, 역설적이게도 if가 없는 가정법 표현은 아무런 느낌이 없이 지나치는 경우가 생길 수도 있다는 현실적인 문제가 발생할 수밖에 없습니다. 가정법을 보고도 그 존재를 제대로 파악하지 못한다면, 진술하는 사람의 의도와는 정반대의 방향으로 가고 있다는 말이 아니겠습니까? 그래서 if가 아니라, 가정법 문장을 가능하게 하는 약속이 어떤 것인지 정확하게 이해하는 것이 중요할 수밖에 없는 것입니다.

가정법은 시제 일치가 적용되지 않는다?

가정법을 공부하면서 가장 당혹스럽게 생각하는 부분이 바로 if절에 등장하는 동사의 시제에 대한 개념 정리일지도 모르겠습니다. 흔히 가정법 과거에서 if절에 있는 과거 동사는 과거의 사실을 나타내는 것이 아니라, 현재 사실의 반대라는 쉽게 이해되지 않는 명제부터 배우게 됩니다. 거기에 현재 사실이지만 과거로 표현하니까 조심하라는 말까지 들으면 더더욱 납득하기 힘들다는 느낌을 받게 됩니다. 이런 식으로 시작부터 복잡하다는 생각을 하게 되고, 가정법을 공부하는 내내 악몽처럼 떠나지 않고 괴롭힙니다.

때로는 가정법은 시제 일치의 규칙이 적용되지 않는 예외적인 경우라고

'친절하게' 설명하기도 합니다. 그러면서 그냥 암기하라는 충고를 듣기도 합니다. 사실 이해가 되지 않으면, 암기하는 것 말고는 현실적으로 할 수 있는 방법이 없다는 점은 동의하면서도, 소화되지 않은 궁금증은 여전히 불편하게 합니다.

물론 현재 사실은 현재 시제로, 과거 사실은 과거 시제로 표현하는 것이 원칙인데, 그 규칙을 따르지 않는다는 점에서 예외적인 경우라고 생각할 여지가 있는 것도 사실입니다. 하지만 왜 굳이 그렇게 규칙에 어긋나게 표현했는지 그 의도를 고민해봐야 하는 것은 아닐까요?

시제의 일치라는 중요한 규칙에 비추어 볼 때 현재의 사실을 과거 시제로, 과거의 사실은 과거 완료로 표현하는 가정법의 방식은 예외적인 존재처럼 보입니다. 하지만 가정법은 실현 가능성이 낮은 상황을 전제로 하는 표현이라는 점을 고려해야 합니다. 단정적이고 명확한 현재나 과거의 사실을 나타내는 직설법의 시제로는 가정법이 담고 있는 이런 불확실성을 그대로 담아낼 수는 없기 때문입니다.

현재나 과거의 사실에 대해 유보적인 입장에서 진술하는 표현이 가정법의 일관된 관점이라는 점을 인정해야 합니다. 그래서 가정법에서 채택한 전략은 바로 실제 사실과 거리를 두는 것입니다. 그래서 <u>현재 사실에 대한 가정은 과거 시제로, 그리고 과거 사실은 과거 완료형으로 시제를 변화시킴으로써 그 의도를 구현하고 있는 것입니다.</u>

시제의 일치는 직설법 동사의 시제를 표현할 때 적용되는 것이고, 다른 표현 방식인 가정법은 자기 나름대로의 규칙을 적용하는 것일 뿐입니다. 굳이 직설법의 규정을 동일하게 적용해서 예외적인 경우로 규정할 필요는 없다고 생각합니다. 가정법은 가정법대로 이해하면 되는 것이니까요.

가정법, if와 함께

가정법의 기본 구조

　어떤 문장이 가정법에 기반을 두고 있다는 점이 서로에게 명확하게 전달될 때 비로소 의사 전달이 가능해질 수 있습니다. 올바른 소통을 위해서 가정법의 성격을 밝혀주는 적극적인 표시가 바로 시제의 표현 방식입니다. 그래서 가정법도 역시 시제를 나타내는 명칭이 결합된 이름을 갖고 있습니다. 구체적으로는 가정법 과거, 가정법 과거 완료, 가정법 미래, 그리고 가정법 현재라는 네 가지로 분류합니다.

　가정법 과거를 설명하기 전에 두 가지만 미리 정리하고 넘어가겠습니다. 첫째는 가정법 과거의 문장 구조부터 암기하려고 애쓰지는 말자는 것입니다. 보통은 가정법 과거에서 if절은 어떤 형태이고, 주절은 어떻다는 식으로 공식을 암기하는 것으로 시작합니다. 물론 의미를 전달하는 형식을 기억하는 것은 중요한 일이지만, 독특한 표현 전략의 의도와 원리를 이해하지 않으면 도구에 해당하는 형식이 목적이 되어버리는 결과를 낳을 수도 있기 때문입니다.

　그리고 두 번째는 가정법을 직설법으로 고치는 일에 집중하지 말라는 것입니다. 흔히 가정법 문장과 직설법 문장을 나란히 놓고, 문장 변환을 강요하곤 합니다. 수동태를 설명하면서도 문장 변환이 오히려 문법을 이해하는 데 방해가 된다고 말한 적이 있습니다. 가정법도 마찬가지입니다. 가정법은 가정법대로, 직설법은 직설법대로 존재 이유가 있는 것인데, 말한 사람의 의도를 고쳐서 이해할 이유는 없는 것이기 때문입니다.

두 가지 표현 방식이 어떻게 다른지 확인하고, 각각을 구별해서 표현하고, 이해할 수 있도록 하는 보조 장치인데, 그것이 가정법에 대한 이해를 측정하는 도구가 되면 곤란하지 않겠습니까? 옳게 고쳐야 한다는 강박관념을 갖지 말고, 가정법의 향기를 맡을 수 있도록 가정법 자체에 집중하면 좋겠습니다.

<u>가정법의 특징이 드러나는 부분은 세 곳입니다. 조건절의 접속사, 조건절의 동사 형태, 그리고 주절의 동사 형태입니다.</u> 먼저 가정법에서 주로 활용하는 접속사는 조건을 나타내는 if입니다. 객관적인 정보의 전달을 목적으로 하는 일반적인 언어 상황에서 가상의 정보, 즉 정확하지 않은 정보를 제공하는 것은 피해야 하는 행동입니다. 거짓 정보라는 비난을 받지 않는 방법은 단정적인 진술을 피하고, 상상의 영역으로 무대를 옮기는 것입니다. 즉 가상의 상황을 전제로 한다는 그 의도를 고스란히 전달하는 접속사가 바로 조건의 의미를 담아내는 if라는 점에서 가정법 표현의 경우에 흔하게 나타나는 것입니다.

if와 더불어 조건의 의미를 나타내는 접속사로 대표적인 것이 when입니다. 이 둘은 담고 있는 기본 개념이 서로 같지 않습니다. if는 순수한 조건, 즉 어떤 상황의 실현 여부가 분명하지 않은 경우를 조건으로 합니다. 반면에 when은 그 상황이 발생할 경우를 염두에 두고 제시하는 조건이라는 점에서 if가 나타내는 조건과는 맥을 달리 하는 것입니다.

2-1 **If** I go to the library this afternoon, I'll return the novel for you.
2-2 **When** I go to the library this afternoon, I'll return the novel for you.

<small>오후에 도서관에 가면, 너 대신 그 소설을 반납해줄게.</small>

우리말로는 2-1과 2-2의 의미가 별 차이가 없다는 생각이 들기 쉽습니다. 그런데 2-1처럼 if를 사용한 경우는 오후에 도서관에 가는 행동이 실제로 발생할지 확신하지 않는 경우입니다. 즉 '오후에 도서관에 갈 수도 있고, 가지 않을 수도 있는데, 만일 간다면'이라는 관점에서 제시하는 조건인 것입니다.

반면에 2-2처럼 when을 사용하는 경우에는 조건으로 제시하는 그 행동이 발생할 것이라는 확실성을 내포하고 있습니다. 즉 '오후에 도서관에 갈 예정인데, 가면'이라는 맥락에서 제시하는 조건인 것입니다. 어쩌면 이 문장을 '오후에 도서관에 갈 때'로 해석하는 사람도 있을 것입니다. 사실 '시점'의 의미로 사용하는 when이 갖는 구체적이고 단정적인 어감과 같은 맥락에서 이해할 수 있습니다. 그래서 <u>when도 조건의 의미를 갖고 있지만 가정법에서 활용하지 않는 것입니다. when이 갖고 있는 확실성의 의미가 가정법이 지향하는 불확실성과 어울리지 않기 때문입니다.</u>

간혹 이 if가 생략되는 경우도 있는데, 가정법에서 볼 수 있는 독특한 현상입니다. 부사절의 접속사는 목적이나 결과를 나타내는 that 외에는 생략되지 않는 것이 일반적이기 때문입니다. 그리고 if가 생략되는 경우에는 뒤에 있던 조동사가 도치되는 구조가 됩니다. 이때 도치되는 조동사는 if절에 있던 could, had, should, were, would로 제한됩니다. 물론 이렇게 도치와 생략이 일어나는 경우는 격식을 갖춘 문어체에서나 어울리는 양식입니다.

마지막으로 가정법 문장에서 주절은 조건절에서 제시한 상상의 조건에 따른 결과를 표현합니다. 그런데 가상의 상황을 전제로 한 조건이기 때문에, 그에 따른 결과도 역시 불확실한 상황을 대하는 감정이 담기게 됩니다. 그래서 감정을 담아내는 표현인 조동사를 활용하게 됩니다. 이때 가능성이 약한 상황을 의미한다는 점에서 실현 가능성을 의미하는 can, may, shall, will보다 유보적인 어감을 갖는 could, might, should, would를 활용하게 되는 것입니다. 단정적인 어감을 갖는 must를 가정법에 활용하지 않는 것도 같은 맥락에서 이해할 수 있습니다.

가정법 과거

가정법 과거 문장의 기본 구조는 'If 주어 + 과거 동사 ~, 주어 + would [could, might, should] + 동사의 원형 ~'입니다. 가정법에 결합되는 시제에 대한 명칭은 if절의 동사 형태를 기준으로 붙인 것입니다. 그래서 가정법 과거라고 하면 일단 if절의 동사는 과거 시제일 것으로 짐작할 수 있습니다. 그리고 이 과거 동사는 과거 시점이 아니라, 현재 시점을 표현하고 있다는 점은 이미 확인했습니다.

흔히 가정법 과거는 현재의 사실에 대해 반대의 상황을 가정해서 표현한다고 설명합니다. 하지만 가정법 과거의 if절이 반드시 현재 사실의 반대만을 나타내는 것은 아닙니다. 조건절에 제시되는 내용이 현재 시점에서 확연하게 밝혀진 사실인 경우에는 상반된 의미가 맞습니다. 그런데 현재 시제가 현재 시점만을 의미하는 것이 아니라, 현재나 미래의 상황에 대해 기대하는 경우에는 그 일이 실현될 가능성은 매우 희박하다고 보고 있는 것으로 이해할 수 있습니다.

3-1 **If** I **had** enough money, I **could buy** the mansion.
3-2 **As** I **don't** have enough money, I **cannot buy** the mansion.
돈이 충분히 있다면, 나는 그 저택을 구입할 수도 있어.

    3-1의 문장은 가정법 과거 문장입니다. if절에 있는 had라는 과거 동사는 과거 사실을 의미하는 것이 아니라, 3-2처럼 현재 돈이 없다는 사실에 대한 반대의 경우를 가정하고 있다는 것을 표시하는 안전 장치인 것입니다.

    그리고 주절의 내용은 could라는 조동사의 형태를 통해 가정법이라는 것을 파악할 수 있습니다. could, might, should, would 가 예전에 갖고 있던 과거 시점이라는 의미는 사라졌기 때문에 could, might, should, would 의 다음에 동사의 원형이 연결되는 경우는 현재 사실을 나타내는 것으로 이해 해야 합니다. 반면에 3-2처럼 현재의 상황을 현재로 표현한 직설법 문장에서는 집을 구입하지 못하는 현재 상황에 대해서 감정을 담는 것이 아니라, 사실만을 전달하고 있는 것입니다.

3-3 **If** she **were** dressed in the uniform, Catherine **wouldn't feel** so conspicuous.
   = **Because** she *is not* dressed in the uniform, Catherine *feels* so conspicuous.
만일 캐서린이 제복을 입고 있다면, 그렇게 튄다는 느낌이 들지 않을 거야.

3-4 **If** he **knew** anything about the lawsuit, Charley **might tell** me.

= *As* he *does not know* anything about the lawsuit, he *may not tell* me.

그 소송에 대해 아는 것이 있으면, 찰리가 나에게 말을 할지도 모른다.

3-5 **I could** do it **if I wanted.**

내가 원하면, 난 할 수 있어.

3-6 **If I could go, I should be** glad.

갈 수 있으면 좋을 텐데.

3-3 If she were dressed in the uniform, Catherine wouldn't feel so conspicuous.
= Because she is not dressed in the uniform, Catherine feels so conspicuous.

3-3의 경우에는 주목할 부분이 하나 더 있습니다. 바로 주어가 she라는 단수인데도 동사를 was가 아니라, were를 활용했습니다. 가정법 과거의 경우에 이렇게 주어가 단수인 경우에도 was가 아니라, were를 사용하는 독특한 규칙이 있습니다. 구어체에서는 was를 사용하기도 한다고 하지만, 반드시 그런 것은 아닙니다.

그보다는 좀 더 근본적인 각도에서 접근하는 것이 옳을 것 같습니다. 즉 가정법에서 were를 쓴다면, was를 쓴다는 것이 무슨 의미일지 질문을 던져 보는 것입니다. 그래서 was를 활용한 경우는 대체로 조건절의 내용이 사실인 경우, 즉 직설적인 문맥에 해당되는 것입니다. 가정법이 지향하는 가상의 상황이 아니라는 점을 감안하면 was를 쓰는 것은 당연한 일이기도 합니다. 그래서 'If I were you'와 같은 표현에서는 was로 대신할 수가 없는 것입니다. 내가 네가 되는 상황이 실제로 일어날 수는 없는 것이니까 철저하게 가정법에 기반한 진술이 되는 것입니다.

그리고 3-6처럼 if절에 과거 동사만 활용할 수 있는 것은 아니고, '능력'을 의미하는 경우에는 could를, '의지'를 담아내고 싶은 경우에는 'would'를 활용하는 것도 가능합니다.

가정법 과거 완료

가정법 과거 완료라는 제목만으로 기본 구조가 어떤 모습일지 생각해보겠습니다. 일단 가상의 상황이라는 점을 전제할 수 있는 접속사 if를 활용하겠군요. 그리고 과거 완료라고 했으니까, if절의 동사는 'had + 과거 분사'가 될 것이고요. 그리고 주절의 동사는 내 감정을 담아낼 수 있는 조동사, 그중에서도 단정적인 어감이 약한 could, might, would, should 중에서 문맥에 적절한 것을 선택하면 될 것같습니다. 물론 과거의 사실이라는 점에서 조동사의 뒤에는 완료형을 연결합니다.

그래서 <u>가정법 과거 완료의 기본 구조는 'If 주어 + had p.p. ~, 주어 + would [should, could, might] + have p.p. ~'가 되는 것입니다.</u> 암기 사항이 아니라, 문법 용어가 나타내는 의미를 통해서, 그리고 자신이 직접 가정법 과거 완료를 표현할 때, 어떤 부분을 통해 가정법의 정체성을 드러낼지를 생각하고 접근하면 이해하기 쉬울 것입니다.

4-1 **If I had studied** a little harder, **I could have passed** the bar exam.

4-2 ***Because*** I ***didn't study*** a little harder, I ***was not able to pass*** the bar exam.

만일 내가 조금만 더 열심히 공부했다면, 변호사 시험에 합격했을 것이다.

> 4-1 If I had studied a little harder, I could have passed the bar exam.

이미 짐작한대로 가정법 과거 완료는 과거의 사실을 대상으로 합니다. 그런데 과거의 사실은 이미 완료된 사실이라는 점에서 확정적인 의미를 갖습니다. 그래서 <u>가정법 과거 완료는 가정법 과거와 달리 실제 사실과 상반되는 가정만을 제시합니다</u>. 가정법 과거가 아직 발생하지 않은 일의 가능성까지도 표현할 수 있었던 것과는 다른 점입니다.

그리고 이렇게 과거의 명백한 사실을 반대로 표현하기 때문에 조건절의 동사의 형태는 과거 완료형을 취하게 됩니다. 이 과거 완료형은 시제에서 보았던 과거 완료와는 다른 각도에서 이해해야 합니다. 즉 과거의 두 시점을 연결해서 표현하는 용법의 과거 완료형이 아니라, 동작의 선후관계를 표시하는 기능적인 차원에서 이해해야 한다는 것입니다. 그래서 과거의 기준 시점을 동원하지 않고서도 표현할 수 있는 것입니다. 즉 과거 사실을 상반된 가정으로 표현한다는 점에서 실제 사실을 나타내는 과거 시제와 거리를 두는 전략으로 이해할 수 있는 것입니다.

4-1에서 had studied라는 과거 완료는 if라는 접속사의 의미를 바탕으로 실제 사실을 전달하는 직설법의 과거 완료가 아닌 것을 명확하게 이해할 수 있습니다. 반면에 4-2는 열심히 공부하지 않았다는 과거의 사실을 전달하는 직설법 문장인 것입니다. 의미의 차이를 전달하는 구조적 차이가 어떤 것인지를 확인하세요.

그리고 4-2의 주절에서는 was not able to라는 과거 시제를 사용함으로써 과거 사실에 대한 결과를 전달하고 있습니다. 물론 진술하는 당사자의 입장에서는 이 내용이 유쾌하지는 않겠지만 이 진술에 어떤 감정을 담고 있지는 않습니다.

반면에 4-1에서는 could라는 조동사를 사용해서 감정을 전달하고 있습니다. 그리고 can이 아니라, could를 사용해서 한층 약화된 어감을 나타내고 있고요. 역시 과거 조동사의 거리 두기 전략으로 설명했던 부분입니다. 또한 could의 뒤에 있는 have passed라는 완료형도 역시 if절의 과거 완료처럼 앞선 시점을 의미하는 용도로 이해할 수 있습니다.

4-3 **If** the parents **had gone** to the meeting, they **could have discussed** the problems with the principal.

4-4 **Since** the parents **did not go** to the meeting, they **did not discuss** the problems with the principal.

<small>만일 학부모들이 회의에 참석했었다면, 교장과 문제들을 의논할 수도 있었다.</small>

4-3에서는 상대적인 시점을 나타내는 had gone이라는 과거 완료형으로 표현하고 있습니다. 하지만 기준이 되는 과거 시점이 제시되지 않는다는 점에서 직설법이 아니라, 가정법 상황이라는 점을 이해할 수 있습니다. 따라서 학부모들이 회의에 참석하지 않은 것이 사실이고, 그 명백한 과거 사실에 대한 정보가 확보된 상태에서 그와 상반되는 경우를 가정하고 있는 것입니다.

그리고 could have discussed로 표현되는 주절에서 그 가상의 상황에서 벌어졌을 가능성이 있는 결과를 전달하고 있습니다. 물론 전제가 비현실적이기 때문에 그로 인한 결과도 역시 현실과는 거리가 멉니다. <u>그 불확실성과 낮은 가능성을 could라는 형태로 담아내고 있는 것입니다</u>. 이런 이유로 역시 과거의 사실을 나타내지만, 가능성이 있는 과거 사실이라는 의미를 담고 있는 can have -ed 형태를 가정법에서는 활용하지 못하는 것입니다.

4-5 **If you could have bought** an MP3 player, what **would** you **have bought**?

만일 MP3 플레이어를 구입할 수 있었다면, 어떤 것을 샀을까?

4-6 I **would** gladly **have attended** your wedding **if** you **had invited** me.

네가 초대했더라면, 나는 기꺼이 너의 결혼식에 갔을 거야.

4-7 We **could have gone** away **had** we **had** enough money.

만일 돈이 충분했다면, 우리는 휴가를 갈 수도 있었다.

4-8 He **would have made** a note **if** he **could have found** a pencil.

연필을 찾을 수 있었으면, 그는 메모를 했을 것이다.

부사절은 일반적으로 주절의 뒤에 두기도 합니다. 이럴 때는 접속사가 새로운 정보가 시작되는 영역을 표시하기 때문에 콤마로 구분하지 않는 것이 일반적입니다. 가정법의 if절도 역시 조건을 나타내는 부사절이라는 점에서 4-6처럼 주절의 뒤에 두기도 합니다.

또한 가정법 과거 완료에서도 접속사 if가 생략되고 조동사가 도치되는 현상이 일어나기도 합니다. 다만 가정법 과거 완료의 if절에 사용되는 동사는 대부분 had -ed라는 과거 완료형이기 때문에 had가 도치되는 것입니다. 문제는 4-6처럼 조건절이 뒤에 있는 상태에서 이런 도치와 생략이 발생하면, 4-7처럼 시각적으로 문장의 얼개가 쉽게 판단되지 않는 문장이 등장할 수 있다는 것입니다.

물론 조건절에 등장하는 동사가 반드시 과거 완료만 가능한 것은 아닙니다. 가정법 과거에서 설명했듯이 그 조건의 내용에 '능력'의 의미를 추가하고자 할 때는 could를 사용하기도 합니다. 다만 had -ed는 조동사 could가 있기 때문에 4-8의 have found처럼 원형으로 표현해야 한다는 점만 주의하면 별 문제는 없습니다.

가정법 혼합 시제

가정법에 대해서는 이상하리만치 선입견이 많다는 생각을 하게 됩니다. 그만큼 가정법에 대해서 왜곡된 정보가 많다는 것인데, 선입견과 오해는 두려움에서 파생되는 경우가 많습니다. 두렵거나 내키지 않는 대상에 대해 대응하고, 타협하는 방식의 하나가 선입견이라는 장벽을 두르는 것이기 때문입니다.

가정법에 대해 갖고 있는 선입견의 하나는 지금까지 살펴봤던 가정법 과거와 가정법 과거 완료가 한 문장에 함께 등장하는 경우를 낯설어한다는 것입니다. 결론부터 말하면 이런 경우는 얼마든지 가능합니다. 그래서 <u>가정법 과거와 가정법 과거 완료가 조건절과 주절에 각각 등장하는 경우를 '가정법 혼합 시제' 혹은 '혼합 가정법'</u>이라고 부릅니다.

물론 이런 표현이 그리 활발하게 사용되는 것은 아닙니다. 그렇기 때문에 익숙하지 않을 수도 있습니다. 하지만 익숙하지 않다는 것이 곧 이해하기 어렵다는 뜻도 아니고, 그렇게 될 이유도 없습니다. 오히려 가정법 과거와 가정법 과거 완료에 등장하는 형태를 암기해야 하는 의무 사항으로 변질시키고, 문장을 변환하는 방식의 공부가 가정법 혼합 시제라는 새로운 유형을 어려운 존재라는 선입견을 심어준 것이 아닌지도 모르겠습니다.

시제란 동작이 발생하는 시점을 표현하는 동사의 형태를 의미합니다. 따라서 동사가 여러 개라면 그 동작들이 발생하는 시점에 대한 판단도 각기 다를 수 있는 것이고, 그런 경우라면 하나의 문장에 있다 하더라도, 동사의 시제가 서로 다를 수도 있는 것입니다. 가정법도 동사의 시제라는 형태를 통해 표현하는 방식이라는 점에서 조건절과 주절의 내용에 따라 동사의 형태가 얼마든지 다를 수도 있는 것입니다. 따라서 <u>가정법 혼합 시제는 특별한 것이 아니라, 지극히 자연스러운 현상으로 접근해야 마땅합니다.</u>

간단하게 우리말로 예를 들어보겠습니다. '작년에 그 주식을 샀더라면, 크게 이익을 봤을 텐데'라는 문장에서는 이익을 보지 못해 아쉬웠던 과거의 감정이 강하게 전달되고 있습니다. 그런 아쉬움과 후회의 감정을 가진 시점은 과거라는 것을 명확하게 알 수 있습니다.

그런데 '작년에 그 주식을 샀더라면, 지금 크게 이익을 볼 텐데'라고 하면 어떨까요? 이 문장에서도 가상의 조건으로 삼는 일은 과거 상황입니다. 하지만 그로 인한 아쉬움을 느끼는 것은 현재 시점입니다. 두 개의 동사가 제시하는 시점이 서로 다른 것입니다. 이 문장이 특별하게 이해하기 어렵다고 생각하지는 않을 텐데, 이런 경우를 가정법 혼합 시제라고 부르는 것입니다. 그래서 가정법 혼합 시제를 지극히 자연스러운 표현으로 이해하자고 했던 것입니다. 물론 진술하는 두 상황의 시점이 다르다는 것을 분명하게 밝힌다는 점에서 과거와 현재를 나타내는 시간어구가 제시되는 경우가 많습니다.

이런 점에서 가정법 혼합 시제는 대체로 조건절에는 <u>가정법 과거 완료의 형태가, 그리고 주절에는 가정법 과거의 형식으로 표현되는 경우가 많습니다</u>. 바로 'If 주어 + had -ed ~, 주어 + would [could, might, should] + 동사의 원형 ~'라는 구조가 되는 것입니다.

5-1 **If I had not had** a full lunch, this steak **would be** much tastier.
   점심을 배불리 먹지 않았다면, 이 스테이크가 훨씬 맛있을 텐데.

5-2 **If I had taken** your advice *then*, I **would be** a doctor *now*.
   = As I didn't take your advice then, I am not a doctor now.
   내가 만일 그때 너의 충고를 들었다면, 지금은 의사가 되었을 것이다.

5-3 If he had not saved me then, I should not be alive now.
   = As he saved me then, I am still alive now.
   그가 구해주지 않았다면, 난 지금 아마도 살아있지 못할 거야.

5-2에서 조건절은 then이라는 과거 시점의 부사와 함께 과거 완료로 제시되었습니다. 즉 충고를 듣지 않았던 것은 과거 시점의 사실인 것입니다. 그런데 주절의 동사는 would have been이 아니라 would be라는 가정법 과거의 형태입니다. 그것은 그 과거의 조건으로 인한 현재의 상태에 대해 표현하겠다는 의도, 그 이상도, 그 이하도 아닙니다. 진술하는 사람의 의도가 동사의 형태로 표현된 것이고, 그 의도를 있는 대로 이해하면 되는 것입니다. 물론 would have been으로 과거의 상태를 표현할 수도 있습니다. 그런 경우라면

가정법 **381**

굳이 시간어구로 표시하지 않아도 좋습니다.

　이와 반대의 구조를 갖는 가정법 혼합 시제도 가능합니다. 그러면 조건절은 가정법 과거이고, 반면에 주절의 시제는 가정법 과거 완료의 구조가 되는 것입니다. 이 경우도 역시 감정을 전달하는 사람의 의도를 이해하면 충분합니다.

5-4　If he **were** an excellent student, Tom **would have passed** the exam last month.
　　　= Tom **is not** an excellent student, so he **did not pass** the exam last month.
　　　만일 톰이 우수한 학생이라면, 지난달에 있었던 시험을 통과했을 것이다.

가정법 미래

　가정법 미래는 말 그대로 미래 상황을 가정법으로 표현하는 것으로 이해할 수 있습니다. 그런데 가정법 미래를 표현하는 동사의 형태는 가정법 과거와 차이가 없다는 점에서 가정법 미래를 독립적으로 보지 않는 견해도 있습니다. 가정법 미래로 굳이 나누기보다는 통합된 관점으로 이해하는 것이 낫다고 생각하지만, 가정법 미래라는 제목으로 분류하고 있는 교재들을 접하는 사람들의 입장에서는 설명을 하는 게 낫겠다는 판단과 가정법 과거나 가정법 과거 완료와는 다른 맥락을 보여주고 있다는 생각에서 굳이 분류하기로 했습니다.

가정법 미래를 가정법 과거에 포함시키기도 하는 이유는 형태가 비슷하다는 점 때문입니다. 하지만 가정법 미래는 미래 상황에 대한 판단이기 때문에 조건절에 should나 were to라는 미래 상황을 나타내는 동사를 활용합니다.

　가정법 미래는 지금까지 공부했던 가정법 과거나 가정법 과거 완료와는 조금 다른 각도에서 접근해야 합니다. 가정법 미래가 대상으로 하는 것은 미래 상황에 대한 가상의 조건과 그로 인한 결과이기 때문입니다. 즉 미래에 대한 전망이나 예측이란 아직 일어나지 않은 상황에 대한 진술이기 때문에, 실제 사실인지 아닌지를 곧바로 판단하기는 어렵습니다. 그래서 가정법 미래는 명확하고 객관적인 사실에 대한 판단이 아니라, 미래에 그 일이 실제로 발생할 가능성에 대한 판단이라는 관점에서 이해해야 합니다.

　가정법 미래의 조건절에서 언급하는 미래의 사실이란 그 내용이 미래 시점에서 사실이 될 가능성이 낮다는 판단을 바탕에 깔고 있습니다. 그리고 그렇게 실현 가능성이 낮은 상황을 전제로 한 결과도 역시 실제로 발생할 가능성이 낮을 수밖에 없는 것입니다.

6-1　If it *is* fine tomorrow, I **will go** fishing.
6-2　If it **should be** fine tomorrow, I **would go** fishing.
6-3　If it **were** to be fine tomorrow, I **would go** fishing.

　6-1은 조건절의 동사가 현재 시제입니다. 이것은 직설법 표현이라는 것을 표시한 것입니다. 그래서 내일 날씨는 좋을 수도 있고, 아닐 수도 있을 것입니다. 물론 현재 시제를 사용한 것으로 보아 날씨가 좋을 가능성을 염두에

6-2 If it should be fine tomorrow, I would go fishing.
6-3 If it were to be fine tomorrow, I would go fishing.

두고 있기는 한 것입니다. 그런 배경에서 '날씨가 좋으면 낚시를 가겠다'는 의미입니다.

하지만 6-2와 6-3은 각각 should와 were to라는 과거 동사가 활용되고 있습니다. 그것은 그만큼 미래 상황에 대한 확실성이 약화된 의미를 전달하고 있는 것입니다. 즉 내일 날씨가 좋을 가능성을 낮게 보고 있다는 관점을 전달합니다. 내일 날씨가 좋지 않을 것이라는 사실을 알고 있으면서, 그 실현 가능성이 낮은 미래 상황을 전제로 삼고 있는 것입니다. 그래서 가정법 미래라고 하는 것입니다.

가정법 미래의 개념을 이해할 수 있도록 간단한 비유를 들어보겠습니다. '오후에 비가 올 확률이 20%'라는 일기 예보를 들었다면 외출할 때 우산을 챙겨야 할까요? 만일 우산을 준비한다면, 오후라는 미래 시점에 그런 상황이 발생할 가능성이 있다고 판단하는 것입니다. 이런 경우는 직설법 미래의 영역에 속하게 됩니다. 반면에 우산을 준비하지 않는다면 비가 내릴 가능성을 낮은 것으로 판단했다는 말이고, 그것은 가정법의 범위에 속하는 것으로 이해해야 마땅한 것입니다.

이렇게 미래 시점에서 어떤 사실이 실현될 가능성에 대해 강한 의심을 나타내는 표현을 가정법 미래라고 합니다. 그런데 비가 올 확률이 어느 정도라면 우산을 준비할까요? 물론 그것은 지극히 주관적인 판단이기 때문에, 객관적이거나 일정한 기준을 설정하기는 어렵습니다.

가정법 미래의 문장에서 조건절에서 6-2의 should, 혹은 6-3의 were to를 주로 사용합니다. should는 미래에 대한 강한 의심을 할 때, were to는 실현이 불가능한 경우일 때 사용한다고 설명하는 교재도 있는데, 솔직히 명확하게 경계를 나누기는 어렵습니다.

<u>가정법 미래란 결국 실현 가능성에 대한 판단입니다.</u> 그래서 일반적으로

는 should를 쓰지만, 그보다 가능성이 현저히 낮아지는 경우에는 were to를 사용하는 것입니다. 일기예보를 예로 들어서 설명했듯이 우산을 준비하는 객관적인 기준이 없듯이, should와 were to를 나누는 객관적인 기준은 없습니다. 미래의 상황을 판단하는 주관적인 정서를 동사의 형태에 녹여내는 것이니까요.

6-4 If I **build** a house of my own, I **will not build** it in a large city.

6-5 If I **should build** a house of my own, I **would not build** it in a large city.

6-6 If I **were to build** a house of my own, I **would not build** it in a large city.

만일 나만의 집을 짓게 된다면, 큰 도시에 짓지는 않을 것이다.

6-7 If the sun **were to rise** in the west, I **would change** my mind.

만일 해가 서쪽에서 뜬다면, 내 마음을 바꾸겠어.

6-8 If you **would help** with my report, I **could meet** the deadline.

만일 네가 내 보고서를 돕겠다면, 나는 마감시간에 맞출 수도 있을 거야.

6-4는 직설법 미래의 문장으로, 미래에 집을 지을 가능성이 있고, 그런 경우에 어떻게 할 것인지를 말하고 있습니다. 하지만 6-5와 6-6은 모두 가정법 미래 문장으로 미래에 집을 짓게 될 가능성을 부정적으로 보고 있습니다. 그렇게 실현될 가능성이 낮은 상황을 전제로 어떻게 행동할 것인지를 예측하고 있는 것이죠. 그리고 전제가 되는 미래 상황은 실현 가능성이 낮기 때문에 주절에 있는 조동사도 역시 would라는 완곡한 표현을 사용한 것입니다.

> 6-8 If you would help with my report, I could meet the deadline.

때로는 were to가 가능성이 희박한 경우를 대상으로 한다는 점을 분명하게 보여주려는 의도에서 실현 불가능한 경우를 예로 드는 경우가 종종 있습니다. 주관적인 판단을 짧은 예문을 통해 객관적으로 보여줘야 한다는 고충은 이해하지만, 자칫하면 were to는 불가능한 상황에만 사용하는 것으로 오해하기 쉽다는 위험도 있습니다.

그리고 6-8처럼 조건절에 때로는 would가 오는 경우도 있습니다. 목록에 없는 새로운 유형이 등장하는 것으로 긴장할 필요는 없습니다. '의지'를 표현하는 조동사가 바로 would라는 점을 고려하면 되기 때문입니다. 그러니까 주어의 의지를 강하게 나타내려는 의도로 would의 존재를 읽어내면 되는 것입니다. 이때 would의 의미는 wish to나 be willing to와 거의 같은 맥락으로 이해할 수 있습니다.

가정법, if가 없어도

가정법과 직설법이 함께!

역시 가정법에 대해 많이 오해하고 있는 대목인데, 하나의 문장에 가정법과 직설법이 함께 나올 수 없다고 생각하는 경우가 있습니다. 이런 오해도 문장 변환과 시험 위주의 공부로 인한 것이라고 할 수 있습니다. 가정법을 직설법으로, 혹은 그 반대로 고쳐쓰는 훈련을 할 때, 직설법과 가정법이 혼재된 문장을 대상으로 하지 않기 때문입니다.

하지만 실제 언어 현상에서 가정법과 직설법이 한 문장에 함께 등장하는 경우는 빈번하게 나타나는 자연스러운 현상입니다. 동사로 표현되는 각각의 동작에 대해서 직설법과 가정법을 판단하는 것이기 때문입니다.

가정법과 직설법은 한 문장에 얼마든지 함께 사용할 수 있습니다. 물론 문법 시험에서는 대부분 가정법을 나타내는 두 개의 문장이 제시되는 경우를 주로 다룹니다. 가정법 문장의 조건절과 주절에서 사용하는 동사의 형태를 아는지를 물어보는 것이 출제자의 의도이기 때문이죠. 그런데 대한민국에서 영어 공부란 영어 시험과 뗄 수 없는 관계인 것이 현실이거든요. 그러다 보니 가정법이나 직설법으로 일관된 문장에 자연히 익숙해지는 것이죠.

7-1 **I would have dropped** you a line **if** I **had remembered** your number.
전화번호를 기억했다면, 어제 너에게 전화했을 거야.

7-2 I ***didn't drop*** you a line ***since*** I ***forgot*** your number.

전화번호를 잊어버려서 어제 너에게 전화를 못했어.

7-3 I ***would have dropped*** you a line, ***but*** (***that***) I ***forgot*** your number.

어제 너에게 전화를 하려고 했어. 그런데 전화번호를 잊어버렸어.

> 7-1 I would have dropped you a line if I had remembered your number.

7-1은 과거 사실에 대해서 상반된 경우를 전제로 해서, 과거 시점에 이루지 못한 행동을 표현한 가정법 과거 완료 문장입니다. 7-2는 명백하게 드러난 과거의 사실을 바탕으로 해서 그 결과를 객관적으로 진술한 직설법 과거 문장입니다.

그런데 7-3에서는 7-1과 7-2가 결합된 구조를 보이고 있습니다. 앞 부분은 가정법 7-1의 가정법 과거 완료 문장의 주절과 동일한 구조입니다. 반면에 but의 뒤에 있는 문장은 7-2의 직설법에서 이유를 설명하는 부사절의 구조와 동일합니다. 앞 부분은 가정법이지만, '그런데' 다음의 내용은 실제 사실 그대로를 나타내는 직설법의 모양을 보이고 있는 복잡해 보이는 문장입니다.

하지만 7-1과 7-2의 문장을 하나로 결합한 결과가 7-3이라는 식으로 접근하지는 말아야 합니다. 그렇게 하면 공식을 위한 공식에 불과하게 되기 때문입니다. 보통 문법책에 나오는 설명을 그대로 인용하면, "but (that), except (that), save (that)과 같은 접속사들이 이끄는 절은 직설법의 시제를 따른다. 하지만 주절은 가정법의 규칙에 따른다"는 겁니다.

역시 이런 조항을 단순하게 암기하려고 하면 할수록 자연스럽게 이해하는 일과는 더욱 거리가 멀어지게 됩니다. 가정법이란 표현의 기본 골격은 실제 상황과 반대되는 상황을 가정하고, 그렇게 가능성이 낮은 조건에 대한 결과를 진술하는 구조로 구성되어 있습니다. 이 표현 방식에서는 결과에 해당하는 주절의 내용을 먼저 진술하게 됩니다. 그리고 다음에 but과 같은 역접의 접속사가 배치되면 연결되는 정보는 당연히 가정법이 아니라, 직설법에 해당하는 내용이 될 수밖에 없는 것이죠. 7-3의 해석과 같은 표현 방식은 우리말에서도 자주 사용되는 것이니까 그렇게 생소하지는 않습니다. 오히려 직설법과 가정법의 문장을 만들고, 두 개를 결합시킨다는 식의 이상한 설명이 암기 사항으로 만들어 버린 것은 아닌지 모르겠습니다.

7-4   I **could write** the answers if I **had** a pen.
       펜이 있으면 답을 쓸 수 있을 거야.

7-5   I *cannot write* the answers because I *don't have* a pen.
       펜이 없어서 답을 쓸 수가 없어.

7-6   I **could write** the answers, but (that) I ***don't have*** a pen.
       답을 쓸 수도 있어. 그런데 펜이 없네.

7-4는 가정법 과거 문장으로 현재의 상태를 표현하고 있습니다. 반면에 7-5는 직설법으로 지금 답을 쓸 수 없는 이유를 전달하고 있습니다. 그리고 7-6에서는 자신의 감정을 담고 있는 부분을 먼저 표현했습니다. 가정법 과거의 주절이니, 가정법 과거 완료의 주절이라는 식으로 규정할 필요 없이, 현재 상황을 반대로 진술하는 표현으로 인식해도 좋을 것입니다. 그리고 그다음에 역접의 but을 연결했으니까 이제는 앞에서 언급한 정보가 실제 사실이 아니고, 가상의 희망이나 의도, 혹은 가능성임을 밝혀주는 이유를 서술하면 되는 것입니다.

7-7   Jacqueline **would have taken** a pratfall on the wet floor but (that) I **caught** her.

재클린은 미끄러운 바닥에 엉덩방아를 찧었을 것이다. 하지만 내가 잡아주었다.

7-8   Jacqueline **would have taken** a pratfall on the wet floor if I **had not caught** her.

내가 잡아주지 않았다면, 재클린은 미끄러운 바닥에 엉덩방아를 찧었을 것이다.

7-9   I *caught* Jacqueline, so she *did not take* a pratfall on the wet floor.

내가 잡아준 덕분에 재클린은 미끄러운 바닥에 엉덩방아를 찧지 않았다.

그리고 굳이 but that이나 except that과 같은 표현이 없이도 직설법과 가정법이 함께 쓰이는 문장들이 실제로 많습니다. 그래서 공식으로 박제화시킬 필요 없이, 각 동사가 전해주는 정보에 대해 개별적으로 판단한다는 원칙을 유지하고 접근하는 것이 오히려 효율적입니다.

7-10   The feature **could not have existed** if it **had not been** for the whistle blower, who *dared* to inform the journalist.

그 특집기사는 존재할 수 없었을 것이다. 용기를 갖고 기자에게 알려준 내부 고발자가 없었다면 말이다.

7-10에는 모두 세 개의 동사가 출현합니다. could not have existed와 had not been은 실제 과거의 사실과 반대의 상황을 표현한 가정법 과거 완료입니다. 그런데 dared라는 동사는 과거 시제로 표현되었습니다. 그렇다면

직설법 과거라는 말이고, 내부 고발자가 제보했다는 부분은 실제 사실이라는 점을 밝히고 있는 것입니다. 이 경우에도 역시 직설법과 가정법이 함께 쓰이고 있습니다.

if가 아니어도 가정법

암기 위주로 가정법을 공부하면서 경직된 관점이 형성되는 경우도 흔히 있습니다. 그런 유연하지 못한 태도로 여러 가지 선입견이 확대 재생산되기도 하는데, if에 대한 집착도 그런 현상 중 하나입니다. if가 가정법의 상황을 설정하는 데 중요하고, 대표적인 존재인 것은 사실이지만, 조건의 의미를 나타내는 접속사가 if만 있는 것은 아닙니다. if보다는 활용 빈도가 낮지만, granted (that), on condition (that), provided (that), so long as, suppose that, supposing과 같은 접속사도 역시 조건을 나타낸다는 점에서 가정법을 표현하는 용법으로 쓰이기도 합니다.

8-1 **Supposing** you **were** in my place, what **would** you **do**?
　　　만일 내 입장이라면, 너는 어떻게 하겠냐?

또한 조건절이라는 형식과 그를 이끄는 접속사가 가정법의 필수 요소인 것도 아닙니다. 조건절은 가정의 상황을 전달하는 하나의 장치일 뿐이지, 유일한 방법은 아니기 때문입니다. if와 같은 접속사가 아니라 but for, except for, without과 같은 전치사구로 가정의 상황을 담아내는 경우도 있습니다.

문제는 접속사가 없으면 접속사의 다음에 반드시 있어야 하는 주어와 동사라는 구조도 역시 존재하지 않게 된다는 점입니다. 그러다 보니 가정의 정보가 지칭하는 시점을 판단하기 어렵다는 문제가 생길 수 있습니다. 명사에는 시제라는 것이 없기 때문에 이렇게 전치사구로 표현되는 가정의 상황에는 어느 시점의 상황인지 정확하게 파악하기 어려운 경우도 있을 수 있다는 지적도 있습니다.

그런데 사실 시점을 이해하기는 힘들지 않습니다. 시점을 나타내는 동사가 있던 조건절이 없는 경우에도, 주절의 구조는 고스란히 존재하기 때문입니다. 즉 <u>주절에 남아 있는 동사의 형태를 보면 가정법의 시점을 정확하게 이해할 수 있다는 말입니다</u>. 그래서 의미를 이해하기 어려울 수 있다는 걱정은 전혀 근거가 없습니다. 어떤 정보가 생략된다면, 그만큼 그 정보가 중요한 가치가 없다는 말이나 마찬가지이기 때문입니다. 혹시라도 의미를 이해하기 어려운 경우였다면, 정보의 가치가 있다는 말이고, 그렇다면 생략될 이유는 전혀 없는 것이 아닐까요?

8-2 **But for your help**, he **would fail** in business.
8-3 **But for your help**, he **would have failed** in business.

8-2에서 보듯이 But for your help라는 전치사구 자체로는 시제가 드러나지 않지만, 주절의 동사를 통해서 상황이 발생하는 시점을 알 수 있습니다. 즉 8-2에서 would fail은 가정법 과거의 형태로 현재 사실에 대한 가정의 결과를 나타내는 부분입니다. 반면에 8-3의 would have failed는 가정법 과거완료의 형태라는 것을 금방 파악할 수 있습니다.

8-4 ***If it were not for*** your help, he **would fail** in business.

    너의 도움이 없다면, 그는 사업에 실패할 것이다.

8-5 ***If it had not been for*** your help, he **would have failed** in business.

    너의 도움이 없었다면, 그는 사업에 실패했을 것이다.

but for는 '~이 없다면'이라는 의미를 갖는 전치사로 문어적인 표현입니다. 8-4와 8-5는 이 표현과 같은 의미를 갖는 표현으로 고쳐 쓴 것입니다. 물론 접속사와 동사로 구성되었기 때문에 전치사로 표현할 때는 드러나지 않던 시점을 파악할 수 있습니다. 하지만 역시 주절에 있는 동사의 형태가 명확하게 시점을 표시하고 있기 때문에 오해의 소지는 전혀 없습니다.

'~이 없이'라는 의미인 without도 역시 if를 대신하는 표현으로 흔히 소개되는 전치사입니다. 하지만 without은 그렇게 가정법 문맥에서 쓰일 수도 있다는 것이지, 반드시 그렇다는 것은 아닙니다. without은 어떤 대상이 존재하지 않는다는 의미를 나타낼 뿐, 그 자체로 가정법을 판단할 수는 없기 때문입니다.

if라는 접속사가 있다고 해서 가정법으로 단정할 수 없는 것처럼 without도 다음에 연결되는 명사의 의미에 따라 직설법일 수도 있고, 가정법일 수도 있습니다. 그리고 역시 동사의 형태를 통해서 그 문맥을 명확하게 이해할 수 있는 것입니다.

8-6 **Without water**, all living things in this planet **would disappear**.
   물이 없으면 지구상의 모든 생명체는 사라질 것이다.

8-7 The man always *wears* a pink shirt ironed *without a wrinkle*.
   그 남자는 늘 주름 하나 없이 다림질한 분홍 셔츠를 입는다.

    8-6에서는 물이 없다는 진술은 어떤 문맥이냐에 따라 실제 상황일 수도, 가상의 상황일 수도 있을 것입니다. 그런데 뒤에 있는 would disappear이라는 동사의 형태로 보아 가정법 문장임을 확실하게 판단할 수 있습니다. 반면에 8-7에서는 wears라는 현재 시제의 동사를 통해 직설법 문장임을 알 수 있습니다. 가정법에서는 단정적이고, 확실성을 내포하는 현재 시제를 사용하지 않는다는 점을 고려하면 혼동할 이유가 없습니다.

    이처럼 조건절이 압축되는 경우를 시험용 공부에서는 소홀하게 다루는 경우가 많지만, 실제 언어 환경에서는 자주 등장한다는 점에서 기억할 가치가 있습니다. if절이 생략되거나, 압축되거나, 함축되는 경우는 매우 다양해서, 몇 가지 대표적인 유형으로 묶기는 어렵습니다. 그러다보니 꼼꼼하게 훈련이 되지 않기도 합니다.

    그런데 이런 유형의 표현에서 보통은 if절이 어떻게 다른 표현으로 흡수되는지에 초점을 맞추는데, 시선을 조금 바꾸는 것도 의미가 있다고 생각합니다. 즉 그렇게 조건절이 보이지 않는 경우라 하더라도 진술하는 사람의 의도는 무엇이었을까요? 가정법 문장으로 표현한다는 자신의 의도를 알아차리지 못하게 하려는 것은 분명 아닐 것입니다. 그렇다면 <u>if라는 접속사가 없더라도, 주절의 구조는 그대로 남아 있다는 점에 초점을 맞추면 쉽게 이해할 수 있습니다.</u> 즉 가정법임을 명백하게 드러내는 would, could 등을 활용한 동사의 형태를 추론의 근거로 삼으면 충분하다는 말입니다. 즉 <u>무엇이 줄었는가</u>에 초점을 맞추지 말고, 무엇을 통해 판단할 수 있는가에 집중하자는 말입니다.

8-8 It was **so quiet** that you **could have heard** *a pin drop* in the hallway.
너무나 조용했기에, 너는 복도에서 핀이 떨어지는 소리도 들을 수 있었을 것이다.

8-9 *A true partner* **would not do** such a mean thing.
진정한 친구라면 그렇게 비열한 짓을 하지는 않을 것이다.

8-10 We **should be** happy *to accompany you*.
당신을 수행한다면, 우리는 기쁠 겁니다.

8-11 *Left to himself*, he **would have seen** his favorite drama.
혼자 남았더라면, 그는 자기가 제일 좋아하는 드라마를 봤을 것이다.

8-12 He worked very hard; *otherwise* his business **would have gone** bankrupt.
그는 열심히 일했다. 그렇지 않았다면 그의 사업은 망했을 것이다.

8-8에서 시선을 끄는 표현은 could have heard라는 대목입니다. 조동사와 완료형을 결합시켜서 과거의 사실을 나타내는 표현으로 가정법 과거 완료에서 흔히 쓰이던 형태입니다. 이 문장에서 앞에 있는 was라는 과거 동사는 직설법을 표시하는 장치입니다. 즉 so quiet이라는 정보는 실제 사실이라는 문맥을 형성하고 있습니다. 직설법과 가정법은 얼마든지 한 문장에 함께 쓰일 수 있다는 점을 다시 확인할 수 있는 문장입니다. 그리고 실제로 핀이

떨어졌다는 의미가 아니라, 만일 그렇게 된다면 그 소리도 들을 수 있었을 것이라고 추정하고 있는 것입니다.

8-9   A true partner would not do such a mean thing.
8-10 We should be happy to accompany you.
8-11 Left to himself, he would have seen his favorite drama.
8-12 He worked very hard; otherwise his business would have gone bankrupt.

8-9에서는 A true partner라는 주어가 바로 조건절이 압축된 부분입니다. 보통 교재에서는 이 부분을 직설법으로 풀어서 설명하는 경우가 많은데, 줄어든 문장을 원상태로 환원하는 일도 중요하겠지만, would not do라는 동사의 형태를 통해 가정법 과거라고 이해하는 것이 더 중요하지 않을까요?

8-10에서는 조건절이 to 부정사절로, 그리고 8-11에서는 분사절로 각각 줄어든 구조입니다. 하지만 이번에도 역시 should be와 would have seen이라는 조동사를 활용한 표현들을 통해 가정법 문맥이라는 것을 인지할 수 있습니다.

8-12에서는 '그렇지 않으면'이라는 뜻의 otherwise가 등장합니다. 이 부사는 앞 문장과 마침표나 세미콜론으로 분리된 다음에 오는 경우가 많은데, 앞 문장의 내용에 대해서 반대의 상황을 제시하는 경우가 많습니다. 이 문장에서는 앞에 있는 He worked hard라는 정보에 대해서 반대의 상황을 진술하고 있습니다. 이런 속성 때문에 otherwise는 가정법의 문맥을 형성하는 경우가 많은 것입니다. 그리고 역시 다음에 있는 would have gone이라는 동사 형태를 통해 그 의도를 읽어낼 수 있는 것이고요.

가정법 관용 표현

it's time that ~

가정법 상황을 나타내는 대표적인 관용 표현 가운데 하나가 'it's time that ~'입니다. 때로는 time에 about을 추가해서 'it's about time that ~'으로, 혹은 좀 더 구어적으로 'it's high time that ~'으로 변형되기도 합니다. 이 표현들은 모두 '~할 시간이다, ~할 때다'라는 의미를 나타냅니다.

'~해야 할 때'라는 말은 어떤 행동을 하는 것이 마땅하다는 당위적인 상황을 나타내는 것이지, 그 행동이 실제로 실행된다는 의미는 아닙니다. 그런 점에서 가정법의 맥락이 형성되는 것입니다. 현재의 당위적 상황을 대상으로 한다는 점에서 이 표현을 가정법 과거로 분류하기도 합니다.

이 표현에서 주의할 점은 접속사인 that의 다음에 나오는 동사의 시제는 두 가지 형태가 가능하다는 점입니다. 먼저 <u>가정법 과거라는 점에 주목해서 과거 동사를 사용하거나, 또는 의무 상황을 나타낸다는 점에서 'should + 동사의 원형'을 쓰기도 합니다</u>. 이 두 가지 표현의 의미 차이는 없습니다.

9-1 **It's time that** we **took [should take]** every step to prevent global warming.
　　이제는 우리가 지구 온난화를 막기 위해 모든 조치를 취해야 할 때다.

9-2 **It's high time** that Jack **did [should do]** something instead of just talking.
　　잭은 말만 하는 것이 아니라, 행동으로 보여야 할 때이다.

would that ~

관용적인 가정법 표현의 두 번째는 would의 다음에 that절이 연결되는 would that입니다. 보통 would를 조동사로 생각하기 때문에 다음에 that절이 나오는 구조를 의아하게 생각할 수도 있습니다. 물론 would는 주로 조동사로 쓰입니다. 하지만 그랬다면 그다음에 지금처럼 절이 연결될 수는 없는 것이죠. 조동사라면 다음에는 동사의 원형을 연결하는 것이 절대적인 원칙이기 때문입니다.

예외적인 경우라고 생각하면 편할 수도 있겠지만, 원칙을 적용하면 간단하게 이해할 수 있는 경우입니다. that이 접속사인 것이 분명하다면, would가 조동사일 수는 없는 것이니까, would가 다른 품사인 것은 아닌지 질문을 던져볼 가치는 있지 않을까요? 발상을 전환시켜 보자는 말입니다.

<u>이 표현에서 would는 조동사가 아니라, 타동사로 쓰인 것입니다</u>. 그래서 동사의 원형이 아니라, 접속사가 연결될 수 있는 조건이 충족되는 것입니다. 물론 would가 이렇게 타동사로 쓰이는 경우는 관용적으로 사용되는 몇 가지 표현에만 한정됩니다.

'Would that ~'은 '~이면 좋겠는데'라는 뜻으로, 자신의 희망 사항을 전달하는 표현입니다. 그래서 1인칭 주어는 생략되는 경우가 많기도 한 것입니다. 이때 <u>that절의 동사는 과거 시제로 표현</u>하는데, 현재 시점에서 실현될 가능성이 매우 희박한 소망을 나타낸다는 점에서 가정법 표현으로 분류되는 것입니다.

9-3 **Would that** I **could help** you.
　　너를 도울 수 있으면 좋겠는데.

9-4 **Would that** the rumor **were** not true.
　　그 소문이 사실이 아니면 좋겠다.

　이 표현에 '차라리, 오히려'라는 의미를 나타내는 rather가 would의 다음에 덧붙여지는 경우도 있습니다. 물론 의미는 '차라리 ~하고 싶다, ~하는 것이 낫다'라는 뜻이고, 역시 would가 동사로 쓰인 용법이기 때문에 that절의 동사는 과거가 됩니다.

9- 5　I **would rather** my teammates **addressed** me as Mr. Max.
　　우리 팀원들이 나를 맥스씨라고 불러주면 좋겠는데.

9-6　I **would rather** my son **attended** a public school.
　　내 아들이 공립학교에 다니면 좋겠다.

I wish that ~

　'I wish that ~'이라는 표현을 올바르게 이해하기 위해서는 wish와 hope라는 동사를 구별해야 합니다. 둘 다 '~을 바라다'라는 미래 지향적인 의미를 갖는 동사입니다. 그래서 hope나 wish의 다음에 to 부정사가 연결되는 경우에는 두 동사가 모두 직설법 표현이 되고, 의미상 차이는 거의 없습니다.

하지만 다음에 that절이 연결될 때는 문맥이 달라집니다. 'hope that ~'에서 that절의 내용은 실현될 가능성이 있는 소망을 의미합니다. 그렇다면 미래의 그 시점이 됐을 때, 그 희망은 실제 상황이 될 가능성이 높다는 의미가 되기 때문에 직설법의 영역에 속하게 됩니다. 그리고 that절에는 will이라는 조동사가 미래 시점에 대한 예측을 전달하는 경우가 많습니다.

반면에 'wish that ~'은 '실현 가능성이 낮거나 불가능한 일이 일어나기를 바란다'는 뜻입니다. 그렇다면 that절의 내용은 실제로 발생할 가능성이 낮아진다는 점에서 가정법의 맥락을 형성하게 되는 것입니다.

따라서 처음부터 wish가 아니라, wish that으로 익혀두는 것이 바람직합니다. 그리고 이때 that절의 동사는 과거나 과거 완료라는 두 가지 형태를 활용합니다.

9-7   I *wish* I **were** a movie star.

   = I *am* sorry that I **am not** a movie star.

9-8   I *wish* I **had been** a movie star.

   = I *am* sorry that I **was not** a movie star.

9-9   I *wished* I **were** a movie star.

   = I *was* sorry that I **was not** a movie star.

9-10 I *wished* I **had been** a movie star.

   = I *was* sorry that I **had not been** a movie star.

일반적으로는 wish that절에서 '과거 동사가 오면 가정법 과거이고, 현재 사실과 반대의 소망이다'라고 이야기합니다. 그래서 9-7의 경우에 were라는 과거 동사는 직설법으로 이해하면 am이라는 현재 시제가 됩니다. 그리고 9-8처럼 '과거 완료가 오면 가정법 과거 완료, 즉 과거의 사실에 대한 소망이다'라고 설명을 합니다. 그래서 had been이라는 과거 완료가 실제로는 was라는 과거 시점에 대한 소망을 의미한다는 것입니다.

하지만 9-9의 경우에는 이 설명대로 이해하기 힘든 상황이 발생합니다. 그런 설명 방식을 적용하면 that절에 있는 were라는 과거 동사는 가정법 과거이기 때문에 현재 상황을 대상으로 한다는 말이 성립되어야 합니다. 하지만 이런 경우에 that절의 내용은 과거 시점의 실현 가능성이 희박한 소망을 대상으로 하는 것이라는 점에서 설명과는 다른 결과가 나타나고 맙니다.

그래서 wish that의 경우에 과거와 과거 완료의 사용은 다른 각도에서 접근해야 합니다. 이 표현에서 <u>that절의 과거 동사는 판단의 기준이 되는 wish의 시점과 동일하다는 표시로 이해해야 하는 것입니다</u>. 그래서 9-7의 경우에 were라는 과거는 wish와 같은 현재 상황을, 9-9에서는 wished와 동일한 과거 시점의 상황을 의미하는 것이 됩니다.

반면에 <u>that절에서 과거 완료가 사용되는 경우는 기준이 되는 wish의 시점보다 앞선 상황을 표시하는 것입니다</u>. 그래서 9-8에서 that절의 had been은 wish보다 앞선 과거의 상황을, 그리고 9-10에 있는 had been은 wished라는 과거보다 앞선 과거의 상황을 나타내는 것입니다. 이런 용법은 다음에 설명할 as if나 준동사의 시점을 표시하는 경우에도 그 흔적을 찾을 수 있습니다.

그리고 이 표현을 통해 가정법에 대한 해묵은 선입견을 다시 점검하겠습니다. 바로 직설법과 가정법이 함께 사용되는 경우가 가능하다는 점을 앞에서 설명했는데, 이 표현에서도 확인할 수 있습니다. <u>wish that에서 동사</u>

wish는 가정법이 아니라, 직설법입니다. 실현 가능성이 높은 경우이건, 낮은 경우이건 어쨌든 어떤 일이 일어나기를 바라는 wish라는 행위는 실제 행동이기 때문입니다. 그러니까 9-7과 9-8의 wish는 현재 시점에서 that절의 내용을 바라는 것이고, 9-9와 9-10에서 사용된 wished는 과거에 그런 행동을 했다는 의미인 것입니다. 그래서 wish가 가정법인 것이 아니라, 실현 가능성이 낮은 희망에 해당하는 정보를 전달하는 that절의 내용이 가정법입니다.

as if ~

as if 혹은 as though라는 접속사는 '마치 ~처럼'이라는 의미입니다. 즉 이 접속사로 제시되는 정보는 실제와 다른 상황을 의미한다는 점에서 가정법의 맥락에서 활용되는 경우가 많습니다.

9-11 **Soma speaks *as if* he were a judge.**
　　　소마는 마치 판사처럼 말을 한다.

9-11은 Soma가 말하는 투는 판사인 것 같지만, 사실은 그렇지 않다는 의미를 전달하고 있습니다. 이렇게 가정법의 관점을 담은 정보를 제공하는 as if의 뒤에 연결되는 동사는 과거 혹은 과거 완료가 됩니다. 이때 적용되는 관점은 wish that과 동일합니다. 즉 <u>as if의 뒤에 제시되는 과거 동사는 주절의 동사와 동일한 시점을, 그리고 과거 완료형은 주절의 동사보다 앞선 시점의 내용을 나타내는 기호라고 이해하면 됩니다.</u>

9-12 Mary acts *as though* she **had been** a banking expert.
   메리는 자기가 금융 전문가였던 것처럼 행동한다.

9-13 Mary acted *as though* she **were** a banking expert.
   메리는 자기가 금융 전문가인 것처럼 행동했다.

물론 이 표현에서도 주절의 동작은 실제 사실을 의미합니다. 그래서 9-12의 acts는 현재 시점에서, 9-13의 acted는 과거에 그런 행동을 실제로 했다는 의미입니다. 다만 그 사람이 실제로 금융 전문가는 아니거나, 아니었다는 것이고, 그 부분의 정보가 바로 가정법인 것입니다. 그리고 이번에도 9-13의 were라는 과거형은 현재 상황을 의미하는 것이 아니라, 기준이 되는 acted라는 과거 동사와 동일한 과거 시점의 상황을 의미하는 것입니다. 역시 직설법과 가정법이 한 문장에 함께 등장하고 있는 좋은 사례입니다.

9-14 Solutions of educational problems in Korea *are* frequently discussed *as if* they **bore** no relation to society in which the education *is* carried on.
   한국에서는 교육 문제에 대한 해결 방안들이 교육이 이루어지는 무대인 사회와는 아무런 상관이 없는 것처럼 논의되는 경우가 많다.

9-15 He looks *as if* he *has* some trouble.
   그는 뭔가 고민이 있는 것처럼 보인다.

조금만 관심을 기울이면 사실 직설법과 가정법이 함께 쓰이는 경우는 어렵지 않게 찾아볼 수 있습니다. 가정법이나, 직설법으로만 채워진 문장에 고

> 9-14 Solutions of educational problems in Korea are frequently discussed as if they bore no relation to society in which the education is carried on.
> 9-15 He looks as if he has some trouble.

정된 시선만 돌리면 되는 일입니다. 가정법과 직설법이 함께 있으면 이해가기 어려울 것이라는 걱정도 근거가 없는 것입니다. 제시된 동사의 형태에 따라 정보를 이해하면 문제가 없기 때문입니다. <u>직설법과 가정법이라는 개념을 실체화하고, 구현하는 것은 결국 동사의 형태입니다. 따라서 그 동사의 형태에 주목해서, 말하는 사람의 의도를 정확하게 읽어 주는 것이 독해가 아닐까요?</u>

9-14에서도 are와 is, 두 개의 동사는 현재 시제입니다. 그것은 그 동사로 전달되는 내용은 직설법 현재, 즉 현재의 실제적 사실이라는 의도를 나타내는 것입니다. 반면에 as if 다음에 나오는 bore는 과거 시제입니다. 그 부분의 정보만 가정법으로 표현한 것입니다. 즉 교육은 그 사회와 관련이 있는 것이 사실이라는 점을 의미하는 것입니다.

그런데 9-15처럼 as if 다음에 과거나 과거 완료가 아니라, 현재 시제가 등장하는 경우도 있습니다. 그렇다면 as if로 전달하는 내용이 가정법이 아니라, 직설법이라는 의미로 받아들이면 됩니다. 즉 실제 사실이라는 의미를 담아내는 상황이기 때문에 동사의 형태를 그에 맞게 표시한 것입니다. 그래서 이 문장에서는 그가 고민이 있는 것이 실제 상황이라고 이해할 수 있습니다.

가정법 현재

화석이 되어버린 가정법 현재

가정법 현재는 사실 현대 영어에서 그리 많이 사용하는 용법은 아닙니다. 가정법 현재로 규정될 수 있는 경우들이 일반적으로는 사용하지 않거나, 관용적인 표현처럼 굳어버린 경우가 많기 때문입니다. if절의 동사 형태가 원형인 점과 가정법 현재라는 용어가 서로 어울리지 않는다는 형식적인 차원에서 가정법 현재라는 분류를 인정하지 않는 견해도 있습니다. 물론 가정법 현재에 가치를 두는 입장도 분명 존재합니다. 가정법 현재로 분류할 수 있는 세 가지 경우부터 먼저 알아보겠습니다.

10-1 If the rumor **be** true, papers **will say** something about it.

만일 그 소문이 사실이라면, 신문에서는 그 일에 대해 언급할 것이다.

10-2 If he **be** old, I **will not employ** him.

만일 그가 나이가 많다면, 나는 그를 고용하지 않을 것이다.

10-1과 10-2의 if절에는 모두 동사의 원형이 나왔습니다. <u>if절의 시제가 이렇게 동사의 원형으로 제시되는 경우를 가정법 현재라고 합니다.</u> 이때 주절의 동사는 will을 주로 사용하는 구조가 됩니다. 다소 생소한 느낌이 들지도 모르겠습니다.

일반적으로는 이런 표현 방식을 딱딱하게 여기고, 오래된 말투로 받아들이기 때문에 잘 활용하지 않기 때문입니다. 그래서 의도적으로 예전의 어투를 사용해야 하는 상황이거나, 딱딱한 성격의 문서를 제외하고는 현실적으로 이런 문장을 마주할 경우는 그리 많지 않습니다. 그래서 현대 영어에서는 동사의 원형이 아니라, 직설법 동사를 활용하는 것이 보편적인 표현입니다. 그래서 10-1과 10-2에 있는 be는 모두 is로 표현하는 것이 일반적이고, 자연스러운 문장입니다. 결국 직설법 문장이 되는 것입니다.

10-3   Whatever excuse he **make**, I will not forgive him.
        그가 어떤 변명을 늘어놓더라도 나는 결코 그를 용서하지 않을 것이다.

10-4   **Be** it ever so humble, there is no place like home.
     = If it **be** ever so humble, there is no place like home.
        아무리 누추해도 집 만한 곳은 없다

10-3에서도 make란 동사의 모습은 문법적으로 이해가 되지 않을 것입니다. 주어가 3인칭 단수이기 때문에, 동사에는 단수형을 표시하는 -(e)s라는 어미를 붙여서 makes라고 해야 옳다고 생각하기 때문입니다. 하지만 이 make는 복수형이 아니라, 동사의 원형입니다.

가정법 현재의 두 번째 유형이 바로 10-3과 10-4와 같은 양보의 부사절입니다. 물론 이 경우에도 역시 동사는 원형을 활용합니다. 그래서 10-3도 원칙적으로는 가정법 현재로 분류되지만, 역시 현대 영어에서는 사용하지 않는 구조입니다. 가정법 현재의 첫 번째 유형으로 소개했던 조건의 부사절처럼 양보의 부사절도 이제는 동사의 원형이 아니라, 직설법 동사로 표현하고 있기 때문입니다. 그래서 10-3의 make는 makes라는 직설법 동사로 고치는 것이 타당합니다.

　10-4의 가정법 현재 문장은 널리 알려진 속담인데, if가 생략되면서 동사가 도치된 구조입니다. 그런데 이 경우에는 동사의 원형 be를 is로 고치지 않습니다. 속담이나 격언에 해당하는 문장들은 문법이나 사회의 변화가 적용되는 시점이 늦기 때문입니다. 그러다 보니 실제 현 시점의 문법 규칙과 부합되지 않는 표현들이 남아 있는 경우도 흔히 볼 수 있습니다. 그러니 이런 경우에는 문법 사항을 보여주는 예문으로만 접근하지 말고, 표현으로만 익히는 것이 좋습니다. 하지만 굳이 가정법 현재를 설명하면서 이 속담을 예문으로 소개하는 경우도 있는데, 현혹되지 말아야 합니다.

10-5　(*May*) Long **live** the Emperor!
　　　황제시여. 만수무강하소서!

10-6　(*May*) God **bless** you!
　　　감기 조심하세요

　일상적인 표현에 녹아 있는 가정법 현재의 세 번째 유형은 소원이나 기원을 나타내는 문장입니다. 기원문에서는 조동사 may를 활용하는 표현들이 나오기도 하는데, 이게 흔히 생략되기도 합니다. 그래서 may의 영향을 받던 동사의 원형이 고스란히 뒤에 남아 있게 됩니다. 10-6의 경우에도 주어인 God은 단수이기 때문에 blesses라는 단수형으로 쓰는 것이 아니라, 원형인 bless가 사용된 것입니다.

　<u>결국 예전에 동사의 원형을 활용하던 가정법 현재는 이제 화석처럼 굳어진 채로 사용되는 일부 표현을 제외하고는 활용되지 않고 있습니다.</u>

that절의 should

사실 가정법 현재가 아직도 남아 있는 유형은 that절에서 should를 활용하는 경우입니다. 물론 이 경우에도 굳이 가정법 현재라는 제목을 붙여서 이해하는 것이 온당한지는 각자의 판단에 맡기겠습니다.

첫 번째 유형은 should가 감정을 나타내는 의미가 있던 것과 관련이 있습니다. 즉 '감정'을 나타내는 a pity, curious, funny, odd, sorry, strange, surprised, surprising과 같은 어구들 다음에 that절이 연결될 때, 보통 should가 쓰입니다. 이런 경우에도 굳이 가정법 현재라고 규정하지 않고, 감정을 나타내는 형용사가 있으니까 다음에 나오는 문장에도 그와 연결해서 감정을 나타내는 조동사 should가 있다는 정도로 이해해도 좋습니다.

10-7 It is *strange* that he **should be** late. He's usually on time.
그가 늦는다면 그건 이상한 일이다. 그는 항상 정시에 오거든.

10-8 It is *surprising* that he **should say** such a thing.
그가 그런 말을 한다면 이상한 일이지.

10-9 It is very **strange** that he **has** not come to a big party like this.
이처럼 큰 파티에 그가 안 오다니 이상한 일이다

10-7에서 that절의 동사에는 should라는 감정의 조동사와 동사의 원형이 연결되고 있습니다. 즉 that절에 제시된 정보는 실제 사실이 아니라는 의미가 됩니다. 10-8에서도 역시 that절에 should를 활용함으로써 그 내용이 실제로 일어날 가능성이 높은 상황이 아니라는 점을 전달하고 있는 것입니

다.

반면에 10-9에는 원형이 아닌 has가 제시되어 있습니다. 이것은 곧 직설법이라는 표시입니다. 그래서 파티에 오지 않은 것은 실제 사실이라는 점을 알리고 있는 것입니다. 이렇게 감정을 나타내는 형용사의 뒤에 that절이 연결되는 경우에 기계적으로 'should + 동사의 원형'이 연결되는 것은 아닙니다. 문맥에 따라 직설법의 상황, 즉 실제 발생하는 일을 대상으로 하는 경우에는 직설법 동사가 사용될 수 있습니다.

그리고 that절에서 'should + 동사의 원형'이 활용되는 두 번째 경우는 should가 갖고 있는 중요한 의미인 '의무'와 관련되는 유형입니다. 흔히 가주어를 사용해서 'It is necessary that ~ (should) + 동사의 원형 ~'이라는 구조로 표현합니다.

이 표현에서 사용된 should의 의미가 '의무'라는 것은 그 that절의 내용을 설명하는 형용사도 역시 그와 호응할 수 있는 의미가 되어야 한다는 뜻입니다. 그래서 <u>advisable, essential, imperative, important, natural, necessary, obligatory, proper, recommended, right, urgent, vital처럼 '필요, 의무'라는 공통의 개념으로 묶을 수 있는 소위 '이성적 판단의 형용사'들의 뒤에 연결되는 that절에서 'should + 동사의 원형'이 활용됩니다.</u>

10-10 It is *imperative* that they (**should**) **be** there on time.
그들이 그곳에 정시에 있어야 하는 것은 절대적이다.

10-11 It was *urgent* that my lawyer (**should**) **leave** at once.
내 변호사가 곧장 출발해야 하는 것이 다급한 문제였다.

10-12 It is ***necessary*** that you (**should**) ***realize*** reading is not only a physical process.

독서가 단지 육체적 과정만이 아니라는 것을 인식하는 것이 꼭 필요하다.

10-10 It is imperative that they (should) be there on time.
10-11 It was urgent that my lawyer (should) leave at once.

이때 should는 흔히 생략되기도 한다고 설명하는데, 사실은 생략되는 것이 아니라, 미국 영어에서는 should가 없이 동사의 원형을 사용하는 경향이 있는 것입니다. 냉정하게 말해서 일반 사용자의 입장에서는 should가 생략되는 것이라고 공부해도 크게 문제되지는 않을 것입니다. should가 생략된다고 이해해도 문장의 의미를 이해하는 데는 문제가 없을 테니까 말입니다

그래서 should가 생략된다는 식의 얘기보다는 다른 각도에서 이 규칙을 이해하는 것이 좋지 않을까 합니다. 즉 10-10의 경우에 they should be는 이해하기에 조금도 어색하지 않지만, should가 없으면 they be라는 낯선 형태가 되기 때문입니다. 그래서 이런 익숙하지 않은 형태가 틀린 표현이 아니라는 점을 이해하는 것에 이 문법 조항을 공부하는 의미를 두는 것이 어떨까요? 생략된다는 사실에 초점을 맞출 것이 아니라, 그 생략된 요소의 흔적과 영향을 이해하는 방향으로 발상을 전환하자는 말입니다.

또 10-11의 경우에도 should가 없으면, 수의 일치가 되지 않은 것 같아 보이는 my lawyer leave라는 문장이 만들어지게 됩니다. 사실 문법적으로 아무런 하자가 없음에도 불구하고, 틀린 문장으로 받아들일 여지가 있다는 점에서 이해의 폭을 넓히자는 것입니다.

that절에 should를 사용하는 표현 방식들 중에서 가장 널리 알려진 것은 '주장, 고집, 명령, 제안'이라는 의미를 나타내는 전달 동사들의 다음에 that

절이 목적어로 연결되는 유형입니다. 이 경우에도 역시 should가 없이 동사의 원형만 쓰이기도 합니다. 이런 부류에 속하는 동사들로는 command, consent, decide, demand, desire, dictate, insist, move, order, propose, recommend, request, stipulate, suggest, urge 등이 있습니다. 물론 that의 앞에 배치되는 이 동사들은 실제 행동을 의미하는 직설법입니다.

10-13 The manager *requested* that the applicants (**should**) **not be late** for the interview.
매니저는 지원자들에게 면접에 늦지 말 것을 요구했다.

10-14 The teacher *urged* that the students **leave** the room.
교사는 학생들에게 방에서 나가야 한다고 재촉했다

10-15 It *was proposed* that we **go** to the theatre.
우리가 극장에 가야 한다는 제안이 나왔다.

10-16 He *commanded* that the plan **be** put into practice.
그는 그 계획은 실행되어야 한다고 명령했다.

10-17 According to the yesterday's report, the judge assented to the **suggestion** that the serial killer **be** sentenced to life.
어제 보도에 따르면, 판사는 그 연쇄 살인범에게 종신형을 선고해야 한다는 제안에 동의했다.

10-13에서도 should가 없는 형태로 표현하면, 조동사가 없이 곧바로 부정어가 등장하는 the applicants not be late이라는 이상한 구조가 됩니다. 이 역시 틀린 표현이 아니라는 점을 이해해야 합니다.

10-17 According to the yesterday's report the judge assented to the suggestion that the serial killer be sentenced to life.

이 유형은 앞서 보았던 의무의 형용사 뒤에 that절이 연결되었던 경우와 사실 같은 맥락으로 이해할 수 있습니다. 다만 '의무'를 담은 that절의 내용을 전달하는 품사가 다를 뿐입니다.

항상 그런 것은 아니지만, <u>어떤 단어의 품사가 달라진다는 것은 문장에서 수행하는 역할이 달라지는 것이지, 그 단어가 갖고 있던 근본적인 의미가 변한다는 말은 아닙니다.</u> 이런 맥락을 조금 더 확장해서 적용하면 10-17의 문장도 이해할 수 있는 토대가 마련됩니다.

10-17에서는 that 앞에 동사가 아니라, suggestion이라는 명사가 제시되었습니다. suggest라는 동사의 뒤에 오는 that절에서 동사의 원형을 사용한다는 규칙은 suggestion이라는 명사로 변했다 하더라도 '변함없이' 적용되기 때문입니다. 그래서 that절의 동사는 (should) be라는 형태로 표현한 것입니다. 전달하는 방식이 달라진 것이지, '의무'라는 기본 개념이 달라진 것은 아니기 때문입니다.

10-18 He *insisted* that his father **be** present at the meeting.
그는 자기 아버지가 모임에 참석해야 한다고 주장했다.

10-19 He *insisted* that his father **was** present at the meeting.
그는 자기 아버지가 모임에 참석했다고 주장했다.

10-20 Are you *suggesting* that I **told** a lie?
너, 지금 내가 거짓말을 하고 있다는 말인 거야?

10-18에서 that절에는 be라는 원형 동사가 있습니다. 이것은 실제 참석

한 것이 아니라, 그래야 마땅하다는 주장을 담은 가정법 문장입니다. 그런데 10-19에서는 that절의 동사가 was입니다. 그렇다면 10-19는 가정법이 아니라, 직설법이라는 맥락이 되는 것입니다. 즉 그의 아버지가 모임에 참석한 것은 실제 사실이라는 말입니다.

그리고 10-20에서도 that절의 동사는 원형이 아니라, told라는 과거 동사가 제시되었습니다. suggest가 '제안하다' 란 뜻으로 쓰일 때는 가상의 상황을 제시한다는 점에서 가정법의 맥락을 보입니다. 하지만 '나타내다, 암시하다, (사실을) 비추다' 란 뜻으로 쓰이는 경우에는 실제적인 상황을 표현하므로 직설법 표현이 되기 때문입니다.

'의무'의 성격을 갖는 전달 동사들은 대체로 that절에서 '(should) + 동사의 원형'을 활용합니다. 그런데 insist와 suggest는 이처럼 문맥에 따라 실제 사실을 나타내는 경우에는 직설법 동사를 활용하기 때문에 항상 문맥을 확인해야 합니다. 의미를 정확하게 담아내기 위해 적절한 동사의 형태를 선택하고, 그 약속에 따라 소통하는 것이 문법 공부의 근본 목적이라는 점을 항상 명심하면 조심하지 않아도 될 것입니다.

가정법 오해 풀기

1. 가정법은 과거나 현재, 혹은 미래에 발생하는 실제 상황과 상반되거나 실제로 발생할 가능성이 희박한 경우를 가정해서 표현하는 방식이다.

2. 가정법은 영어에만 있는 것이 아니라, 보편적이고 일반적인 표현이다.

3. if는 단지 '조건'의 의미를 전달하는 접속사이고, 다음 문장의 내용에 따라 직설법과 가정법이 결정된다.

가정법, if와 함께

1. 현재나 과거의 사실에 대해 유보적인 입장이라는 것을 전달하기 위해 가정법에서는 현재 사실은 과거로, 그리고 과거 사실은 과거 완료형으로 시제를 변화시키는 전략을 채택한다.

2. 가정법에서 주절은 상상의 조건에 따른 불확실한 결과를 나타내므로 could, might, should, would와 같은 조동사를 활용한다.

3. 현재 사실의 반대, 혹은 실현될 가능성이 낮은 상황을 표현하는 가정법 과거는 'If 주어 + 과거 동사 ~, 주어 + would [could, might, should] + 동사의 원형 ~'이라는 구조가 된다.

4. 과거의 사실을 반대로 표현하는 가정법 과거 완료는 'If 주어 + had p.p. ~, 주어 + would [could, might, should] + have p.p. ~'

5. 가정법 혼합 시제는 대체로 조건절은 가정법 과거 완료의 형태, 주절에는 가정법 과거의 형식으로 구성된다.

6. 가정법 미래는 미래 시점에서 발생할 가능성에 대한 판단으로, should보다 가능성이 현저히 낮아지는 경우에는 were to를 사용한다.

가정법, if가 없어도

1. granted (that), on condition (that), provided (that), so long as, suppose that, supposing과 같은 조건의 접속사로도 가정법을 표현하는 경우가 있다.

2. but for, except for, without과 같은 전치사구도 if절을 대신하는 경우가 있다. 이때는 조건절이 없으므로 주절 동사의 형태로 가정법의 시점을 판단해야 한다.

가정법 관용 표현

1. 'it's (about) time that ~'은 '~할 때다'라는 의미로, that절에는 과거 동사나, 'should + 동사의 원형'을 쓴다.

2. 'Would that ~'은 '~이면 좋겠는데'라는 뜻으로, 자신의 희망 사항을 전달하는 표현으로 that절에는 과거 동사를 사용한다.

3. 'wish that ~'은 '(실현 가능성이 낮거나 불가능한 일이) 일어나기를 바란다'는 뜻으로 that절에는 과거 혹은 과거 완료가 쓰인다. 과거 동사는 wish의 시점과 동일하다는 의미를 나타내고, 과거 완료는 wish보다 앞선 시점을 표시한다.

4. as if나 as though는 '마치 ~처럼'이라는 의미로 뒤에 있는 과거 동사는 주절의 동사와 동일한 시점을, 과거 완료형은 주절의 동사보다 앞선 시점을 의미한다.

가정법 현재

1. '감정'을 나타내는 curious, odd, sorry, strange 등과 같은 형용사 다음에 that절이 연결될 때, 보통 should가 쓰인다.

2. advisable, essential, imperative, important, necessary, right 등 '의무' 형용사와 demand, insist, order, propose, recommend, request, suggest처럼 '주장, 제안'을 나타내는 전달 동사 뒤 that절에는 'should + 동사원형'이 쓰인다.